LA INFANCIA ACOMPAÑADA

Laura Estremera

LA INFANCIA ACOMPAÑADA

Cómo favorecer el desarrollo, la autonomía y la autoestima en los primeros años (0-5)

Ariel

Primera edición: mayo de 2026

Avda. Diagonal, 662-664, 08034 Barcelona
Editorial Ariel es un sello editorial de Planeta, S. A.
www.ariel.es
www.planetadelibros.com

ISBN: 978-84-344-4062-3
Depósito legal: B. 25.042-2026

Impreso en España

PEFC Certificado
Este libro procede de bosques gestionados de forma sostenible
PEFC
PEFC/14-38-00305
www.pefc.es

A Miriam, Alex e Irene, los niños de mi vida

Índice

Parte III
EL DESARROLLO DE CERO A CINCO AÑOS

Nota aclaratoria al lector: cada vez que aparezca la palabra «niño», esta hará referencia tanto a niño como a niña. Se ha tomado esta decisión en aras de facilitar la lectura.

Introducción

Todos hemos pasado por ahí

Al observar a un bebé recién nacido, intuimos enseguida que, por sí solo, no podría sobrevivir; tiene todo un mundo por descubrir y casi ninguna experiencia. Sin embargo, en cuestión de meses será capaz de moverse por toda la habitación e inspeccionar cualquier objeto que esté a su alcance. Y, no mucho después, hará por sí mismo muchas de las cosas que hoy tenemos que hacerle, dirá sus primeras palabras y empezará a comprender lo que le dicen; incluso hará saber que no siempre está de acuerdo con nosotros y expresará sus propias ideas.

Pero ¿cómo llegará a convertirse en la persona que será en el futuro? Con su particular forma de moverse, de expresarse, de interesarse por el entorno y de relacionarse, esa forma que lo diferenciará de las otras personas de su alrededor más allá de su apariencia física.

Esa singularidad no será algo que únicamente venga de serie, sino que estará influida por sus vivencias y, en especial, por aquellas que acontezcan durante sus primeros años. Si lo pensamos, en los cinco primeros años, experimentamos una gran cantidad de cambios: aprendemos a caminar, a pensar, a relacionarnos... es el momento de nuestra vida en el que más transformaciones se producen.

Y aunque esto es algo de lo que todos somos conscientes, desconocemos en gran medida todo lo que hay detrás de estas transformaciones visibles, ¿qué es exactamente lo que ocurre en esta etapa? ¿Qué es lo importante y a qué debemos prestar atención? ¿Cuáles son las vivencias que nos permiten desarrollar las capacidades típicas humanas que nos ayudan a convivir? ¿En qué momento adquiere un niño la consciencia de que es una persona diferente y única?

Muchas familias acuden a mis asesorías porque quieren conocer más a fondo algunos aspectos del desarrollo infantil que les puedan ayudar a la hora de acompañar a sus hijos en su evolución, mientras que otras me consultan sobre alguna situación concreta en la que creen que puedo ayudarles. En todas ellas, lo primero que suelo preguntar es por la historia de vida de ese niño. Y cuando les pido que me cuenten cómo era de bebé o qué pasó en sus primeros años, dependiendo del asunto que estemos abordando, a menudo se sorprenden. Es como si con sus caras dijeran: ¿qué tendrá que ver su manera actual de relacionarse, de reaccionar, de comprender o de comportarse con lo que vivió tanto tiempo atrás? Sobre todo, si consideran que no sucedió nada relevante o que, como mucha gente piensa, creen que esos primeros meses, o los primeros años, carecen de importancia para lo que ocurre después: «Vivimos esta situación (la que sea, pero relevante, como un divorcio, una muerte, una enfermedad...), pero como era un bebé, no se enteró».

Pero ¿es realmente así? Aunque parezca que lo que se vive durante esta etapa de la infancia no influye o no sea percibido por el bebé, o aunque creamos que «no se enteran de nada», todo ello forma parte de la historia de vida de cada uno de nosotros. Y es especial, porque es el momento en el que se están formando los cimientos sobre los que, más adelante, se construirán y se asentarán el resto de nuestras capacidades humanas. Por eso, una vez que somos adultos y aunque no seamos conscientes en muchos casos de ello, es una etapa que nos influye por partida doble.

Es curioso, porque todos hemos sido niños, pero ¿desde cuándo tienes recuerdo de ti mismo? Cuando hablamos de los primeros años, advertimos que hay un tramo inicial que no recordamos y que solo conocemos a través de lo que nos han contado. Nuestra forma de ser, de movernos, de expresarnos, de interesarnos por el entorno, de relacionarnos o de manejar nuestras emociones, ¿tienen algo que ver con estas experiencias? ¿Cuáles las explican o qué ha sucedido a pesar de ellas? Quizá tendemos a creer que «somos así» porque ya veníamos de serie de esta manera, pero la realidad es que lo que hemos vivido en relación con otras personas, seamos conscientes o no, nos ha influido.

Recuerdo que, cuando le conté a una amiga que estaba empezando a escribir este nuevo proyecto, me dijo con escepticismo: «Laura, no puede ser, no puede ser que lo que viví al principio de mi vida tenga tanto peso o deje una huella». Y otra añadió: «Si influyera tanto, mis hermanos y yo habríamos salido peor de lo que estamos».

Sin embargo, si bien es cierto que lo que nos sucede en esa etapa temprana de nuestro desarrollo ni nos condena de cara al futuro ni nos protege de todos los males, sí que deja su marca, porque quien eres hoy tiene ahí sus raíces.

Pero claro, contar con esta información también nos añade un peso adicional: el de la responsabilidad. Porque cuando tenemos hijos, trabajamos con niños pequeños o nos relacionamos con ellos de una forma u otra, nos damos cuenta de que ahora somos nosotros los adultos que estamos ofreciendo esas primeras experiencias, y eso, por supuesto, supone una responsabilidad.

Este libro que tienes en tus manos se puede leer desde dos lugares distintos. Por un lado, como alguien que tiene hoy niños cerca —da igual si eres madre, padre, maestra, educadora, tía, tío, abuela...—, para comprender qué es lo importante en esta etapa y así acompañarlos mejor, ofreciendo aquellas experiencias que sabemos que facilitan su desarrollo. Pero, por otro, también te invito a leerlo con la mirada abierta hacia el niño que fuiste, porque quizá en él encuentres algunas respuestas que no sabías que buscabas.

En la primera parte, encontrarás las bases, es decir, todo lo que necesitamos para comprender por qué son importantes los primeros años y cuál es nuestro papel como adultos en esta etapa. Después, en la segunda y tercera parte, iremos viendo cómo se desarrolla cada uno de los aspectos importantes que se arraigan en nosotros durante este periodo.

Quizá en este punto te estés preguntando a qué me refiero exactamente cuando hablo de «primeros años». En general, haremos referencia al periodo que transcurre desde el nacimiento hasta los cinco años, porque entre los cinco y los siete años se produce un gran cambio madurativo que coincide además con el paso de la educación infantil a la primaria, aquel que divide la etapa no obligatoria a otra que sí lo es.

Mi objetivo en estas páginas es destacar lo esencial de esta etapa, a menudo poco valorada y comprendida de forma superficial. Pues es un momento en el que el ambiente y el entorno en el que crece el niño tiene un impacto decisivo en su desarrollo, que si bien viene marcado de forma natural, necesita un acompañamiento para que suceda. Por ello, abordaremos qué se desarrolla, cómo lo hace y cuándo suele ocurrir. Pues, con frecuencia, nuestro desconocimiento nos ha llevado a pedirles a nuestros pequeños que aprendan cosas para las que no están preparados y que requieren un desarrollo previo, con el perjuicio que eso puede conllevar.

Si le has echado una ojeada rápida al libro, ya habrás visto que viene cargado de dibujos. Quienes me conocen por mis charlas, formaciones o a través de mis redes sociales saben que ilustrar es, para mí, una manera de pensar y explicar. Mis dibujos son mis aliados para entender conceptos del desarrollo que a veces resultan muy abstractos. Darles forma y hacer las ideas más tangibles es un gran recurso, y esta vez he querido compartirlos para que también te ayuden a ti a comprender y reflexionar sobre los conceptos e ideas que quiero plasmar en estas páginas.

Hay ilustraciones de diferentes tipos, algunas en forma de viñetas, con prácticas que favorecen y otras que no; en ocasiones me apoyo en el humor para abordar situaciones cotidianas. También hay algunas páginas tipo cómic, que permitirán visualizar la evolución de procesos más complejos, e imágenes informativas, porque ya sabes aquello que se dice de que «una imagen vale más que mil palabras». Aunque, esta vez, en las páginas que acompañan a cada ilustración verás mucho más de mil palabras, en las que explico cada proceso y cada idea, junto a la bibliografía que lo sustenta.

Ahora sí, comencemos.

PARTE I

LAS BASES: LA IMPORTANCIA DE LOS PRIMEROS AÑOS Y NUESTRO PAPEL

1

Es importante... en la teoría

En la teoría todos sabemos
los primeros años son muy importantes
Pero ¿por qué?
CRI CRI
CRI CRI
Si son tan importantes...
¿Por qué los permisos son tan cortos?
¿o las ratios tan altas?
CUIDO NIÑOS
¿por qué parece que cualquiera puede hacerlo?

Quizás hemos pensado
que cuidar es algo asistencial
que consiste
en comer,
dormir
y que estén limpios

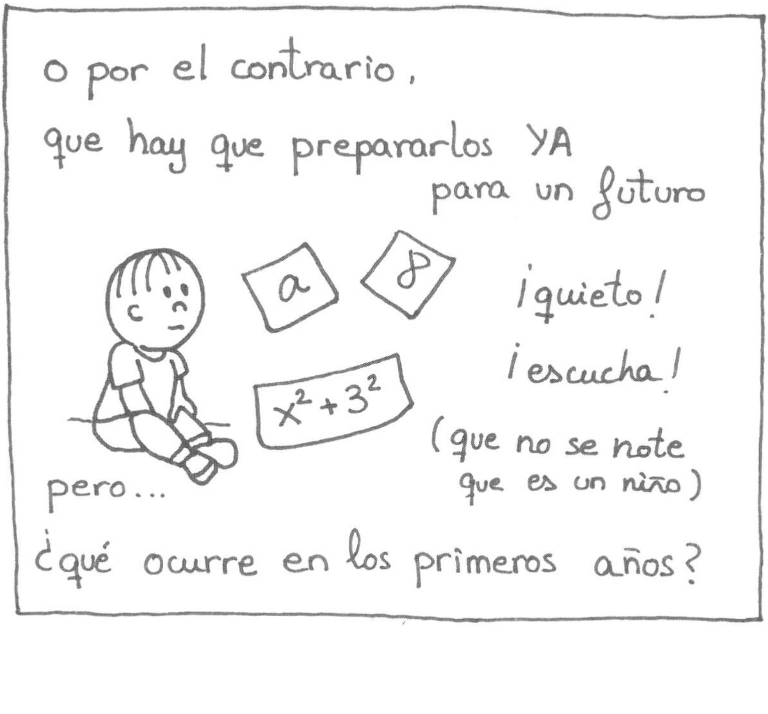
o por el contrario,
que hay que prepararlos YA
para un futuro
a
8
¡quieto!
¡escucha!
$x^2 + 3^2$
(que no se note
que es un niño)
pero...
¿qué ocurre en los primeros años?

De la teoría a la práctica

Creo que no me equivoco si os digo que el mensaje de que «los primeros años son los más importantes» ha calado en gran parte de la población. Sin embargo, aunque sea una idea que se repita con frecuencia, por lo menos en los entornos educativos en los que yo me muevo, cuando intentamos profundizar un poco más sobre ello y concretar en qué sentido lo son, qué se desarrolla con exactitud en esta etapa y qué deberíamos tener en cuenta... la cosa se complica. Es más, aunque reconozcamos de manera general su importancia, creo que hoy en día la distancia entre lo que sostenemos en la teoría y lo que llevamos a la práctica es enorme. Por ello, vale la pena detenernos en algunos aspectos clave que, espero contribuyan a la reflexión y el emprendimiento de cambios reales en nuestras aulas y hogares, para que esa convicción no se quede en un eslogan y se convierta en una realidad.

El (des)prestigio de esta etapa

Todavía recuerdo cuando trabajaba como educadora infantil y alguien me preguntaba:

—¿Así que eres profe?

—Sí —contestaba con orgullo.

—¿Y qué edad tienen los niños con los que trabajas?

—Menos de tres años, porque trabajo en el primer ciclo de educación infantil —respondía.

—Aaah —se escuchaba, con una mezcla de sorpresa y cierta pena.

Como si trabajar en esta etapa tuviera menos valor e importancia que hacerlo en otras. Y eso me hizo reflexionar, pues si de verdad somos conscientes de que es un periodo tan importante en el desarrollo, ¿por qué no apreciamos la labor que realizan los que acompañan a los niños durante esta etapa? Quizá el problema no sea la etapa en sí, sino que todavía no hemos aprendido a mirar todo lo que ocurre en ella con la seriedad que se merece.

Los convenios

Y es aquí donde la distancia entre lo que decimos y lo que hacemos se vuelve especialmente evidente. Basta con asomarse a las condiciones laborales de las personas que trabajan con niños en esta etapa —las educadoras infantiles, las maestras de «cero a tres»— para entenderlo. ¿Sabías que son los profesores que menos cobran y los que cuentan con menos vacaciones de todas las etapas educativas?

Algo no encaja. Si afirmamos que esta etapa es fundamental, ¿por qué tratamos como secundario el trabajo de quienes sostienen el día a día de nuestros primeros años? Porque no estamos hablando solo de cuidar fisiológicamente; hablamos de crear vínculos, regular emociones, favorecer la exploración... Construir, en lo cotidiano, los cimientos de todo lo demás.

Las ratios

Paralelamente, si todos sabemos que es la etapa en la que más cuidados y presencia adulta necesitan los niños, ¿por qué las ratios en los centros de educación infantil son tan elevadas? Es decir, la proporción de adultos y niños por cada aula.

En España, aunque varía según la Comunidad Autónoma,* un solo adulto puede llegar a estar a cargo de ocho

* Algunas comunidades pueden mejorar ligeramente estas cifras, estableciendo, en los mejores casos, una ratio de diez niños en lugar de trece para las edades comprendidas entre el año y los dos años, y de die-

bebés, de trece niños entre uno y dos años, o de veinte niños entre dos y tres años. Con esas cifras, la pregunta es inevitable: ¿cómo es posible acompañar de la forma que necesitan?

Está claro que en estas edades no basta con «vigilar» o mantener el orden, sino que debemos atender más necesidades y hacerlo con calma, con mirada y con tiempo, pues se trata de una etapa esencial en la construcción de la persona.

El cole «de verdad»

En este tramo se construyen las bases de habilidades importantes para las personas, aquellas que le permiten relacionarse con su medio y las personas que les rodean, y, sin embargo, se sigue considerando que lo educativo «de verdad» aún no ha comenzado. Como si lo que se realiza durante los primeros años fuera un pasatiempo hasta que llegan las etapas importantes.

Ojo, con esto no quiero decir que haya que adelantar las etapas escolares; no, ni mucho menos, más adelante te desarrollaré en detalle este tema. Lo que quiero es transmitir lo esencial que resulta dar valor a lo que las personas desarrollan en cada momento de su evolución y a la forma en la que lo hacen.

¿Lo puede hacer cualquiera?

Recuerdo que, cuando estudiaba bachillerato, algunas de mis compañeras comenzaban a tener sus primeros trabajos cuidando niños, que consistían esencialmente en ir por las mañanas a sus casas y llevarlos a la escuela, o quedarse con

---

ciséis niños en lugar de veinte para las edades comprendidas entre los dos y los tres años, pero son la excepción. Fuente: Ministerio de Educación, Formación Profesional y Deportes (2025), *Información de la Unidad de Eurydice de España — Redie-Eurydice*, <https://www.educacionfpydeportes.gob.es/mc/redie-eurydice/nuestra-unidad.html>.

ellos un ratito en el parque por la tarde. Era común que una estudiante «mínimamente responsable», sin conocimientos sobre infancia, ni de cómo influimos en el desarrollo de los niños con los que tratamos, se ofreciera para ello. Y lo de «responsable», no me lo invento: era una cualidad común en los carteles que se pegaban en las farolas o en los escaparates de los establecimientos, esos que contaban con papelitos recortados con el número de teléfono y que decían algo así: «Estudiante RESPONSABLE se ofrece a cuidar niños por las tardes». No se necesitaba mucho más.

En parte, no me resulta extraño. Durante mucho tiempo hemos asumido que, si está atendido lo fisiológico y los niños están alimentados, limpios, protegidos y no se hacen daño, es suficiente. Como si cuidar fuera, sobre todo, vigilar. Sin embargo, como veremos en estas páginas, si lo que buscamos es garantizar un desarrollo adecuado, debemos atender muchos más aspectos que lo mínimamente asistencial.

El vínculo que construimos, el tipo de lenguaje que usamos, la calidad de la presencia que otorgamos, el respeto a los ritmos, el acompañamiento de las emociones, el juego, la exploración, la autonomía... son cuestiones que debemos tener en cuenta y valorar, porque no se trata solo de dejar pasar el tiempo, se están desarrollando y cualquier gesto cuenta. No se trata solo de tener buenas intenciones, sino de hacerlo de una forma consciente y ofreciendo lo que los niños necesitan.

La importancia de los primeros años

En otras ocasiones, la conciencia de que es un periodo crucial en el que «aprenden como esponjas», nos lleva al extremo contrario. Nos esforzamos entonces por enseñarles muchas cosas y muy pronto, cuanto antes mejor: idiomas, una avalancha de conceptos, letras, números y una sucesión de prácticas de estimulación que responden más a nuestras prisas que a sus necesidades. En estos casos, estamos tan centrados en el futuro, en lo que vendrá después, en que lo que reciban se parezca al cole «de verdad», que se nos olvida mirar cómo son y lo que necesitan de verdad en el presente.

Porque sí, durante los primeros años, el cerebro de los niños se encuentra en un momento especialmente fértil, en el que tiene la capacidad de aprender muchísimas cosas sin tanto esfuerzo, de una manera que a los adultos nos cuesta alcanzar. Por eso, es normal que una parte de nosotros quiera aprovechar esa capacidad, prepararlos lo mejor posible para el futuro, pero debemos tener en cuenta que este también es un momento que tiene características propias, que no son adultos en miniatura. Es por ello por lo que esta etapa es clave para las raíces, los fundamentos de la persona y cómo se va a relacionar con lo que le rodea. Y en eso es en lo que debemos centrarnos, no en los contenidos académicos.

Todos sabemos que una planta sin raíces dura viva muy poco o que un edificio sin cimientos, o con unos cimientos pobres, termina resquebrajándose. Pensemos, entonces, en estos primeros años como algo así, como ese momento decisivo en el que una semilla está germinando. Para poder crecer, necesita un suelo fértil y unas condiciones adecuadas que le permitan desarrollarse de manera progresiva, porque es imposible que florezcan sus flores si ni siquiera dejas crecer un tallo.

Y aunque por costumbre se haya hecho así, acompañar esta etapa es una tarea demasiado importante como para dejarla a la improvisación.[1] No puede quedar sujeta a lo que a cada uno se nos ocurra o a lo que «nos salga de dentro», pues no es una cuestión de buenas ideas o intenciones. Ser padres o haber sido hijos no nos dota de manera automática de las habilidades ni las herramientas necesarias para favorecer que los niños se desarrollen emocionalmente estables, con un buen autoconcepto, seguros y, con una autoestima sólida, que sean capaces de respetar, tanto a ellos mismos como a los demás, que mantengan el interés y la ilusión por aprender y que sepan relacionarse y convivir con las personas que les rodean.[2]

Esta etapa es fundamental en la construcción de todos estos

factores y es por ello por lo que necesitamos saber qué necesitan los niños, más allá de lo que nos gustaría a nosotros enseñarles, y eso implica algo más difícil de lo que parece: agacharnos a su altura, de manera literal y simbólica, para mirarles de verdad y tomar conciencia de qué mirada tenemos hacia la infancia. Porque según cómo miremos, así acompañamos.

¿Una mirada que respeta o una que dirige su desarrollo?

Todos tenemos una imagen de lo que es un niño y una mirada característica hacia la infancia.[3] Es decir, una idea más o menos consciente sobre cómo son los niños, qué deben hacer, qué podemos esperar, cómo creemos que se desarrollan, etc. Esa mirada, aunque no la verbalicemos, influye directamente en la forma en la que nos relacionamos con ellos, en qué interpretamos como normal o problemático, o en qué cosas favoreceremos o impediremos que ocurran. Aunque existen matices y muchos grises, podemos agrupar esas maneras de mirar en dos grandes tendencias: una que dirige el desarrollo de los niños y otra que lo respeta.[4]

Cuando la mirada es directiva

Esta mirada pone el foco en lo que los niños hacen y, sobre todo, en lo que todavía no hacen (caminar, jugar, estar quietos, controlarse, saber conceptos...). Es decir, se fija principalmente en lo observable: la conducta. Suele asumirse, además, que esta última puede enseñarse y entrenarse, casi como si dependiera únicamente de insistir lo suficiente.

En cambio, se les concede poca importancia a las emociones y a las necesidades particulares, es decir, a todos esos procesos internos que llevan al niño a actuar de una forma u otra. Se pierde de vista el sentido que tiene lo que hace en su momento madurativo actual y qué pasos son necesarios para que el desarrollo avance de forma natural.

Desde esta mirada:

- Se parte de la idea de que los niños «no saben hacer las cosas» y que los adultos sí, por lo que el momento actual que atraviesan las criaturas tiene poco valor ya que es el adulto el que enseña, el que dirige y marca el ritmo. Cuanto antes se haga algo, mejor, aunque para ello haya que invertir mucho esfuerzo y tiempo, que se le quita a actividades propias de la infancia (como el juego y el movimiento libre, la exploración o el descanso), que se consideran secundarias o de menor valor.
- Se entiende, además, que los niños son moldeables al gusto del adulto, que intenta, aunque no sea algo consciente o explícito, controlar su desarrollo, «enseñándoles» a ser maduros, «corrigiendo» sus signos de inmadurez para que se parezcan a los adultos o, al menos, a los niños más mayores.[5] De ahí la insistencia en que pidan las cosas por favor, den las gracias, compartan, no lloren cuando están tristes... incluso recurriendo, para conseguirlo, a premios o castigos de diversa índole.

Tal vez, según vas leyendo estas líneas, te preguntes: ¿qué hay de malo en todo ello? Es una pregunta legítima. Espero que al finalizar el libro veamos la diferencia clave entre acompañar el desarrollo e intentar enseñar conductas.

Cuando la mirada es respetuosa con el desarrollo

Desde este enfoque, los niños se consideran personas completas (sin que les falte nada), pero en un momento de la vida en el que hacen cosas diferentes a las que realizan los adultos. Hacen lo que pueden hacer los niños en el punto del desarrollo en el que están, y eso tiene sentido.

Se reconoce que, aunque sean pequeños, son capaces de llevar a cabo muchas cosas con los recursos de los que disponen en cada momento, que no están ahí por azar, y aquellos de los que aún no disponen no es que les falten, es que todavía no los necesitan o no les corresponde tenerlos, porque su desarrollo sigue un orden.

También se considera que los niños están en desarrollo, igual que nosotros, pero en la infancia esos cambios son más rápidos, más visibles y se presentan en mayor cantidad, lo que a veces puede resultarnos desconcertante porque se aleja mucho de la forma adulta de pensar y actuar. Sin embargo, el ser humano tiene un plan de desarrollo, una secuencia que va desplegándose poco a poco. Nuestro papel no es acelerarla, sino conocerla, respetarla y crear las condiciones para que ocurra.

Un aspecto clave de ese plan es que el desarrollo discurre y se construye en relación con otras personas. No se puede sustituir la presencia humana por cosas materiales, no se compra ni se resuelve con métodos rápidos. Exige tiempo, presencia y vínculo. Aquí aparece una dificultad habitual: los tiempos y los ritmos de la infancia son diferentes a los de los adultos, por lo que a veces resulta muy difícil conciliarlos sobre todo si tienes que hacerte cargo de otras obligaciones, o, simplemente no encajan con cómo nos gustaría que fueran.

Por eso, esta mirada también exige confianza por nuestra parte. Confianza en el proceso y en el niño. Sobre todo, que sea informada, porque cuanto más conocemos más fácil es comprenderlo y dejar a los niños ser tal y como son. Es una perspectiva que se centra en el presente, pero sin perder de vista cómo favorece o no lo que estamos haciendo a largo plazo, y cómo se sienten los niños en este momento, qué viven y qué experimentan.

Esta es la mirada respetuosa con el desarrollo natural de la infancia y en ella es en la que nos vamos a apoyar a lo largo de todo este libro, para intentar acortar esa diferencia entre la teoría y lo que logramos llevar a la práctica cuando nos referimos a estos primeros cinco años de vida de nuestros pequeños.

El mundo social es muy complejo
y más cuando somos pequeños
para hacerlo más sencillo y manejable
=6 =1
=2
nuestra mente
lo simplifica
así ahorra
energía
y como le gusta
estar preparada
para lo que pueda
pasar
anticipa las cosas
que pueden ocurrir

Basado en Pitillas, *Caminar sobre las huellas: vínculos, trauma y desarrollo humano*, Bilbao, Desclée de Brouwer (2025).

No son las cosas que aprendiste, sino lo que viviste

Como te decía en las primeras páginas, este libro puede leerse desde dos lugares distintos. Por un lado, desde la perspectiva de quienes somos hoy, es decir, adultos que acompañamos a los más pequeños con una mirada preventiva, orientada a sostener y cuidar su desarrollo. Y, por otro, desde quienes fuimos: niños también en nuestro tiempo. Porque cuando hablamos de acompañar la infancia nos estamos refiriendo, ante todo, de forjar relaciones entre personas en las que cada una de nosotras vamos a tener formas de actuar, sentir y comprender las situaciones que no son neutrales ni objetivas, sino que están atravesadas por nuestras propias experiencias, que influyen, queramos o no, en cómo nos relacionamos con los demás, incluidos los niños pequeños que están a nuestro cargo. Por eso, en este apartado, pondremos el foco en nuestra propia infancia, para comprender así de dónde vienen muchas de nuestras formas de actuar, sentir o relacionarnos.

Cuando consulto libros sobre psicología para entender por qué los adultos hacemos lo que hacemos, es bastante común que, en un punto u otro, se vuelva a la infancia, en concreto, a los vínculos que se crearon y a las relaciones que se establecieron en esa etapa tan esencial. Que se ponga el foco en este periodo tiene sentido, porque los seres humanos nacemos con una serie de necesidades que, cuando somos bebés, no podemos satisfacer por nuestros propios medios y necesitamos de la ayuda de los adultos para sobrevivir.

Sin embargo, estas necesidades y atenciones que requiere un niño pequeño no se centran meramente en lo fisiológico, es decir, estar alimentado, limpio, sano y descansado, sino que también existen una serie de necesidades emocionales fundamentales para que el desarrollo sea el adecuado. Estas suelen ser más desconocidas e invisibles, así que a veces, bien por desconocimiento o por incapacidad del adulto, los niños no reciben lo que necesitan para desarrollarse en este aspecto.

De esta manera, la criatura, que necesita mantener la conexión con sus cuidadores para no quedarse sola y poder subsistir, se adapta al contexto en el que crece y a las interacciones que recibe, aunque estas no satisfagan las necesidades emocionales y relacionales que realmente precisa.

Es importante señalar que esta adaptación ocurre en una etapa en la que el niño está construyendo su mente, comprendiendo cómo funciona el mundo, cómo son las relaciones y creando unos «mapas» sobre cómo funciona el entorno, especialmente el social. Sin embargo, el entorno social es sumamente complejo, porque cada adulto puede comportarse de una manera diferente, reaccionar de forma distinta ante una misma situación o incluso la misma persona puede variar su respuesta según el día o el momento.

La mente infantil intentará simplificar esa complejidad para poder sobrevivir, pues al hacerlo lo convierte en algo más manejable, menos exigente y ello le permite anticiparse, es decir, estar preparado para las situaciones que vendrán. Sin embargo, lo hace con la experiencia social limitada que tiene hasta ese momento, sin poder contemplar todas las posibilidades que podrían ocurrir porque, sencillamente, no cuenta con esa información. El niño, a partir de lo que conoce, va trazando y recorriendo los «mapas» que él mismo ha creado con su limitada experiencia, que responden a preguntas básicas para su supervivencia: ¿qué se puede esperar de los demás?, ¿qué emociones se asocian a las interacciones?, ¿cómo se puede mantener la conexión con los otros?, ¿cómo podemos protegernos de las personas?, ¿qué hay que hacer para reducir el dolor emocional?, ¿cómo nos vemos a nosotros mismos en las interacciones?

Por supuesto, un niño pequeño no formula las preguntas en estos términos ni las responde de forma deliberada y consciente. En realidad, todo se traduce en sensaciones, emociones, formas de relacionarnos, que se graban de manera inconsciente y con tanta fuerza que no solo nos orientan cuando somos pequeños, sino que incluso ahora, ya de adultos, seguimos recurriendo a ellas... ¿O no has escuchado alguna vez afirmaciones como las siguientes? Quizá incluso tú mismo las hayas dicho o pensado en algún momento: «Siempre he estado pendiente de los demás», «No me gusta molestar a nadie», «Yo siempre le doy muchas vueltas a todo», «Siempre he sido muy independiente», «Soy muy intensa» o «Cuando estoy con alguien, me entrego al cien por cien y espero el cien por cien».

A menudo, siguen tan presentes orientándonos en nuestro día a día y de una forma tan sutil que tenemos la sensación (o la certeza) de que tropezamos una y otra vez con la misma piedra en cuanto a relaciones se refiere: «Siempre atraigo a este tipo de personas» o «Parece que llevo un cartel en la frente».

Dicho en otras palabras, crecemos, pasan los años, aprendemos un montón de cosas nuevas, cambiamos en muchísimos aspectos, atravesamos diversas vivencias, pero, aun así, algunas de las formas que tenemos de actuar, sentir y relacionarnos siguen condicionadas por lo que aprendimos en nuestra infancia, en gran medida de manera inconsciente.[6] Son aprendizajes que se gestan en nuestros primeros años, cuando se grabaron con fuerza en nosotros a través de las interacciones con las personas que nos cuidaban, también conocidas como figuras de referencia.*

De esta manera, los vínculos con los que crecimos y las relaciones con las personas que nos cuidaban al inicio de nuestra vida influyeron en la construcción de nuestra mente, justo cuando estaba en pleno desarrollo.[7] Y puede ser que esos adultos que nos cuidaron fueran sensibles y conscientes con las necesidades de la infancia y nos hayan

* Vamos a utilizar el concepto «figura de referencia» para referirnos a esa o esas personas especiales que, principalmente en la infancia, nos cuidan y con las que mantenemos un vínculo especial.

transmitido seguridad, una imagen positiva de nosotros mismos, emociones agradables asociadas a estar con otras personas, la seguridad de que podemos contar y confiar en los demás, y buenas herramientas para relacionarnos con los que nos rodean.

Pero esto no siempre ocurre. También es posible que los adultos que nos cuidaron no fueran emocionalmente maduros y actuaran de forma impredecible; que sintiéramos miedo ante sus reacciones intensas, a veces desproporcionadas, o que fueran controladores y asfixiantes.[8] Quizá restaran valor a lo que nos pasaba. Y puede que, en ese contexto, llegáramos a la conclusión de que teníamos que arreglárnoslas solos o aprendimos a ser silenciosos e invisibles.

Todas esas experiencias dejan huella, producen un daño, porque ningún niño está preparado para afrontar y vivir esas situaciones; y aunque después crezcamos y nos convirtamos en adultos, a menudo lo hacemos arrastrando, en mayor o menor medida, algunos de esos daños que vivimos.

Resulta entonces evidente que, cuando en psicología ponemos el foco en las cosas importantes que ocurren en la infancia y en las huellas que nos dejan, asuntos como a qué edad te sabías los colores y los números, reconocías las formas, el nombre de los animales de la selva o cuándo aprendiste a caminar, a controlar esfínteres y a jugar al fútbol tienen poco peso. Y es por esto por lo que destaco, desde el propio título de este apartado, que no es tan importante lo que aprendiste, es decir, esos aprendizajes más «escolares» en los que solemos concentrarnos, como lo que viviste en estos años. Porque lo que realmente tiene peso en el adulto que eres hoy es la manera en la que aprendiste a relacionarte con lo que te rodea, cómo te atendían los que te cuidaban, qué aprendiste a esperar de los demás y cómo te adaptaste al contexto en el que te tocó vivir. En definitiva, todo lo relacionado con lo emocional y lo relacional.

En cambio, cuando estamos del otro lado, ahora que somos nosotros los adultos que cuidamos: ¿dónde ponemos el foco? ¿Lo ponemos en las interacciones sabiendo que el desarrollo emocional y relacional, junto con su mente, se está construyendo en esta etapa, o lo seguimos poniendo en «las cosas», en los conceptos que pueden aprender y la prisa por que adquiera sus aprendizajes más escolares?

«Tan mal no hemos salido»

Es posible que, al leer todo esto, te parezca una exageración que no encaja contigo, incluso puede que pienses que a ti no te afectaron tus primeras relaciones de esta manera. Estas afirmaciones suelen ser comunes cuando no nos hemos detenido a pensar sobre nuestras necesidades, el entorno en el que crecimos o cómo nos sentíamos cuando éramos pequeños y la manera en la que nos adaptamos a lo que recibíamos, sobre todo si las emociones que todo eso nos provocaba eran dolorosas. En algunos casos, incluso es probable que se creara una desconexión respecto a lo que sentíamos como un mecanismo de protección. Por ello, como desarrollaremos más adelante, si el acompañamiento no fue el más adecuado, es bastante común que, atendiendo a la etapa en la que ya podemos tener recuerdos conscientes, en nuestro caso tengamos pocos de estas situaciones de nuestra infancia.

Así, aunque creas que esto no va contigo o que a ti esas situaciones no te afectaron, cuando somos criados por adultos emocionalmente inmaduros, aprendemos a adaptarnos al entorno en que crecimos, integrando patrones que, ya de adultos, determinan nuestra forma de actuar y de entender las relaciones.[9] Hay patrones creados en la infancia que permanecen con nosotros y que es posible que te resuenen:

- Como cuando anteponemos las necesidades de los demás y ocultamos las nuestras, mostrándonos serviciales para obtener amor y atención.

- Cuando creemos que somos «muy sensibles» y ocultamos nuestras emociones porque nos da vergüenza mostrarlas y porque creemos que, si lo hacemos, vamos a molestar a los demás.
- Cuando nos empeñamos en intentar cambiar a las personas.
- O cuando estamos a la espera de que los demás cambien, deseando que llegue el momento en el que finalmente recibiremos ese amor, reconocimiento, atención o cuidados que tanto tiempo llevamos esperando.

«Cuando yo era pequeño...

... no se tenían en cuenta todas estas cosas ¡y aquí estamos!»

Seguro que habéis escuchado esta afirmación, o una similar, que trata de invalidar este enfoque por el que, hoy en día, ponemos especial atención en tratar de relacionarnos con los niños de una forma que respete su mundo emocional y que les permita crecer con las mínimas consecuencias posibles.

Y es cierto que antes no se tenían estos asuntos tan en cuenta, como también es cierto que esos niños que en su día se criaron en entornos en los que no se les tuvo en cuenta, crecieron y se convirtieron en adultos que pueden ser padres, profesores, abuelos... Y eso es precisamente lo que hace que reflexionar sobre estos patrones adquiridos en la infancia sea tan crucial, porque al final, aquellas personas que no crecieron en relaciones de seguridad también son ahora las encargadas de acompañar el desarrollo de los niños que hoy tenemos delante.

Si no le damos importancia a lo que nos ocurre en los primeros años de vida y reflexionamos sobre todo aquello que hemos integrado de manera más o menos consciente, descartando lo que pueda ser dañino y reafirmando lo positivo, corremos el riesgo de transmitir los mismos patrones generación tras generación. Porque es difícil dar lo que no tienes ni has recibido, sobre todo, si no le das importancia ni valor.

Las ideas sobre educación y crianza han cambiado con el tiempo. Antes se consideraba que criar consistía en enseñar a los niños a comportarse, a que aprendieran a obedecer a los adultos y, cuando se mostraban obedientes, se entendía que era porque los padres lo estaban haciendo bien.[10] Si te paras a pensarlo, tiene cierta similitud con la mirada directiva que se mencionaba hacía unas páginas.

El castigo, incluido el físico, estaba aceptado como una forma de control, tanto en casa como en los colegios. ¡La de veces que mi madre cuenta sus batallitas de cuando iba a la escuela! Entonces, las profesoras podían ponerte unas «orejas de burro» y pasearte por las clases para ridiculizarte si te portabas mal o no te sabías la lección, o darte una bofetada como la que le dieron a una compañera porque, ya adolescente, se depiló las cejas ¡como para atreverte a experimentar y ser tú mismo!

Las emociones y sentimientos que los niños sentían eran minimizados o no se les otorgaba mucha importancia, así como la conexión emocional entre padres e hijos, que muchas veces era inexistente porque no era de gran interés para los adultos, que buscaban más bien obediencia y respeto sin cuestionamientos. Todo esto es muy doloroso para los niños, porque las necesidades de la infancia son las que son, tanto hoy como entonces. Y sí, ¡aquí estamos! Hemos sobrevivido, pero lo hemos hecho creando unos mecanismos para sobrellevar todo ese dolor emocional que, quizá aún hoy, nos sigan lastrando e impidiendo desarrollar vínculos sanos. ¿Es eso lo que queremos transmitir a las nuevas generaciones?

«Cuántas tonterías, ahora no se les puede decir nada»

Y es verdad, o al menos en parte, pues ya no se les puede decir a los niños cualquier cosa que nos venga bien. Sin embargo, esto no es ninguna tontería, sino una muestra de respeto y consideración hacia la infancia que antes no existía. Hoy en día, los niños tienen una serie de derechos por los que debemos velar y, aunque en este sentido todavía queda mucho por hacer, las ideas sobre crianza y educación van cambiando y progresando poco a poco en aras de garantizar el mejor desarrollo y bienestar de los pequeños.

Ya no pensamos que «criar bien» sea que nos obedezcan y hagan todo lo que les digamos sin rechistar, sin escucharlos ni atender nada más que sus necesidades fisiológicas, sino que buscamos favorecer su desarrollo global y acompañar su evolución, y convertirnos en unas figuras de referencia que les generen seguridad y no temor.

Entendemos que son niños y hacen las cosas propias de la etapa en la que se encuentran, aunque algunas veces no nos gusten. Prestamos atención a cómo se sienten y lo que necesitan, porque comprendemos que una de nuestras funciones es ayudarlos a que se sientan seguros y desarrollen su propia seguridad interna, que sientan que pueden ser ellos mismos y confíen en los demás. También lo es ayudarlos a que puedan convivir y relacionarse desde el respeto, con la certeza de que cuentan con personas adultas cercanas que están ahí para ayudarles, cuidarles, hacerse responsables, y ofrecerles guía y orientación, así como establecer límites cuando sea necesario; pero ya no desde el miedo, el dolor, los premios o los castigos, sino desde el respeto y el cuidado. Porque todas estas prácticas de crianza y educación que se están enumerando están en la línea de esa mirada respetuosa con el desarrollo natural que hemos conocido en el apartado anterior.

No lo es todo, pero deja una huella

No todo está en la infancia y en lo que en ella nos ocurre, porque en la vida hay más factores y experiencias que vienen después y que pueden influirnos y afectarnos de igual manera. Sin embargo, tampoco podemos negar que las vivencias infantiles influyen en el desarrollo posterior y llegan incluso a condicionar nuestro funcionamiento adulto.

La gran influencia de estas experiencias infantiles está determinada, no porque se produzcan en primer lugar y lleven mucho tiempo ahí, sino porque suceden en un momento vital clave, uno de los periodos más sensibles del desarrollo y con mayor dependencia de los cuidadores, por eso estos aprendizajes iniciales se graban con tanta fuerza, porque son nuestras primeras herramientas para adaptarnos al entorno, para entender y manejar el mundo tan complejo en el que vivimos.

Ahora que somos adultos, conocer nuestra historia nos ayuda a comprendernos un poco más a nosotros mismos, a entender los patrones que se crearon en esta etapa y su relación con las formas actuales que tenemos de actuar y reaccionar ante las situaciones, así como de relacionarnos con los que nos rodean, incluidos los niños que se encuentran ahora forjando esas primeras vivencias.

De esta manera, ser conscientes de las peculiaridades y necesidades del desarrollo infantil nos permite saber a qué debemos atender y qué es lo más esencial en esta etapa: aquello que deja huella y lo que necesitan recibir para asegurarnos de que crecen como individuos sanos y seguros.

2

La realidad de la infancia

Hemos creído que la estimulación necesaria era esto

cuando es algo más parecido
a esto

Lo que hemos creído que era

Una vez comprendemos que lo que se desarrolla en esta primera etapa tiene más que ver con nuestra forma de relacionarnos con el mundo, de sentir, de actuar ante las situaciones que se nos presentan y con patrones que integramos en nuestro inconsciente, que con aprendizajes escolares... nos sorprende un poco más cómo, en las últimas décadas, las prácticas que han predominado en la educación infantil y en los hogares para ayudar a los niños a desarrollarse durante esta etapa se han enfocado por completo en estos últimos.

Cuando comencé a trabajar en Educación Infantil

Durante casi diez años, trabajé como tutora en el primer ciclo de educación infantil, es decir, con niños de cero a tres años. Y aunque ahora la mayor parte de los niños con los que trabajo sean más mayores, esos primeros años siempre me han parecido una etapa fascinante con una importancia primordial para el desarrollo humano. Por eso, tenía tanto interés en escribir este libro.

Cuando comencé a trabajar, la mirada que se tenía en las escuelas hacia las necesidades de esta etapa era diferente a la que predomina actualmente. Sin embargo, es posible que, al leer algunas de estas prácticas, no te suenen muy lejanas porque, como sucede con toda evolución o progreso, los cambios no se suceden de manera uniforme y aún hay muchas prácticas arraigadas tanto en las escuelas como en los hogares que quizá ni siquiera percibes como poco acordes con el desarrollo infantil. Es por ello por lo que, en este apartado, quiero centrarme en ellas.

En primer lugar, era muy común que en la escuela infantil se realizaran actividades y prácticas que realmente eran una herencia de etapas posteriores, es decir, del segundo ciclo de infantil, que corresponde a edades de tres a seis años, o incluso de educación primaria, que es justo la que empieza a los seis. Y esto puede que se debiera en parte a una falta de conocimiento sobre el desarrollo real de los primeros años, pues ahora sabemos que estas actividades no se corresponden a las necesidades de esta etapa.

Un ejemplo de ello eran las fichas, con las que se esperaba que niños de uno o dos años se sentaran en sillas y trabajaran quietos y en silencio con la atención sobre un papel: realizando trazos, pegando pegatinas, estampando con pintura de dedos, pegando bolitas de «papel de seda», siguiendo las indicaciones que el adulto ofrecía. Había editoriales que se dedicaban a comercializar estos productos y era una práctica muy extendida. Pero, aunque fuera común, no dejaba de ser una necesidad adulta, porque a esas edades los niños aprenden de una manera vivencial y activa, en movimiento y manipulando las cosas que le rodean, no bajo la forma abstracta que ofrece una hoja de papel.

Lo mismo ocurría con las asambleas, en las que los niños tenían que permanecer sentados y en silencio escuchando lo que el adulto decía, enseñando imágenes para atraer su atención, explicando la fecha o el día de la semana en el que se encontraban, sin tener en cuenta que estos conceptos temporales para un bebé o un niño de esta edad son algo tan abstracto que es imposible que los comprendan. Lo mismo sucedía cuando se les explicaba el tiempo que hacía ese día, si estaba nublado, llovía o hacía sol, todo ello mediante una imagen plasmada en un papel plastificado, pero que, en tantas ocasiones, no se les permitía vivir en su piel, en su cuerpo, saliendo al patio y permaneciendo en el exterior. Quizá no teníamos muy claro lo que necesitaba un bebé o un niño de uno o dos años, porque todas estas prácticas que requerían estar quietos, en silencio, escuchando de forma pasiva, trabajando a través de fichas o en actividades grupales en las que se ofrece lo mismo a todos en el mismo momento, no tiene en cuenta las necesidades del niño ni la gran individualidad que hay en estas primeras etapas. Una muestra de ello era el desgaste físico y mental que suponía también para el adulto captar su atención mediante estas prácticas, así como conseguir que estuvieran quietos, que no se levantaran, que no trataran de coger lo que el profesor enseñaba, que no molestaran al compañero de al lado o que, tras terminar los tres trazos que requería la ficha, no acabase entera garabateada.

Además, había algunas prácticas escolares de etapas superiores que empezaban a enseñarse ya aquí, como caminar en fila, agarrados de la camiseta del compañero anterior, que, en unas criaturas que apenas hacía unos meses que habían aprendido a andar, generaban más caídas que orden. Por no hablar de llenar sus horarios con «asignaturas» y permitir que otros profesionales entraran en las aulas como si se tratase de la escuela primaria, sin tener en cuenta la importancia de los vínculos de apego tempranos, del papel tan importante de la figura de referencia para encontrar seguridad y promover la exploración; aspecto que también se veía reflejado en el inicio de la escolaridad, entendiendo que el periodo de adaptación era algo opcional y que consistía en dejar a la criatura sola por periodos de tiempo cada vez mayores.

Como puedes ver, tampoco se tenía mucha consideración por los factores emocionales. Recuerdo que, cuando estudiaba para ser educadora infantil, aunque hablaban de las emociones de una forma teórica, la mayoría de los libros recomendaban en estas edades prácticas como el «rincón de pensar», la «retirada de atención» o el uso de premios para hacer desaparecer las conductas no deseadas.

Por otro lado, junto con esta corriente coexistía otra, la de la llamada «estimulación». En ella, se exponían todas aquellas cosas que había que hacerle a un niño para que su desarrollo fuera el adecuado, o lo que se consideraba que era adecuado, pues, en realidad, esta corriente representaba una necesidad adulta por apresurar el desarrollo. Para ello, se recurría a una serie de ejercicios que se realizaban sobre el cuerpo del bebé con la idea de fortalecerlo y enseñarle cómo hacer los movimientos que se quería que aprendiera, ya fuera sentarse, gatear, mantenerse de pie... sin importar que su cuerpo aún no estaba preparado, que son cosas que aprenden por sí mismos y promoviendo la idea de que cuanto antes lo consiguieran, mejor.

Algo similar ocurría con los esfínteres, que, una vez los niños pasaban del año o año y medio, cuando llegaba una determinada fecha en el calendario —en España solía ser al acercarse el verano—, era el momento de sentarlos en el orinal, con la idea de que, una vez allí sentados, saliera algo. Así era el adulto el que, pendiente del reloj, iba sentando a los niños y estos tenían que permanecer allí hasta que salía el pis o la caca, como si fuera cuestión de costumbre y no de maduración. Incluso vendían una serie de tablas de recompensas en las que se ponían pegatinas cada vez que lo conseguían para dejar plasmado el proceso. Otra muestra más de lo poco que se tenía en cuenta cómo es la conciencia sobre sí mismos que tienen los niños en estas edades, su noción de tiempo, su memoria autobiográfica o lo que supone el proceso del control de esfínteres con su vertiente tanto fisiológica como emocional, así como lo desastroso que resulta el efecto de los premios y los castigos.

Bajo esta idea de estimulación, que realmente era una sobreestimulación porque se buscaba ir más allá de su desarrollo actual, en cuanto eran algo mayores se les comenzaba a introducir multitud de conceptos, como si ser más inteligente consistiera en conocer muchas palabras, aunque carecieran de significado para ellos. Se les mostraban imágenes mientras el adulto decía el nombre de lo que en ella aparecía y se repetía esta acción en diferentes ocasiones para que acabaran reconociendo lo que se les mostraba, desde animales de la selva a obras pictóricas y sus autores, pasando por grandes obras de la arquitectura y su localización. Como si estos fueran contenidos relevantes para los niños de esta etapa, como si esos datos les fueran a servir más adelante y como si su aprendizaje se diera a través de la observación de una imagen plana en dos dimensiones.

También las pantallas comenzaban a ocupar espacio en la sociedad, aunque no al nivel actual. Ahora prácticamente todos disponemos de un teléfono inteligente en nuestro bolsillo, pero entonces no era tan fácil acceder al amplio mundo digital. Recuerdo que en la carrera de magisterio estudié una asignatura sobre las famosas TIC, tecnologías de la información y la comunicación, en la que se nos inculcaba como futuros maestros la importancia de que todos los niños pudieran acceder al mundo digital. Está claro que no sabíamos lo que se nos venía encima, ni cómo, en cuestión de unos años, los esfuerzos tendrían que destinarse precisamente en la dirección opuesta: en «desenchufar» a las personas, tanto adultos como niños, de ese mundo digital para volver o comenzar a disfrutar del mundo real.

Los juguetes interactivos, que funcionaban con pilas y emitían luces y sonidos, eran denominados «educativos» y se popularizaron cada vez más. Juguetes grandes, pesados, que no podía manipular un bebé ni un niño pequeño, destinados en su mayoría a estar apoyados en el suelo, algunos incluso ya tenían forma de mesa. Estaban pensados para observarlos, apretar teclas y mirar de forma pasiva cómo emitían sonidos de animales o palabras de conceptos abstractos como las vocales, los números, los colores... Como si eso fuera lo que necesitaban en este momento del desarrollo.

Desde ambas prácticas, tanto las que adelantaban etapas escolares como las que pretendían sobreestimular su desarrollo, el adulto era el protagonista, porque era el que decidía qué enseñar, cómo y cuándo hacerlo.

El adulto era el que hacía cosas, movía al niño o mostraba elementos, y el niño el que observaba, atendía o hacía en función de las demandas del adulto. A veces, ni siquiera había una verdadera conversación, sino que el pequeño tenía que responder lo se esperaba de él, respuesta que, evidentemente, el adulto ya conocía: «¿De qué color es esto?», «¿Cómo hace el león?».

En el ámbito escolar además tenía un elemento unificador, mostrando a todos los niños lo mismo en el mismo momento como si por el hecho de haber nacido en un mismo año, los gustos, preferencias y ritmos del desarrollo fueran idénticos.

Ahora, la visión ha cambiado

En la actualidad, tenemos más conciencia como sociedad sobre el desarrollo infantil y sabemos que lo que necesitan durante los primeros años no es la directividad del adulto sino un acompañamiento de su desarrollo natural.

Y digo acompañamiento porque, aunque el niño es el protagonista, este desarrollo no puede darse solo, no consiste meramente en dejar que pase el tiempo. Los adultos tenemos un peso importante, pero que debe enfocarse de una forma diferente a como acabamos de leer en los párrafos anteriores.

Para un desarrollo adecuado no hace falta muchísimo material, ni multitud de objetos, ni grandes conocimientos sobre actividades, pero sí que hacemos falta nosotros como adultos que les cuidamos. El ser humano necesita de otros para desarrollarse. Recuerda que, en estos primeros años, se están creando los patrones que los pueden acompañar durante toda la vida y todo ello se hace en gran medida a través de sus relaciones tempranas. Los niños también necesitan conocer el mundo que les rodea, pero no desde la sobreestimulación, sino de una forma que ellos puedan procesar y entender, según su edad y sus capacidades. Por eso es nuestra función mostrárselo despacio, a su ritmo, actuando, cuando sea necesario, como un filtro entre el mundo repleto de estímulos en el que vivimos y ellos. Nosotros, como adultos, debemos otorgarles seguridad, seguridad para que exploren, jueguen y palpen las cosas con sus propias manos, pues estas experiencias son una necesidad imprescindible durante los primeros años y lo que verdaderamente les permite desarrollarse.

Así, conocer qué es aquello que necesitan, cómo sucede todo este proceso y cuál es nuestro rol en él es lo que nos permite acompañarlos de una forma más consciente.

Durante los primeros años
manera
de vincularnos
y defendernos
autoestima
autonomía
confianza
en uno mismo
imagen
de uno mismo

se crean los cimientos
de la persona
bases de
la regulación
emocional
comprender
nuestro
mundo mental
y el de los demás
escuchar
nuestras
necesidades
bases de
la historia
de quienes somos
resiliencia
actitud
hacia
el aprendizaje
Personalidad

Lo que desarrollas en esta etapa

En los primeros cinco años de vida se desarrollan aptitudes y herramientas muy importantes en nuestra evolución, una de ellas son los ya mencionados «mapas» que generamos para saber cómo movernos en el mundo social que nos rodea. Estos mapas nos guían y acompañan en nuestro desarrollo, mucho tiempo después de esos primeros años, y hablar sobre ellos nos ayuda a tomar conciencia sobre cómo lo que vivimos junto a otros, las relaciones que establecimos en ese primer momento, tiene más peso en nuestra construcción como personas que algunas de las prácticas o actividades en las que tradicionalmente se ha enfocado la educación infantil, tanto en la escuela como en nuestros hogares.

Sin embargo, llegados a este punto, es posible que os estéis preguntando cuáles son las cuestiones que tienen sus raíces en esta etapa, que se establecen en este momento de manera inconsciente y que tanto influyen en nuestro desarrollo posterior. Eso es justo lo que vamos a abordar en este apartado.

Los cimientos son diferentes

Cuando hablamos sobre el desarrollo infantil, muchas de las capacidades, habilidades o aptitudes que los niños integran de pequeños presentan una forma inicial que no se parece a lo que vemos una vez son más mayores o son ya adultos. Es por ello, por esta diferencia en la expresión, que puede desorientarnos tanto la manera que tienen los niños de hacer algunas cosas o de actuar cuando son pequeños, y por lo que nos resulta tan difícil ver la relación entre lo que hacen en esos primeros años y lo que están desarrollando para más adelante.

Pero si hacemos un símil, tampoco los cimientos de un edificio se parecen a la forma exterior de las paredes, a la fachada o a las habitaciones, pero son necesarios para que todo lo demás pueda estar presente; ni la raíz se parece a la planta que brota ni a sus flores, pero su papel es importantísimo.

No es cuestión de grado

Una de las razones por las que nos sentimos desorientados con la forma de actuar de nuestros pequeños es en parte fruto del desconocimiento, ignoramos que algunos pequeños gestos o acciones, que quizá en el momento nos parezcan ilógicos y sin importancia, tienen relación con cuestiones que observaremos de una forma diferente cuando sean más mayores.

Es importante entender que el desarrollo no consiste en hacer las mismas cosas que hace un adulto o un niño más mayor, pero de una forma más simplificada o sencilla. No es cuestión de grado. No consiste en que ahora le obliguemos a compartir un poquito para que, poco a poco, tienda a hacerlo más; o en que le insistamos en que permanezca un ratito quieto, sentado y atendiendo, para que, así, con la práctica, aprenda a permanecer tranquilo más tiempo.

Hay muchos procesos que necesitan de una maduración interna de la persona para ser integrados y que no se pueden aprender desde afuera. De hecho, en esta etapa, esto sucede con la mayoría de los aspectos que se desarrollan. Aunque intentemos enseñarle desde fuera ciertos comportamientos —que, por poder, podemos intentarlo—, eso no significa que el niño vaya a asimilar de verdad lo que se le intenta transmitir.

Por ejemplo, si les enseñamos a decir «lo siento» o «perdón» después de que hayan golpeado a otra persona o le ha quitado un juguete a otro niño, pueden aprender a expresar esa disculpa; de hecho, muchas veces aprenden a decirlo de forma automática, pero eso no significa que entiendan lo que están haciendo. Un ejemplo de esto es cuando un niño pequeño, de dos años y medio muerde a otro y, de manera automática, dice: «¡Perdón!», pero lo hace desconectado de la emoción que le debería llevar a expresarlo. Sabe que tiene que decirlo, porque le han insistido en ello, y por eso se disculpa, pero lo hace sin sentir remordimiento, sin saber que su acción causa un daño y que esa es la razón para pedir perdón. Esto es así porque, cuando son pequeños, no son capaces de sentir todo eso, es necesaria una maduración que todavía no han alcanzado. Por eso, podemos enseñarles a que parezcan amables, pero en el fondo, no lo serán.*

Es por ello por lo que no es una cuestión de grado, no se trata de que vayan haciendo cada vez un poquito más hasta que se comporten como un adulto en miniatura, sino que es una cuestión de desarrollo, de maduración y de procesos internos. Sin embargo, esta forma de acompañar durante estos primeros años, que conlleva respetar sus procesos y sus propias formas de proceder, puede resultar más complicada para nosotros como adultos, porque a veces nos resulta difícil ver la conexión entre estas acciones, o esta forma de proceder propia de los niños, y la forma en la que favorece al desarrollo de lo que ocurrirá más adelante.

Nos resulta difícil respetar algunas conductas infantiles, tolerarlas y entenderlas, en parte porque nosotros ya tenemos integrada una manera de ver el mundo y relacionarnos, y a veces queremos «resolver» o darle todas las respuestas sin percatarnos de que tenemos que dejar que el niño las desarrolle para integrar de manera real ciertas cuestiones.

Muchas veces escucho decir: «¿Por qué este niño no comparte y quiere todos los objetos para él?», incluso a veces, las

* Que no entiendan que causan daño a los demás ni sientan remordimiento no significa que no haya que hacer algo en estas situaciones, como ya hemos visto es necesario un acompañamiento. Para conocer más sobre cómo abordar diferentes situaciones en el día a día podéis consultar mi libro *Criar con apego seguro* (2023).

explicaciones de por qué hacen lo que hacen, van en contra de nuestra lógica —«¿Cómo que compartirá más adelante si ahora le dejamos poseer?», «¿Cómo que necesita sentir que estoy disponible para alejarse a explorar?»—, y quizá por eso nos resulta tan difícil no dirigirlas, ya que nosotros conocemos el resultado final, a dónde queremos llegar y es tentador intentar enseñar los pasitos desde afuera.

Desarrollo y maduración

Los niños pequeños tienen unas características propias, ¡son niños!

Sus emociones son intensas y fluctúan con facilidad, pueden pasar de la alegría al enfado en un abrir y cerrar de ojos; son egocéntricos, en el sentido intelectual,[1] lo que quiere decir que solo se centran en su punto de vista, porque todavía no son capaces de considerar el de los demás; no toleran bien la frustración, y son curiosos, impulsivos, impacientes y disfrutones.[2]

Su forma de pensar, actuar, explorar y aprender es diferente de la de los adultos, y también de la de los niños algo mayores, pero esto no es ningún problema o algo que debamos cambiar, sino que es necesario en la etapa en la que se encuentran,[3] porque, en el desarrollo, nada ocurre por azar.[4]

Esas características propias que observamos durante los primeros cinco años* les permiten centrarse en lo importante de cada etapa. Si les ofrecemos las condiciones necesarias para desarrollarse; es decir, les damos tiempo, confiamos en que habrá un progreso natural de sus capacidades psíquicas como lo hay de las físicas,[5] creamos un vínculo que

* Ten en cuenta que estas son edades orientativas y generalizadas, hay niños en los que esta etapa puede alargarse o acortarse. Además, aunque ya cuenten con nuevas habilidades, habrá momentos en los que vuelvan a mostrarse así, como también nos ocurre a los adultos.

les transmita seguridad, les ofrecemos la oportunidad de jugar y los acompañamos en aquellos momentos que nos necesitan, ellos mismos irán avanzando hacia la madurez.

Este plan del desarrollo es, en realidad, algo innato.[6] Una capacidad con la que cuentan todos los niños al nacer y que los conduce de forma natural a alcanzar la madurez con la que cuentan los niños más mayores.* Aun así, para alcanzarla, necesitan realizar una serie de procesos.

Por una parte, necesitan crecer físicamente y desarrollarse psicológicamente, así como ir descubriendo que son seres separados de las personas que les cuidan. Necesitan construir una imagen de sí mismos: su propia identidad. Por eso, en estos primeros años, todavía no pueden ponerse en el lugar del otro o comprender el punto de vista de los demás, porque necesitan primero conocer cuál es el suyo propio.

Por otro lado, necesitan descubrir el mundo en el que viven. Por eso son curiosos e impulsivos: tienen muchas cosas nuevas por explorar y de las que aprender, un mundo que cuenta con sus propias leyes naturales, con sus posibilidades y limitaciones. Tienen que aprender a aceptarlas, desilusionarse en ocasiones y ser capaces de sobreponerse, adaptándose a la realidad. Solo así, viviendo y experimentando todo esto por sí mismos, podrán vivir en sociedad en un futuro sin que eso comprometa su integridad personal, es decir, respetándose y respetando a los demás.

Si durante su primera infancia les permitimos desarrollar todos estos procesos, entre los cinco y los siete años —siempre dependiendo del ritmo de cada niño y sus circunstancias—, gracias al desarrollo cerebral y la maduración emocional —si esta se ha favorecido—, podrán llegar a una nueva etapa habiendo desarrollado cierto control de impulsos, así como paciencia, responsabilidad, capacidad de com-

* En este caso madurez se entendería como lo opuesto a esa inmadurez característica de los primeros años que acabamos de describir, no confundir con la madurez más característica de la adultez.

partir, de ayudar a los demás, de «trabajar» o de comprender otros puntos de vista, entre otras cosas.[7]

Estas capacidades se desarrollan gracias a procesos internos de maduración que no se pueden adelantar ni forzar. Aunque los adultos tengamos prisa para que los niños aprendan a esperar su turno, a contenerse cuando están frustrados, a llevarse bien con los demás, o queramos que entiendan las reglas del parque, que trabajen para conseguir una meta, que recojan sus juguetes o que compartan porque así todos salen ganando... no podemos forzar todo esto en ellos.

Cualquier intento por intentar enseñar estos procesos solo hará que parezcan maduros, pero no lo serán realmente porque no estará sostenido con los procesos internos necesarios. La razón que habrá tras esos comportamientos no será una comprensión real del porqué ciertas cosas se hacen de cierta manera, sino que seguramente sean acciones potenciadas por el miedo a un castigo o por querer un premio que el adulto le proporciona, ya sea este una forma de reconocimiento o de cariño, o algo realmente material.

Sin embargo, con estas acciones no estaremos favoreciendo el desarrollo de los procesos internos necesarios; de hecho, estaremos interfiriendo en ellos. Además, forzar esta clase de comportamientos cuando no les surgen de manera natural, puede llevarlos a sentir que algo está mal en su interior, que no pueden expresar lo que necesitan como lo necesitan en ese momento, lo que, de manera inevitable, les causará inseguridad.

Por tanto, recuerda, cada momento tiene sus necesidades y los niños se comportan como niños, no se trata de no establecer ningún límite, pero tampoco de forzar comportamientos que, si bien para nosotros pueden parecer los más correctos, no son naturales para ellos.

Las bases

Llegados a este punto, es importante conocer qué es realmente lo que se asienta en esta etapa, esas bases tan importantes que se establecen en nuestros primeros años y que nos acompañarán el resto de nuestra vida. Porque lo cierto es que, entre nuestro nacimiento y los cinco años, se establecen los cimientos de muchas cuestiones esenciales para nuestro crecimiento y desarrollo:

- La imagen de uno mismo, el concepto que tenemos de nosotros mismos, el modo en que nos percibimos, nos entendemos y nos hablamos.[8, 9]
- La confianza en nosotros mismos.
- La autonomía.
- La seguridad necesaria para salir al mundo, interesarnos por él y movernos en él con sensación de vitalidad.[10, 11]
- La autoestima, es decir, el valor que nos damos.[12]
- Los moldes de nuestra manera de vincularnos con los demás, la base que condicionará la forma de relacionarnos, de sentirnos conectados a otras personas, y las ideas y expectativas que tenemos sobre ellas, es decir, esos «mapas» que nos permiten movernos por el mundo social.[13]
- La forma de amar y ser amados.
- La manera de defendernos de las cosas que nos dañan.
- Los cimientos de la regulación emocional y la forma de comprender nuestro mundo mental y el de los demás (la mentalización, la empatía...).[14]
- La capacidad de escuchar las necesidades del cuerpo, de autorregulación, de movimiento, de alimentación, de descanso...
- La capacidad de establecer una historia autobiográfica, una narrativa coherente con quienes somos.[15]

- La resiliencia, que es la capacidad de resistir y crecer ante las situaciones complicadas de la vida.[16]
- Aprendemos a aprender, desarrollamos una actitud hacia el aprendizaje, si mantenemos o no encendida la curiosidad, la creatividad, las ganas de explorar, de investigar, de tocar, de hacer... y la capacidad de aprender de lo que nos sucede.

Como podemos ver, los cinco primeros años son el periodo más crítico para construir nuestra identidad y quienes somos, porque es cuando se desarrollan todas esas capacidades que nos hacen humanos y nos permiten convivir, aprender, respetar, crear y vivir.[17]

Además, el desarrollo de todos estos aspectos no se produce por el mero hecho de crecer o de pasar el tiempo, ni pueden enseñarse a través de actividades, lecciones o fichas, porque estos se desarrollan en conexión con los demás, y en especial en las interacciones tempranas que tenemos con las personas que nos cuidan.

Un camino

Como puedes ver, el desarrollo de estas capacidades transcurre por un camino que, aunque a veces nos parezca ilógico, obedece a las necesidades de cada etapa. Conocer este camino es esencial para acompañar a los más pequeños en sus pasos, sin forzarlos ni meterles prisa, siendo su red de seguridad mientras descubren cada detalle del paisaje.

Antes de que surja la necesidad de socializar con otros niños, de convivir con ellos y entender sus puntos de vista, necesitan comprenderse a sí mismos. Para ello, se valen de ese egocentrismo infantil tan propio de esta etapa, que les hace centrarse únicamente en su punto de vista y percepción de las cosas. En esta época todo es «suyo», porque primero necesitan descubrir que son seres separados y cómo son, para, más adelante, poder entender a los demás sin perder su esencia.

Antes de poder comprender a los demás, necesitan desarrollar una conciencia de sí mismos, entender su propias emociones, pensamientos e intenciones. La empatía es una capacidad que se desarrolla más tarde.

Antes de poder compartir con los demás, necesitan poseer, saber que algo puede ser suyo y que, si lo pierden de vista, volverán a encontrarlo.

Antes de poder disfrutar de la quietud para aprender, necesitan moverse, conocer su cuerpo, explorar y aprender desde él.

Viéndolo así, tiene su lógica ¿no? Además, muchos de los valores y capacidades que, como adultos, desearíamos que poseyeran los niños pequeños —la empatía, la capacidad de ayudar a los demás, la tolerancia, la perseverancia, el trabajo duro para conseguir una meta, el autocontrol, la paciencia, la consideración...— siguen un proceso que requiere un desarrollo cerebral y una madurez emocional.

Por cierto, ¿os habéis dado cuenta de que en estas bases de lo que se desarrolla durante los primeros años no aparecen los contenidos escolares? Esto es así porque lo importante en esta etapa no tiene que ver con si se saben los colores, las formas, los números, los sonidos de los animales o decir cuántos años tienen. Lo importante son aquellas cuestiones que constituyen quienes somos cada uno de nosotros y cómo nos relacionamos con el mundo que nos rodea, aptitudes que nos acompañarán a cada paso.

Aprender a distinguir qué es lo verdaderamente importante resulta esencial para poder favorecer las condiciones que permitirán a los niños desarrollarse en estas primeras etapas con unas bases sólidas desde su interior.

«Hay muchos procesos que necesitan
de una maduración interna de la persona
para ser integrados y que no se pueden
aprender desde afuera.»

Un bebé solo, dificilmente
puede sobrevivir
porque está inmaduro para ello.
BUAAAA!!

Somos seres sociales,
necesitan adultos que
los cuiden y protejan

pero aunque sea inmaduro
no implica que no esté ocurriendo nada
APRENDIZAJE
aquí esperamos
a que crezca
aquí
aprende
0
5-6 años
edad

sino que hay periodos críticos y sensibles
para el desarrollo de ciertas capacidades
+
sensibilidad
números
habilidades sociales
lenguaje
formas de responder
control emocional
2 años
5 años
que necesitan
ser desarrollados
en interacción

Si bien en estas páginas estamos descubriendo la importancia de estos primeros años en la constitución de las capacidades que nos hacen ser quienes somos, cuando reflexionamos sobre la percepción que se tiene de este periodo como sociedad, muy a menudo nos encontramos con una cierta creencia de que, en estos años, no pasa nada realmente importante.

Tonucci, un psicopedagogo, pensador y dibujante italiano, ilustra muy bien esta idea de que, para mucha gente, parece que el aprendizaje infantil siguiera la forma de una gráfica ascendente donde los primeros años estuviera la línea muy bajita y, a partir de la escolaridad obligatoria, comenzara a aumentar. Como si los niños estuvieran a la espera del «cole de verdad» y el tiempo anterior fuera un mero entretenimiento en el que pasan el rato haciendo collares de macarrones y coloreando.[18]

Durante estos primeros años, los niños tampoco son «vasos vacíos» que llenar de información o esas esponjas que parece que pueden aprender todo lo que nosotros queramos, cuando nosotros queramos y cuanto antes mejor, en la línea de la estimulación que ya hemos conocido.

Una gráfica descendente

Como sucede en muchos casos, la realidad difiere de la creencia popular y, al contrario de la gráfica que describía tan solo unas líneas atrás y que ocupa el imaginario de muchos, cuando observamos la gráfica de los periodos sensibles del desarrollo cerebral temprano lo que encontramos es una tendencia a la inversa.[19] Los valores más altos se encuentran en los periodos preescolares, antes de los cinco años, y, a partir de ahí, las líneas se estabilizan, se aplanan y, muchas de ellas, incluso descienden.

Es decir, que durante los primeros años nuestras capacidades están en un momento de máxima oportunidad para su desarrollo. Esto se debe a que, en el cerebro de los niños, no madura todo al mismo tiempo ni de manera uniforme, sino que lo hace por fases, y estas pueden ser unas ventanas de oportunidad si el niño recibe lo que necesita, pero también pueden serlo de vulnerabilidad si no lo recibe.*,[20] Es por ello que, cuando estudiamos el desarrollo infantil, se habla de dos periodos muy significativos: los críticos y los sensibles.

Periodo sensible

Los periodos sensibles son momentos importantes para el desarrollo óptimo de una capacidad,[21] pero en los que, en caso de no aprovecharse, esa capacidad no queda completamente dañada, porque seguirá existiendo la oportunidad de desarrollarla a lo largo de la vida, aunque no de una forma tan fácil ni tan rápida como en esa etapa, de ahí que se considere un periodo «sensible». En realidad, los seres humanos podemos mantener la capacidad de seguir aprendiendo cosas nuevas por mucho tiempo, aunque esta no tenga la misma intensidad.

Por ejemplo, el desarrollo temprano es un momento de sensibilidad para los números, las habilidades sociales, los símbolos, las formas habituales de responder, la audición o la visión entre otras cuestiones,[22] ¿significa eso que cuando un niño llega a los cinco años ya está desarrollada esa capacidad o lo debería estar de la forma adulta? Ni mucho menos, significa que antes de esa edad se tendría que ofrecer el acompañamiento pertinente a esa etapa evolutiva porque es un momento de máxima oportunidad o vulnerabilidad para integrar estos conocimientos.

* Realmente es una maduración del sistema nervioso y no solo del cerebro, pero utilizaremos la palabra «cerebro» por ser la más utilizada de forma coloquial.

Y, aunque lo veremos con detalle más adelante en este libro, como todavía queda mucho para llegar hasta allí, os anticipo que esto no va a tener que ver con apresurarlos a enseñarles las letras, los números, o a comportarse y a controlar sus emociones, sino con ayudarles a calmarse, con ser una guía para ellos en los momentos intensos, con atender cómo están, o, en lo relacionado con los aprendizajes escolares, principalmente con permitirles jugar.

Periodo crítico

Junto con estos periodos sensibles, en el desarrollo humano existen también otro tipo periodos: los críticos. Los periodos críticos se caracterizan por ser momentos en los que, para que se desarrolle una capacidad, va a ser necesaria una «estimulación» específica según el momento concreto vital. Y cuando me refiero a estimulación no estoy haciendo referencia a esos movimientos o actividades que determinadas corrientes hacían con los niños, sino a los estímulos adecuados que necesitan recibir por parte del entorno, siendo los más importantes las interacciones humanas.

Se consideran «críticos» porque en caso de no recibir dicha estimulación o no encontrarse en un entorno adecuado para el desarrollo de dicha capacidad, esta puede verse limitada de por vida. Por ejemplo, la capacidad para regular las emociones presenta un periodo crítico hasta los cinco o seis años, en los que, si los niños no reciben el acompañamiento adecuado, pueden perder dicha funcionalidad.[23]

Lo mismo sucede con los bebés que no son expuestos a ningún lenguaje oral, debido al abandono o a una negligencia. Estos bebés pueden perder la capacidad para adquirir las habilidades lingüísticas habituales tras los primeros años de vida, aunque más tarde se expongan a un entorno adecuado.

La historia está repleta de ejemplos de cómo estos primeros años pueden ser momentos de máxima oportunidad, o profunda vulnerabilidad, y cómo, siendo seres sociales, las relaciones interpersonales adecuadas son un punto clave para el correcto desarrollo en esta etapa.

Cuando no nos cuidan humanos

A lo largo de la historia se han conocido casos de niños perdidos o abandonados que han sido criados por lobos o por primates. Aunque los niños necesitan muchos cuidados para su supervivencia, consiguieron mantenerse con vida gracias a lo que les ofrecieron otras especies; sin embargo, cuando los encontraron, sus capacidades no eran las habituales de los niños de esa edad.

Una vez rescatados, intentaron que estos niños llegaran a desarrollar esas capacidades que nos hacen humanos y nos diferencian de los animales:[24] como el reconocimiento emocional, la creatividad, la capacidad de frustrarnos sin dañar, el manejo de la agresividad, la capacidad de poder reflexionar sobre nuestros propios pensamientos, o reconocer lo que quieren, sienten y piensan los demás, entre otras aptitudes. Sin embargo, no fue posible.

Esto se debe a que son capacidades que disponen de un periodo crítico y que solo pueden desarrollarse dentro de una relación humana. Al no convivir con otros humanos durante ese periodo crítico, los niños perdieron la capacidad de desarrollar dichas aptitudes.

El que come, no escapa

Hay un refrán que dice: «El que come, escapa», haciendo referencia a que, para no morir, es importante comer, y se utiliza principalmente cuando alguien está enfermo. Pero en el contexto de los niños pequeños, preguntar si come bien la criatura también es algo recurrente, como si estar alimentado ya fuera suficiente para un desarrollo adecuado. Sin embargo, sabemos que este refrán no es del todo cierto, pues no solo de alimento vive el ser humano.

Un ejemplo de ello lo encontramos a mediados de los años cuarenta del siglo pasado, cuando descubrieron que los niños criados en algunos orfanatos se encontraban alimentados y recibían los cuidados fisiológicos necesarios, pero no tenían una figura de referencia constante, por lo que estaban privados de ciertas necesidades a nivel emocional y no recibían ni amor ni cariño por parte de ningún adulto. Los niños que crecían en estas condiciones padecían lo que se conocía como síndrome de hospitalismo y depresión anaclítica, es decir, presentaban dificultades a nivel motriz, retrasos en la adquisición del lenguaje, aumentaban poco de peso y talla, perdían la expresión facial y muchos de ellos llegaban incluso a morir.[25]

Todo ello probaba que los niños necesitan algo más que ser criados por humanos y ver sus necesidades fisiológicas resueltas, pues cuando crecen sin afecto, el desarrollo se deteriora y las consecuencias pueden ser desastrosas.

Continuidad y calidad

Durante el siglo xx, el psicoanalista John Bowlby desarrolló la teoría del apego. Para ello, estudió qué era lo que ocurría cuando los niños eran criados por otros humanos, pero los cuidados que estos les ofrecían no eran de la calidad adecuada, sino inestables o marcados por separaciones tempranas.[26]

Para afrontar este estudio, comenzó trabajando en un centro para jóvenes delincuentes que habían tenido unas relaciones inestables con sus madres o cuya relación con ellas se había interrumpido tempranamente. De esta manera, descubrió que la ausencia de una figura de apego o el hecho de que esta, aunque presente, no ofreciera la calidad necesaria para potenciar el desarrollo podía causar alteraciones socioemocionales.[27]

Los seres humanos necesitamos de otras personas que nos cuiden durante los primeros años de nuestra vida por ser el periodo con mayor impacto para desarrollarnos como personas, pero no se trata solo de presencia o de satisfacer necesidades fisiológicas, sino también de establecer conexiones de calidad, de proporcionar una cierta estabilidad y seguridad. Sin ser satisfechas estas necesidades emocionales y sociales, el desarrollo de los niños se ve condicionado, marcado, incluso deteriorado de manera irreversible.

Sin embargo, antes de abordar qué interacciones serán las necesarias y las características que deben reunir para favorecer una buena evolución, vamos a ahondar un poco más en el desarrollo cerebral.

«Durante los primeros años nuestras capacidades están en un momento de máxima oportunidad para su desarrollo.»

3

Un cerebro en desarrollo

Un bebé recién nacido
tiene un cerebro
con exceso
de neuronas y pocas
conexiones entre ellas
y un temperamento

Basado en Siegel (2007).

El cerebro infantil

Los primeros cinco años de vida de un niño es un periodo crítico en el que su cerebro aún está en desarrollo, pero ¿qué significa esto exactamente? En este capítulo abordaremos información básica sobre el neurodesarrollo para poder comprender más adelante cuál debe ser nuestro rol, así como el peso que este tiene, en el acompañamiento de los infantes en este proceso.

Un cerebro sin desarrollar

Utilizar la palabra «cerebro», aunque sea lo más común, no es del todo correcto. En realidad, durante esta etapa tan esencial no es solo el cerebro lo que no ha completado su desarrollo, sino todo el sistema nervioso central. Ahora puede parecer un detalle sin importancia, pero cuando lleguemos al capítulo de la regulación emocional descubriremos que existen varios sistemas y estructuras que influyen en esos procesos, y esta diferenciación será muy relevante para su comprensión.

El sistema nervioso engloba el encéfalo, con el tronco del encéfalo, el cerebelo y el cerebro, y la médula espinal.[1] En realidad, esa imagen que suele venirnos a la cabeza cuando pensamos en «cerebro» no es este como tal, sino el encéfalo.

Hablar del cerebro no es fácil y no lo es porque es un sistema complejo y que se encuentra siempre en estado de cambio, aunque ese cambio nunca es tan rápido como el que sucede durante los primeros años. Además, los avances y las investigaciones en neurociencia son continuos e incluso para los expertos es difícil de seguir. Por eso, quiero simplificarlo en estas páginas, para no abrumaros con cuestiones técnicas, y tratar de explicaros de un modo didáctico todo lo que se necesita comprender de los cambios y progresos que se producen en esta etapa.

Cuando un bebé nace, su cerebro no está desarrollado, es inmaduro; por ese motivo, durante varios años, su forma de hacer las cosas es diferente a la de los adultos que ya han desarrollado por completo su sistema nervioso. Por eso, nuestra función en esta etapa como adultos no es intentar enseñar y forzar aptitudes para que parezca que se comportan como si ya fueran mayores, sino favorecer las condiciones para que su cerebro pueda madurar.

Nos necesitan. Los bebés nos necesitan al nacer y por eso muestran una gran dependencia, tanta que, sin adultos, no podrían sobrevivir —o más bien no podrían desarrollarse adecuadamente, pues ya se ha mencionado el caso de aquellos niños salvajes que fueron criados por lobos o primates—. Esa dependencia inicial es natural en nuestras criaturas, no es algo que se genere porque les hayamos acostumbrado, como sugieren algunas teorías sobre crianza.

En este libro nos centramos en los primeros cinco años, pero el neurodesarrollo se extiende por muchos años más. En realidad, el sistema nervioso humano tarda unos veinticinco años en desarrollarse por completo, existiendo dos periodos cruciales:[2]

- Los primeros dos años: no existe otro periodo en el que sucedan tantos cambios en un espacio de tiempo tan breve. Piensa en un bebé y compáralo con un niño de dos años, los cambios son brutales en muchos aspectos, incluida la forma de comer, de comunicarse, de relacionarse, de utilizar su cuerpo, sus manos...
- La adolescencia: una etapa fascinante, poco conocida y llena de prejuicios a nivel social, en la que el sistema nervioso experimenta muchos cambios, pero que se queda fuera del alcance de este libro.

Tras estos dos hitos, el cerebro continuará cambiando, pero nunca lo hará a un ritmo tan rápido y crucial.

Lo que no está desarrollado

Una vez sabemos que los bebés nacen con un cerebro sin desarrollar, la siguiente duda a resolver es qué significa realmente esto, pues decir «sin desarrollar» puede resultar muy abstracto. Por tanto, ¿qué es lo que no está desarrollado?

Cuando un bebé nace, está dotado de una ingente cantidad de neuronas, que son los elementos básicos del cerebro y cuyo número viene programado genéticamente. Sin embargo, apenas tiene redes neuronales, que son la conexiones entre dichas neuronas. Es por ello por lo que se dice que su cerebro aún está «sin desarrollar». A través de la experiencia, y en especial de las que provienen del establecimiento de relaciones interpersonales, los bebés consiguen crear nuevas conexiones.[3]

En este punto del camino, no debería extrañarnos que las experiencias que necesitan los niños para desarrollar su cerebro provengan de las relaciones con los adultos que les cuidan, pues ya hemos analizado casos en los que la ausencia una interacción humana de calidad impidió un desarrollo adecuado.

Pero esto tiene su riesgo, porque si las conexiones del cerebro se forman principalmente en las relaciones que los niños establecen con sus cuidadores, el entorno se constituye como un factor esencial: si es el adecuado, será una gran oportunidad para su desarrollo; pero si no lo es, puede ser un riesgo para aquellos niños que lo integren, pues, en la mayoría de los casos, lo peor que le sucede a un ser humano viene generado por otros seres humanos,[4] como ocurre en los casos de maltrato, abusos o de negligencia.

Características del neurodesarrollo[5]

El neurodesarrollo es un proceso complejo por el que nuestro sistema nervioso adquiere nuevas y más complejas habilidades funcionales. Sus principales características son:

- No es uniforme. El cerebro no crece al mismo ritmo ni de la misma manera todo el tiempo, una muestra de ello es que existen periodos críticos y sensibles. Es también debido a esta particularidad que el desarrollo de capacidades no es cuestión de grado.
- Algunas áreas desarrolladas y otras sin comenzar. Durante los primeros años, algunas áreas cerebrales presentan ya una funcionalidad casi completa, mientras que otras, en cambio, ni siquiera han empezado a desarrollarse. Esto ocurre, por ejemplo, con el desarrollo de la regulación emocional, y por eso, en los momentos críticos como son la primera infancia y la adolescencia, sus emociones son tan intensas y fluctuantes, y ellos se muestran tan impulsivos.
- El final se apoya en el inicio. Lo que tiene que desarrollarse con posterioridad dependerá de cómo se comenzara, es decir, que lo que sucede durante los primeros años va a ser la base sobre la que se sostendrá el desarrollo posterior. Cuando hablamos de neurodesarrollo, el primer año de vida resulta esencial: si durante este periodo se daña a la criatura porque no recibe un entorno favorable para su desarrollo las consecuencias serán duraderas.

Además de estas características, el neurodesarrollo se caracteriza por una serie de principios que veremos a continuación.

Principios del neurodesarrollo

El neurodesarrollo sigue unos principios que nos resultará interesante conocer:

La ley o principio de Hebb

La ley o principio de Hebb nos dice que las neuronas que se activan juntas en espacio y tiempo se conectan, creando redes cada vez más fuertes a medida que se vuelven a activar. Esta regla básica del neurodesarrollo es más fácil de entender si hacemos un símil con un camino. Imagínate que estás paseando por el campo y quieres llegar hasta un punto determinado, pero el camino marcado no llega hasta él y las plantas que crecen de forma silvestre te dificultan el paso. Como tú quieres llegar hasta ese punto, la ausencia de un camino no te detiene y decides cruzar «campo a través». La primera vez es la más complicada, pero llegas a tu destino, así que decides atravesar tu nuevo recorrido con regularidad, y algunas personas que pasean por allí, fruto de la curiosidad, comienzan a recorrer ese caminillo que un día creaste. Así, poco a poco, comienza a trazarse una senda más visible y fácil de recorrer, incluso es posible que, un día, hagan de ella una ruta habitual.

Llevado al cerebro y a las experiencias de los primeros años, este principio nos sirve para entender que las cosas que suceden en ocasiones contadas (a no ser que sean muy impactantes) crearán una pequeña conexión; pero aquellas que se repiten irán cogiendo cada vez más fuerza, crearán conexiones cerebrales más fuertes y su uso será más habitual.

De esta manera, si lo extrapolamos a la crianza de un niño, sus conexiones tenderán a reafirmarse en base a lo que más repitamos, no viéndose tan marcados por hechos puntuales que lo contradigan. Por ejemplo, si cuando le ocurre algo —ya sea que se enfade, se asuste o quiera estar cerca de nosotros—, solemos estar disponibles, le atendemos y le ayudamos, las conexiones del niño se reforzarán en este sentido y, aunque en alguna ocasión puntual no podamos atenderle por las circunstancias particulares que sean, esto no le dejará una gran huella.

Siguiendo esta ley, el uso repetido de una red cerebral

hace que se convierta en el camino favorito para el cerebro; el automático, el más rápido. Es una manera que tiene de simplificar sus funciones, para hacer del mundo algo más sencillo y manejable, ¿os suena?

Neurogénesis y poda

Otra cuestión importante que debemos conocer de nuestro neurodesarrollo es que tiene diferentes periodos. Y aquí aparecen dos conceptos muy interesantes: la neurogénesis y la poda.

La neurogénesis es un proceso por el cual se produce una superproducción de sinapsis, es decir, de conexiones entre neuronas, fortaleciendo la red de nuestro cerebro. Mientras que la poda es un proceso mediante el cual se produce un recorte de dichas conexiones, manteniendo aquellas que nos son más útiles.

Durante nuestros primeros dos años de vida, vivimos un periodo de intensa neurogénesis. Como hemos ido viendo, se trata de un periodo crítico, en el que hay mucho que aprender y mucho por descubrir, un mundo en realidad. En esta etapa, los niños necesitan hacer, moverse, tocar, explorarlo todo, comprender cómo funciona el mundo... y eso les hace crear muchas conexiones nuevas.

Sin embargo, un cerebro con tantas conexiones funciona de una forma poco eficaz. Por eso, esta intensa neurogénesis viene seguida de una fase de poda, de un recorte y un mantenimiento de las conexiones más útiles. Esta primera poda se produce entre los dos y los diez años. El objetivo es pasar de la cantidad a la calidad, para que el cerebro funcione de una forma más eficaz, procesando la información con más sentido y propósito.

En esta poda, el ambiente tiene un papel muy relevante, pues, como hemos visto en el apartado anterior con la ley de Hebb, según las experiencias que se reciban y la frecuencia de estas se producirá la poda o el mantenimiento de las conexiones. Es decir, aquello que se ha repetido junto de forma frecuente, se mantiene; mientras que aquello que no se usa, que ocurrió pocas veces y no tuvo mucha importancia, se pierde.

La neurogénesis y la poda son procesos genéticamente programados que siguen el plan del desarrollo humano ya fijado, pero dependen de la experiencia, de lo que reciben del ambiente, para evolucionar de una u otra manera. De esta forma, genética y ambiente interactúan.

Un proceso «dependiente de la experiencia»[6]

Por tanto, el desarrollo cerebral es diferente según las vivencias que experimente una persona, pues cada experiencia fortalecerá unas conexiones o creará nuevas, así como otras serán podadas ante su ausencia. Sin embargo, no debemos ver esta poda como algo negativo, sino que se trata de un proceso necesario y natural en desarrollo: una manera de optimizar nuestro funcionamiento. Sigue el principio de «usar o perder», porque mantener todas las conexiones del cerebro que se producen durante los dos primeros años nos haría funcionar de forma muy poco eficiente.

Sin embargo, aunque hay una superproducción genéticamente programada, esta se puede ver afectada si se crece en un entorno que no es el adecuado, en el que hay maltrato o negligencia. Cuando el estrés del ambiente es excesivo para un niño pequeño lo que puede ocurrir es una «hipoproducción evolutiva» como consecuencia del efecto tóxico del estrés sobre el cerebro en formación, haciendo que mueran excesivas neuronas en áreas de la regulación emocional.[7]

Ahora que ya sabemos un poco más sobre el cerebro, su desarrollo durante los primeros años y la importancia de las interacciones humanas para favorecerlo, solo nos falta conocer un poco más acerca de cómo podemos moldear con nuestras acciones el cerebro de los niños.

«Esa dependencia inicial es natural
en nuestras criaturas, no es algo que
se genere porque les hayamos acostumbrado,
como sugieren algunas teorías sobre crianza.»

los adultos moldeamos su cerebro

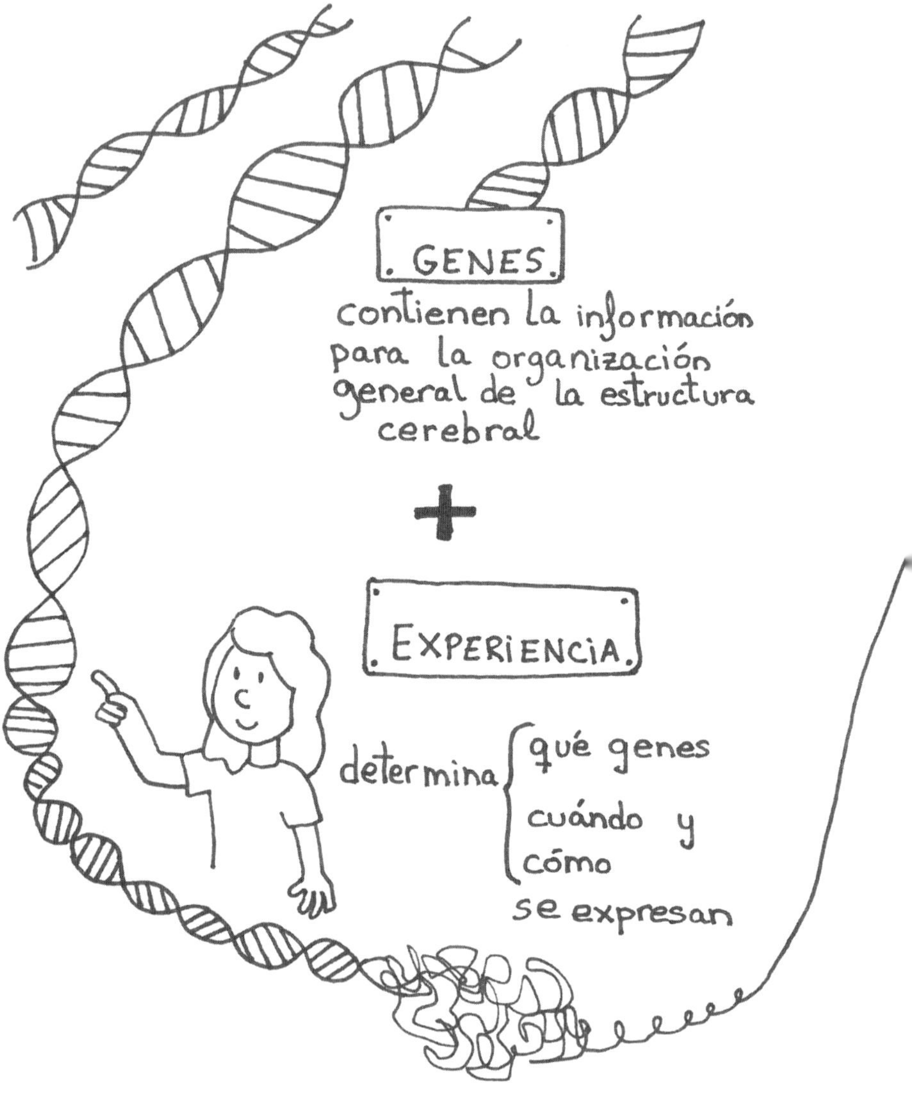

Basado en Siegel (2007).

Moldeamos el cerebro

Una vez conocemos cómo las relaciones humanas influyen en el desarrollo del cerebro de los niños y que existe un periodo crítico en el que esta influencia es decisiva para su funcionamiento posterior, es el momento de comprender cómo sucede esta influencia y cuál es nuestro rol como cuidadores.

Un vínculo

Los niños, sobre todo en sus primeros años de vida, necesitan de alguien que les cuide y esa relación especial que establecen con su cuidador principal crea lo que se conoce como «un vínculo». Los adultos que le rodean, como cuidadores, no solo tienen la función de proteger a la criatura ya que no podría defenderse por sí misma y sobrevivir. Ni es simplemente darle de comer o mantenerla limpia... porque eso los mantendría con vida, pero no se produciría un desarrollo adecuado...

En esta etapa, tampoco se trata de acumular información y conceptos, sino de desarrollar todo lo que tiene que ver con las capacidades típicamente humanas: la construcción de las bases para su identidad, de su sentido de seguridad o de la forma de relacionarse con todo lo que le rodea. Y para que esto se produzca de una manera apropiada los vínculos que establecen con sus cuidadores son esenciales, pues son los que determinarán sus patrones, los que configurarán esos mapas que les ayudarán a guiarse por el mundo.

Los adultos, con nuestras interacciones, moldeamos tanto el funcionamiento neurobiológico como el fisiológico.[8] En este apartado vamos a analizar el primero de ellos, pero, no te preocupes, más adelante también veremos el fisiológico. Es a través del correcto funcionamiento de estos dos sistemas que garantizamos un desarrollo adecuado de la infancia.

Como ya se ha mencionado, el cerebro es un tema extremadamente complejo, repleto de matices y continuas actualizaciones científicas. En estas páginas voy a tratar de simplificar algunas cuestiones para poder entender mejor la infancia y así acompañarla de una forma más consciente.

Cuando digo que «modelamos» el cerebro de los niños, en realidad estoy haciendo referencia a la forma en la que los genes y el ambiente interactúan durante el desarrollo, siendo nosotros, como adultos cuidadores, una parte esencial de ese ambiente que les influye.

Para visualizarlo mejor, permíteme hacer un pequeño símil: imagina a los adultos como jardineros y a nuestros niños como esa semilla que ya contiene toda la información necesaria para crecer, pero que necesitará encontrarse con un suelo fértil, un riego adecuado o la temperatura necesaria para poder desplegar todo su potencial, siendo el adulto el que garantizará esas condiciones para que el desarrollo pueda darse de la manera idónea.[9]

También podemos visualizarnos como escultores y a nuestros niños como el material a trabajar, como si cada niño naciera con uno propio —que serían los genes y el legado de sus padres y las generaciones que le precedieron; pudiendo ser de barro, hierro, piedra, madera, cristal...— con sus características propias; pero dependientes de esos golpes de cincel que les irá dando el entorno según las experiencias que van atravesando, un golpe inadecuado podría romper el material; en cambio, los golpes correctos tienen la capacidad de convertirlo en una bella escultura.[10]

Otra opción es ver a los adultos como albañiles, entendiendo que los niños vienen a este mundo con todos los materiales disponibles, una arquitectura neurobiológica disponible para desarrollar una mente, que podríamos representarla con los ladrillos, el cemento... El resultado final dependerá de lo que se construye juntos, si con esos materiales se crea un castillo o un muro inestable.[11]

O quizá somos como técnicos de sonido que vamos ayudando a que se conecten unas zonas con otras.

Para ilustrarlo, el psiquiatra Rafael Benito hace también un símil con un juego de cartas en el que, por un lado, están las cartas que se reparten en una partida, que representaría a la dotación genética con la que nacemos, y por otra el cómo se juega con esas cartas durante la partida, que dependería de lo que nos aporta el entorno.[12]

Todos estos símiles, cada uno con sus matices, nos ayudan a entender un poco más la interacción entre lo que viene de serie y lo que aporta el entorno. Sin embargo, no por todo ello debemos creer que los niños son meros seres pasivos y que no tienen nada que aportar en esta interacción, ni mucho menos.

Genes y ambiente

Los niños pequeños cuentan con un sistema nervioso completo en su estructura, pero no en las conexiones. Es decir, vienen a este mundo con todas las capacidades mentales presentes,[13] pero estas necesitan ser activadas, desarrolladas y moldeadas por el ambiente, en el que los cuidadores componemos un papel esencial.

Además, todos nacemos con un temperamento, que es la parte biológica de la personalidad. Este determina la forma en que un niño en concreto suele reaccionar y cómo es su umbral de respuesta. Así mismo, suele ser una característica que tenemos presente desde muy pronto, ya desde antes de nacer, por cómo se comportan en la tripa son definidos por sus madres en este sentido. Seguro que alguna vez habéis escuchado algo como: «Este será más movido que su hermano», «Este niño no para quieto».

Pero es el entorno el que va a ofrecer los estímulos que

van a dar forma a cada cerebro individual y no todos los estímulos llegan por igual ni son igual de adecuados según la etapa en la que se encuentren los niños. Además, dependiendo del temperamento de cada criatura, tampoco les afectan de la misma forma.

Los adultos, con lo que les aportamos en su día a día, en las interacciones cotidianas, de forma constante y que se repite van moldeando la información que entra en su mente y también el modo en que desarrollan su habilidad para procesar la información.[14] De esta manera, la mente de cada niño se *co-crea* en relación, dando lugar a una persona única e irrepetible.[15]

Por tanto, aunque nazcamos con una dotación genética prefijada, nuestras redes neuronales, las conexiones que se establezcan en nuestro cerebro, dependen de nuestras vivencias y experiencias.[16] El entorno puede incluso cambiar la forma en que las neuronas utilizan la información contenida en los genes y, así, tener posteriormente más probabilidad de transmitirse a sus propios hijos.[17]

Esto tiene una importancia primordial, porque significa que, a través del trato recibido y las vivencias, no solo se desarrolla el niño concreto, sino que también se pueden incluso cambiar los genes que años después transmitirán a su descendencia.

Todo esto pone de relevancia la responsabilidad que tenemos al criar, cuidar y acompañar a la infancia y es por ello que dedicaremos el próximo capítulo a reflexionar sobre nuestro papel como cuidadores; para después continuar conociendo qué es lo que ocurre en esta etapa porque, aunque el desarrollo se va construyendo en lo cotidiano, en lo común del día a día, no todo tiene la misma importancia y, a medida que van desarrollando nuevas habilidades y ellos cambian, nuestro acompañamiento también tendrá que hacerlo.

«En esta etapa, tampoco se trata de acumular información y conceptos, sino de desarrollar todo lo que tiene que ver con las capacidades típicamente humanas: la construcción de las bases para su identidad, de su sentido de seguridad o de la forma de relacionarse con todo lo que le rodea.»

4

El adulto en esta historia

No podemos con todo

Necesitamos red de apoyo

Conocer la importancia que tiene el rol del adulto en el desarrollo de la infancia puede añadir más peso a la crianza, hacer surgir nuevos miedos, cierta presión o algo de culpa. Porque cuando traes a un bebé al mundo y tienes que hacerte cargo de él hay una eterna pregunta que siempre ronda nuestra mente: «¿Lo estaré haciendo bien?».

Nadie quiere fallar en esta tarea, al menos, no mucho. Sin embargo, esto añade un poco más de presión a un rol que viene cargado de exigencias. Queremos hacerlo perfecto, cumplir con ese modelo idealizado de madre o padre perfecto que en parte se ha transmitido de manera social, muchas veces ignorando u olvidando la enorme complejidad que encierra la realidad. He de anticipártelo ya: hacerlo perfecto es imposible. En este apartado quiero analizar contigo el rol idealizado que se ha generado en torno a la paternidad, para obtener una idea más real de cómo podemos asumir esta tarea.

Un rol idealizado

En nuestra sociedad, como en todas, la parentalidad está cargada de ideas, creencias, expectativas que a veces son poco realistas y nos pueden hacer daño. Es bastante frecuente que estas expectativas idealicen el rol de las madres y los padres, añadiendo más presión o intensificando los sentimientos de culpa y responsabilidad, a veces de manera innecesaria o desmesurada. Vamos a reflexionar sobre algunas de ellas.

«Los padres no la cagan»

En ocasiones somos nosotros mismos, ya adultos, los que seguimos manteniendo esta fantasía infantil, seguimos idealizándolos, defendiendo que todo lo que hicieron cuando éramos niños fue «por nuestro bien», «porque nos querían», ya que, al fin de cuentas, «tan mal no hemos salido». Sin embargo, es conveniente saber que sí, que los padres se equivocan, fallan y, muchas veces, no actúan de la manera correcta. Al fin y al cabo, no se deja de ser persona por convertirte en padre, y nadie es perfecto.

Por eso, como padres, si bien intentamos hacerlo lo mejor que podemos y nuestras intenciones son buenas, esto no impide que a veces nos equivoquemos. Es un rol demasiado difícil para hacerlo a la perfección y no equivocarnos nunca, como también lo es para dejarlo a la mera intuición

«La buena madre aguanta»

También existen otro tipo de creencias que idealizan este rol, como esa idea de que, como madre, «hay que sacrificarse». Se trata de esa idea de que hay que anteponer al resto de las personas antes que a una misma, llegar a creer que no merecemos que se nos cuide o que para cuidar de los demás tenemos que descuidarnos a nosotras (y no me refiero a superficialmente, sino a no cuidarnos, no respetarnos).

Es cierto que, durante los primeros meses o años los niños tienen necesidades que ellos no pueden cubrir y que es nuestra responsabilidad, como padres y madres, ayudarles a satisfacerlas. Sin embargo, es diferente actuar desde la conciencia de lo que necesitan los niños en estas primeras etapas, sabiendo cuál es nuestro rol en ellas y lo que supone criar, a actuar desde el sacrificio y de forma mantenida aunque pasen décadas, por el mero hecho de ser madre.

«Tú puedes con todo»

Pues no, no podemos con todo, y aunque la sociedad así nos lo venda —encontramos estos mensajes incluso en carpetas y en sobrecitos de azúcar—, somos personas y necesitamos apoyo, pedir ayuda y que nos ayuden cuando algo nos supera, recibir cariño...

Todo esto no es signo de debilidad, para reconocer nuestras posibilidades y nuestras limitaciones, y delegar, pedir y recibir ayuda es necesario tener una gran fortaleza y madurez. Esto es importante a cualquier edad, pero lo es aún más en la etapa de nuestra vida en la que nos convertimos en padres, porque todo cambia de repente y no para de cambiar.

«Todo es de color de rosa»

Se ha transmitido una cierta idea de que, una vez nace tu hijo, te espera una etapa vital en la que vas a irradiar felicidad por cada poro de tu piel. Es posible que incluso hayas escuchado alguna vez a alguien que felicita a una pareja que acaban de ser padres con un: «Ahora, a disfrutar».

Y entonces llega la realidad, con sus momentos preciosos también, pero con las noches sin dormir, el cansancio, un cuerpo que fluctúa en hormonas y emociones, que no reconoces como propio, y unas expectativas sobre la crianza y cómo iba a ser tu bebé y tu crianza que no termina de cumplirse, o a veces no se parece en nada. Es normal que, desde antes del embarazo, hayas creado en tu cabeza un bebé ideal y hayas establecido todas tus ideas de lo que ibas a hacer una vez naciera. Sin embargo, llega el bebé y la crianza real y nos encontramos con una realidad que no imaginábamos. Entonces llegan las sombras, los momentos de dudas, los miedos, la rabia y la culpa... nos sentimos culpables por no estar haciéndolo todo como queríamos, y aún más por no sentir en algunos momentos aquello que se supone que deberíamos sentir o que nos han dicho que deberíamos sentir.

Y es que, la maternidad y la paternidad, como la vida misma, despierta muchas emociones diferentes, a veces incluso contradictorias, y no solo la felicidad que por mucho tiempo nos han intentado hacer creer.

«Une a la pareja»

Esta es una idea muy errónea que, tristemente, ha hecho mucho daño. Porque lo siento mucho, pero un hijo no une a la pareja ni soluciona las crisis que pudiera haber; al contrario, se trata de una responsabilidad más, y no una menor. Con un niño a cargo, hay más temas en los que ponerse de acuerdo, más asuntos sobre los que debatir, sobre los que tomar decisiones; más responsabilidades que se deben asumir, necesidades propias y comunes que a veces chocan, abuelos que aparecen en la escena y complican aún más la situación.

Un hijo descoloca a la pareja en gran medida porque supone una ruptura de esa concepción de dos, ya nunca más lo serán, desde el instante en el que un niño entra en escena son una familia y eso conlleva una serie de cambios que no son nada sencillos, porque supone muchos ajustes, perder muchos espacios.

«Seremos felices y comeremos perdices»

El final de cuento con el que hemos crecido se queda en la fantasía cuando se da de lleno con la realidad. Nadie puede ser siempre feliz y la crianza lleva implícitas situaciones de conflicto, de desacuerdo, de estrés... Los niños lloran, gritan y se enfadan, porque son personas que sienten cosas y además expresan sus emociones de forma intensa, fluctuante y sin herramientas para regularlas.

Es importante comprender que el hecho de que hagan esto no significa que estemos «haciendo algo mal», a veces creemos que los niños siempre tendrían que estar contentos y si muestran su tristeza o su rabia es porque estamos fallando en algo, porque no estamos consiguiendo que estén siempre felices. Otras veces evitamos poner límites para evitar su enfado.

Los niños son personas, muestran diferentes emociones y sienten también aquellas más desagradables. Como padres, no podemos evitarlo, solo debemos recordar que lo importante es que puedan contar con otras personas, ya desarrolladas, que les ayuden a recobrar la calma en esas situaciones. Si lo pensamos, nosotros también lloramos y nos frustramos, en muchas ocasiones estamos tristes y nos enfadamos. Es algo natural en el ser humano y no se trata de evitarlo, sino de aprender a gestionarlo.

Generación milenial[1]

La generación milenial es aquella que nació entre los inicios de la década de los ochenta y mediados de la de los noventa. Y voy a hacer un pequeño alto en ella porque es la generación a la que pertenezco y la que, teniendo en cuenta los datos, más plausiblemente esté a cargo de niños pequeños en este momento.[2]

Los miléniales recibimos la digitalización en plena adolescencia, hemos visto avances grandísimos en tecnología, somos (de momento) la generación más formada académicamente y también la que tiene mayores tasas de desempleo. Abarcamos el 24 por ciento de la población mundial y somos una generación que ha puesto especial atención en un estilo de vida saludable. Pero lo que más nos ha caracterizado es que somos la generación de la frustración, quizá porque muchos hemos crecido escuchando de fondo eso de: «Hazlo, esfuérzate, estudia, lo conseguirás, serás lo que quieras ser», y luego nos hemos encontrado con una realidad mucho más complicada.

Yo crecí jugando entre la puerta de la calle y el espacio

detrás del mostrador del negocio de mis padres, ambos eran autónomos y tenían un taller de imprenta con una tienda en mi barrio, en el que echaban horas como los que más para sacar el negocio adelante. Como tantos de nuestros padres que no pudieron estudiar lo que les hubiera gustado o no tuvieron la oportunidad de hacerlo, crecí escuchando aquello de: «Tú estudia, fórmate y haz lo que te gusta». En realidad, esto fue una suerte, y yo, como «niña buena», seguí las indicaciones.

Os cuento esta historia porque es probable que a muchos de vosotros os resuene; es probable que seáis de las primeras personas de vuestra familia que pudisteis estudiar y elegir vuestros estudios. Sin embargo, también es posible que, al terminarlos, os dierais cuenta de que con eso no era suficiente, que después de la carrera venía el máster, u otra carrera, o mil cursos y formaciones, incluso durante los fines de semana. Todo acompañado de ese sonido de fondo de nuestra infancia: «Estudia, estudia, hazlo, esfuérzate».

Y un día, muchas de nosotras nos convertimos en madres y comenzamos a leer libros sobre crianza, sobre educación, sobre desarrollo infantil, a consumir contenido en las redes sociales sobre este tema... ¿Quizá porque ese sonido de fondo seguía presente?

A veces, tengo la impresión de que hoy en día parece que hay que sacarse un máster para ser madre. De hecho, es muy posible que estés leyendo este libro no solo porque quieres saber más sobre la infancia, sino porque sientes que necesitas hacerlo. Queremos prepararnos, conocer, entender, saber las opciones con las que contamos; y eso está bien, siempre que no se convierta en un nuevo peso en nuestra mochila: el de la exigencia, el de querer saber de todo, el de querer llegar a todo o controlarlo todo. No podemos dejar que la sobreexigencia que se nos ha inculcado desde pequeños nos haga más difícil la ya de por sí complicada tarea de criar y educar, porque en algún momento tenemos que aceptar que no podemos ser perfectos.

Criar hoy no es fácil

Criar nunca ha sido fácil, es una tarea exigente y agotadora, y aunque no creo que en otros momentos haya sido más fácil, tampoco debemos pensar que ahora sí que lo es. Cada época tiene sus particularidades y dificultades, y hoy, a pesar de los avances de nuestra sociedad y de todo lo que conocemos sobre la infancia, criar no es nada fácil.

Nuestra sociedad

Formamos parte de una sociedad sin tiempo, estresada y emocionalmente ausente.[3] Una sociedad que nos vende que lo moderno y adecuado es ser independientes, autosuficientes y no necesitar apoyos. Se fomenta el individualismo, ignorando por completo que, en realidad, somos seres sociales.

Es además una sociedad en la que los cuidados no se valoran, y la dependencia y la necesidad se ven como una debilidad. De hecho, esto se ve muy reflejado en el tipo de puestos de trabajo que generan los cuidados, con qué convenios, prestigio o sueldos. Muchas veces incluso se confunden los cuidados con sometimiento y manipulación.[4]

Una sociedad con unas dinámicas imposibles y exigentes,[5] con jornadas laborales no pensadas para criar, sino para trabajar como si no tuvieras hijos, como si no se enfermaran, no hubiera noches sin dormir, o como si no comenzaran la escuela y nos necesitaran cerca; y para tener hijos como si no tuvieras un trabajo.

El individualismo de la sociedad tiene también su repercusión en la crianza. Ahora criamos en aislamiento, tanto familiar como social, y carecemos de una red de apoyo. Hay un proverbio africano que dice: «Para criar a un niño se necesita una tribu», pero ¿quién tiene una tribu en una sociedad moderna actual? Y no pregunto por una tribu real, sino por una metafórica.

No solo hace falta una red social y familiar cercana para el niño, que supone un sostén también para la familia que lo cuida, a la que poco a poco se une el apoyo de otros adultos referentes como pueden ser profesores, amigos cercanos o familiares más distantes. Sino que también debe haber un apoyo de lo más lejano al niño: el apoyo de los sistemas económicos y culturales.

Las jornadas laborales, las ayudas existentes, los permisos en el trabajo, las bajas, los derechos... todos estos componentes que nos otorga la sociedad para poder criar, ¿qué mirada hacia la infancia desprenden y qué importancia se les da a los primeros años?, ¿se es consciente de todo lo que se está gestando en esta etapa? Creo que todavía falta mucho para que se proporcionen realmente los recursos para criar que la infancia necesita, y esto repercute en los niños.

Pero de lo más lejano a lo más cercano, también está el punto intermedio: el barrio, el pueblo, los servicios disponibles para ayudar en la crianza, la escuela infantil... Y debemos preguntarnos también: ¿tienen proyectos amables con la infancia?, ¿tienen en cuenta las necesidades de los pequeños o las de los adultos, es decir, sus jornadas laborales...?, ¿existen grupos de apoyo?, ¿existe una relación en la que poder compartir una escuela abierta donde las familias y la escuela trabajen unidas?, ¿pueden sentir las madres que las acompañan y no que las suplen?, ¿pueden ser acompañadas con paciencia en un marco seguro para aprender esta nueva tarea de acompañar a la infancia?

Quizá son muchas preguntas, pero, por desgracia, la mayoría de las respuestas no son favorables y eso repercute en una sensación de aislamiento en los padres. Cada vez más, la crianza es algo solitario y muchas familias no disponen de los recursos, ya no solo emocionales, sino muchas veces económicos o sociales, para poder hacer frente a la crianza de una manera que no resulte agotadora.

Criamos sin modelos

Una consecuencia de vivir «en aislamiento» es que, en ocasiones, como no hemos tenido ni hermanos, ni primos pequeños a nuestro alrededor, cuando llega nuestro hijo, es la primera vez que estamos ante un bebé y, obviamente, no sabemos muy bien qué hacer.

Esto puede generar una mayor sensación de miedo, incertidumbre o duda, porque solo nos quedan nuestros recuerdos, que no son de los primeros años, lo que hicieron con nosotros, los modelos de la televisión... total, tan mal no hemos salido ¿no? Nótese la ironía.

Con la atención en lo material

Cuando un bebé está en camino, nos preparamos para lo externo: lo material, lo que se puede comprar, si necesitará una cuna, un carro, que modelos existen, con qué características...[6] Y teniendo en cuenta la sociedad de consumo en la que vivimos, esto no es nada raro; sin embargo, el problema es que, centrados como estamos en tener todo lo material, olvidamos todo lo que no lo es.

Para la llegada de un bebé también debemos prepararnos internamente: tomar conciencia de todo lo que va a cambiar. Pues muchas veces nos pilla por sorpresa —quizá pienses: «Esto no me lo contaron»—, y nos sumergimos en la paternidad sin haber previsto antes si contábamos con un buen sostén y una buena red de apoyo.

Una época con exceso de información

Si bien atravesamos un momento en el que el interés por la infancia y el desarrollo infantil está aumentando —algo que considero positivo—, a veces toda la información que hay al respecto puede resultar abrumadora, sobre todo cuando esta cambia según el experto (o el *influencer*) que la expone, la mirada que tenga hacia la infancia, o la marca que patrocina, paga y hay tras esa información.

Contar con un mayor conocimiento sobre los niños es algo positivo porque es lo que nos va a ayudar en muchos momentos a comprenderlos y así acompañarlos. Sin embargo, muchas veces, somos bombardeados con una ingente cantidad de información y contenido descontextualizado, ¡además a un ritmo vertiginoso!

Yo misma soy la primera que publico mucha información en redes sociales, pero hay que entender que —hablo especialmente en mi caso pero aplica a casi todos— lo que se divulga es información general y no está adaptada a cada caso en concreto con su propia historia. Además, es una información que se difunde en el tiempo limitado que permite la aplicación y en el que solo puedes resaltar los puntos clave. Una rapidez que choca por completo con el ritmo natural de la crianza y el desarrollo infantil.

Hemos perdido la intuición

Esta sobrecarga de información tiene otra consecuencia y es que, tan abrumados como estamos por todo lo que nos llega desde fuera, hemos olvidado escuchar lo que viene desde dentro. Hemos perdido la intuición, la conexión con nuestro cuerpo, con «nuestras tripas». He dicho en varias ocasiones que la crianza es demasiado compleja para dejarla a la intuición, pero esto no significa que la ignoremos por completo.

Debemos ser conscientes de los miedos que nos llevan a actuar de una determinada manera, de por qué hacemos lo que hacemos, porque a veces hay que escuchar un poquito a nuestro interior para entender qué nos está pasando.

Desconectados de los ritmos naturales

No solo hemos perdido los ritmos del cuerpo, también nos hemos desconectado de los ritmos naturales: de la luz, la luna, las estaciones... Los ciclos que han gobernado nuestra vida durante siglos han sido sustituidos por los ritmos digitales, que permiten hacer las cosas más rápido, no parar y evitar las esperas.[7]

Esto se percibe claramente cuando, ansiosos, queremos la solución para todo ya; la receta sobre qué hacer con nuestros hijos en cada ocasión en el mismo instante en el que sucede: cómo hacer para que dejen de hacer lo que hacen, para que maduren ya, para que corrijan un comportamiento rápido, para que aprendan todo cuanto antes. Sin embargo, la crianza no es rápida y lleva sus tiempos.

Incluso en un mundo digital y tecnológico, donde los cambios sociales han sido inmensos en las últimas décadas, los principios del desarrollo y de la vida humana siguen llevando los mismos ritmos naturales de hace miles de años, y esto es algo que debemos aceptar.

Ser padres es un reto

La crianza es un acontecimiento que marca un antes y un después. Es una experiencia que nos transforma y nos cambia la vida, por eso es importante también reconocer que, cuando nos convertimos en padres, también nos convertimos en otra persona; nuestra identidad cambia y necesita actualizarse y reconstruirse con el tiempo.

Criar implica renunciar a muchas cosas, pero sobre todo a ese «yo» de antes, lo que supone un duelo a veces difícil de gestionar, sobre todo si no se han tenido realmente en cuenta los cambios que la llegada del bebé podían suponer o se tenía una visión muy idealizada al respecto.

Todos estos cambios los vamos a atravesar aun siendo un bebé deseado, esperado y buscado, pero también existen otras realidades, porque a veces los niños llegan por sorpresa, en un mal momento... y entonces todo puede hacerse aún más difícil, sobre todo porque hay cierto tabú al respecto y son cuestiones de las que no se suele hablar.

Luces y sombras en la paternidad

Es posible que estas últimas páginas te hayan dejado una sensación amarga, que sientas que estoy aportando una mirada pesimista de la crianza. Sin embargo, esa no es mi intención, ni mucho menos. Lo que intento es ser realista y poner sobre la mesa temas de los que no se suele hablar de manera cotidiana, aunque estén ahí.

Criar tiene también momentos preciosos de luz, es una experiencia que nos hace sentir buenos e importantes.[8] De hecho, no somos tan irreemplazables para nadie como lo somos para nuestros hijos durante su infancia en ninguna otra ocasión; tu trabajo lo puede hacer otro, pero tu hijo necesita que seas tú. Cuidar también es un compromiso que surge de ese amor que les tenemos.

Sin embargo, el hecho de que tenga momentos preciosos no implica que no tenga también sus sombras:

- El cansancio, el agotamiento físico, las noches sin dormir, la dificultad para conciliar la vida laboral y familiar, o el ir de aquí para allá, detrás de unos niños cargados de energía y que pesan cada vez más en nuestros brazos. Y al cansancio físico se une un agotamiento psicológico, la carga de las tareas del hogar, de organizar horarios, de tener en mente las citas del médico, de las cosas del trabajo y otras mil preocupaciones que van cambiando de forma conforme crecen.
- La incertidumbre se vuelve una norma. Antes, teníamos una serie de rutinas controladas que nos hacían sentir seguros, pero con un niño, que además va cambiando, esa sensación de control es diferente.
- La responsabilidad y la preocupación por tener que cuidar de alguien dependiente durante muchos años y en cuyo desarrollo influimos de manera determinante.[9]
- Las emociones inesperadas, y no deseadas, que surgen a veces de manera descontrolada: como la soledad, la culpa, el miedo, la exigencia, la incompetencia, el rechazo, la frustración, la sensación de fracaso, el desbordamiento... Sentimientos que nos hacen cuestionarnos aquellas cosas que habíamos oído sobre la maternidad: «No es como me lo contaron», «Esto no me lo esperaba», «¿Por qué no irradio esa felicidad que se supone que debería sentir?».
- Los cambios en nuestra identidad, con poco tiempo para lo que antes nos llenaba y un sentimiento de pérdida de libertad y espontaneidad.[10]
- El cambio en la relación de pareja, si la tenemos, que se descoloca y resiente.[11]
- Los conflictos familiares que toman fuerza. Con el primer hijo, también llegan los abuelos y las fuerzas familiares se reactivan; estos pueden ser un gran apoyo y

> aporte tanto para la familia como para el niño, pero también existen los abuelos que critican, controlan, desacreditan, desprestigian...[12]

Y todo esto es con la llegada del primer hijo; con el segundo hijo, encontramos otra vez viejas y nuevas complicaciones, ya no es tan sencillo; y no sois solo vosotros como padres los que tenéis que hacer cambios: el primero tiene que recolocarse y adaptarse a la nueva situación, por la que puede mostrarse enfadado o sentir celos.

Además, todos estos cambios no terminan cuando deja de ser un bebé porque conforme crecen, cambian y la parentalidad lo hace con ellos.

La ambivalencia de la crianza

Todas estas sombras que acabo de nombrar no son una expresión pesimista de la paternidad, no se trata de eso, sino de aportar una mirada realista en esta cuestión muchas veces idealizada. Quizá tú no las sientas o sientas otras emociones totalmente distintas, pero es importante señalar que las sombras también existen y que es normal experimentarlas durante la crianza, sobre todo para que, si las estás sintiendo en estos momentos, no te sientas solo, ni sientas que hay algo mal en ti por no estar en esa nube de felicidad con la que muchos describen la paternidad, ¡ni mucho menos!

Si aún no tienes hijos, esta información te ayudará a que no te pille por sorpresa y si acompañas a familias, te servirá para que tengas presente todo lo que pueden estar atravesando.

Es importante reconocer las luces y las sombras. Y aunque suene extraño, es humano sentir amor y odio al mismo tiempo hacia una persona.[13] Con nuestros niños, aunque al inicio el enamoramiento nos ciega, como sucede también con las relaciones de pareja, poco a poco comenzamos a darnos cuenta de que no nos gusta todo. Si sientes esta ambivalencia, no hay nada inadecuado en ti, es completamente normal tener sentimientos encontrados durante la crianza.

¿Qué nos puede ayudar en estas situaciones?

- Nombrarlo, compartirlo y hacerlo consciente. Esto puede ayudarnos a calmarnos.
- No ocultarlo. Si bien esto no significa ir gritándolo a los cuatro vientos o decírselo al niño, sí que podemos contárselo a personas adultas con las que nos sintamos seguros de poder compartirlo.
- No consiste en luchar por recuperar lo de antes, sino en establecer una nueva realidad donde tengas espacio para ser. Hay cosas que no volverán y otras que cambiarán.[14]
- Tampoco consiste en, para no sentir esta ambivalencia, seguir como antes de tener hijos, porque un niño no puede adaptarse a la vida de un adulto, mucho menos a tu vida de antes, como si no hubiera nacido, porque sí lo ha hecho y necesita un desarrollo adecuado.

Criar no es fácil, eso es una realidad, pero no debemos obsesionarnos con la perfección, porque es imposible de alcanzar. Los niños nos necesitan porque somos lo más importante para ellos, y por eso es necesario tomar conciencia de cuál es nuestro lugar. Somos su base segura, ese suelo firme que les sostiene mientras se desarrollan poco a poco, porque el desarrollo sucede en lo cotidiano; aceptando las luces y las sombras, aceptando que no podemos dárselo todo, ni ser superhéroes.[15] Además, esta es una tarea que no podemos hacer solos, necesitamos una red de apoyo, y la sociedad entera tiene una responsabilidad en esta tarea.

Recuerda, lo hacemos lo mejor que podemos con nuestras circunstancias, y eso es lo importante.

«Queremos hacerlo perfecto, cumplir
con ese modelo idealizado de madre
o padre perfecto que en parte se ha transmitido
de manera social, muchas veces ignorando
u olvidando la enorme complejidad que encierra
la realidad.»

Al ser padres
HISTORIA
VACÍOS
VIVENCIAS
NECESIDADES
nos reencontramos
con el niño que fuimos

podemos tener una idea
de lo que queremos
esto no me gustaba
CUANDO ESTÉ CON NIÑOS NUNCA ME ENFADARÉ COMO HICIERON CONMIGO
CURSO
CRIANZA

pero en momentos intensos
se activa el piloto automático
CURSO CRIANZA
OFF
ON
CLICK
podemos reaccionar de formas que no nos gustan

porque no solo actuamos desde la teoría
CURSO CRIANZA
HISTORIA
VIVENCIOS
NECESIDADES
también desde nuestras vivencias

A veces, podemos estar cargados de buenas intenciones; es posible que hayamos leído cientos de libros, que nos hayamos formado y asistido a charlas sobre crianza; y podemos haber decidido de una manera muy clara en nuestra cabeza lo que queremos transmitir a nuestros hijos y cómo lo vamos a hacer, pero entonces, en un momento de intensidad desmedida, todo eso se va al garete y nuestra reacción no se parece en nada a aquello que pretendíamos hacer.

¿Por qué nos ocurre esto? La respuesta es más obvia de lo que puedes pensar: porque antes de ser padres, educadores o cuidadores, hemos estado al otro lado: hemos sido hijos, alumnos y niños, y hemos interiorizado diferentes formas de hacer las cosas ante situaciones similares, muchas veces, incluso, sin ser conscientes de ello.

Ya hemos pasado por esto

Todo adulto ha sido niño alguna vez, aunque sea en unas circunstancias distintas y con una educación diferente. Es por eso por lo que, una vez somos padres, es posible que nos encontremos ante una situación que, de manera muy similar, ya hayamos vivido antes. Sin embargo, la hemos vivido desde el otro lado, y quizá no recuerdes esas interacciones que se dan entre los adultos y los niños y que viviste en tus primeros años, pero están grabadas en tu cuerpo de forma implícita y procedimental. Muy pronto hablaremos más en profundidad sobre esto.

Lo cierto es que muchas de las cosas que hemos vivido, sobre todo aquellas que sucedieron antes de los dos o los tres años, no somos conscientes de haberlas vivido, porque no podemos recordar de forma deliberada esas experiencias pasadas de nuestra propia historia, pero eso no significa que no las hayamos registrado, o que no se haya quedado algo de ellas en nosotros. Como ya se ha mencionado en varias ocasiones, es en esta primera infancia cuando se crean los mapas mentales que nos permiten movernos por las relaciones y que, incluso hoy, determinan la manera en la que interpretamos las situaciones que vivimos, incluso aunque nuestra mente se haya encargado de borrarlo explícitamente.

La crianza nos pone en contacto con nuestra infancia

La crianza nos transforma, y la forma en la que cuidamos de los niños que están a nuestro cargo va a estar influida de manera irremediable por nuestra propia historia de apego, es decir, por las relaciones especiales que tuvimos con las personas que nos cuidaban cuando éramos pequeños.

Cuando nos vemos ante un niño que presenta una necesidad, ya sea protección, distancia o proximidad, siendo nosotros los adultos que tenemos que responder y ayudarle, nuestra historia de apego se reactiva.[16] Somos arrastrados a nivel interno a esos momentos (con sus emociones, sensaciones y pensamientos) en los que nosotros, siendo niños, necesitábamos lo mismo que necesita el niño que tenemos delante, y eso, inevitablemente, influye en nuestra forma de respuesta, sobre todo si no nos hemos hecho conscientes de las vivencias que integramos en esos años.

Es por eso por lo que podemos leer mucho, tener las ideas muy claras y que, sin embargo, en los momentos intensos, nos salga una cosa completamente opuesta o distinta a lo que planeábamos, porque la crianza no solo nos conecta con conocimientos teóricos, sino también con muchas vivencias que a veces ni siquiera recordamos.

En piloto automático

La crianza es también un momento en el que nos encontramos con situaciones que nos despiertan sentimientos, pensamientos, formas de responder y actuar que no entendemos y que incluso van en contra de lo que queremos hacer o leemos que debemos hacer. Es como si en algunas ocasiones fuéramos en «piloto automático». Quizá sientes que no te comprendes e incluso te sorprende tu forma de reaccionar.

La mayoría de las veces, las situaciones en las que solemos responder en piloto automático tienen que ver con cuestiones como:[17]

- Las emociones intensas que muestra el niño, sobre todo con su angustia.
- El establecimiento de normas, límites y cómo el niño los pone a prueba.
- La exploración y su necesidad de autonomía, de separarse de nosotros.
- O, por el contrario, la necesidad de estar próximo a nosotros, de dependencia, cuidados y todas esas conductas más regresivas.

La situación que vivimos en el presente con el niño dispara nuestras emociones, sensaciones y pensamientos; nos desregulamos, perdemos la conexión con lo que está ocurriendo en ese momento y respondemos defensivamente, desde nuestros recuerdos y las necesidades que tuvimos nosotros en experiencias tempranas ante esas mismas emociones, sensaciones y pensamientos.[18]

Por ejemplo, si cuando eras pequeño y necesitabas consuelo, protección o estar cerca del adulto, este te criticaba, castigaba o ignoraba, puede ser que ahora, como adulto, ante esas mismas muestras por parte del niño, se despierten en nosotros emociones desagradables relacionadas con la vulnerabilidad y, en piloto automático, le animemos a que se aleje a explorar o desacreditemos ese malestar que muestran diciendo que «solo es mamitis».

O, al contrario, si cuando eras pequeño y necesitabas alejarte a explorar, a descubrir el entorno o cuando querías hacer las cosas por ti mismo, los adultos que te cuidaban lo vivían como una amenaza y te castigaban porque pensaban que ese deseo de autonomía era «portarse mal» cuando realmente era algo natural. O si te decían cosas como «ya no me quieres», «¿me dejas aquí solo?», «ya no te importo» o «ten cuidado, vuelve aquí», porque la dependencia del hijo les hacía sentir importantes, seguros y que tenían el control de la situación. Entonces, puede que ahora que eres adulto, cuando el niño quiera desplegar su autonomía, se despierten en ti emociones desagradables de abandono y respondas en piloto automático intentando que permanezca cerca o mandando mensajes sobre los peligros que encontrará si se aleja.

Todo esto nos puede ocurrir de forma automática, sin ser conscientes de por qué actuamos de esta manera.

«Mi infancia fue muy feliz»

Muchas personas entonan esta frase y no piensan más allá. Y es muy probable que así fuera, que fueras muy feliz. Sin embargo, ya hemos visto que todo en la vida tiene luces y sombras, sus momentos buenos y los que no lo son tanto, momentos en los que atravesamos diferentes emociones. Y si bien muchas veces el cómputo total puede ser positivo, eso no significa que no haya habido algunas cosas negativas que te han podido influir sin que te dieras cuenta y que, ahora, con la crianza, estén tomando fuerza.

Por eso, es interesante ir un poco más allá de esa idea general de felicidad y ser conscientes de algunas de las cosas que hace nuestra mente sin que nos demos cuenta.

Tendencia a idealizar la infancia

Seguro que ahora que eres adulto has escuchado alguna vez a más de una persona decir con nostalgia que nosotros sí que éramos felices cuando éramos pequeños, no como las generaciones actuales.

Afirmaciones de este estilo son muy comunes porque habitualmente guardamos una representación idealizada de nuestra infancia, la que generaron nuestros mecanismos de defensa, que se activaron en la mente cuando éramos pequeños de forma inconsciente para no conectar con las emociones y sensaciones desagradables.[19]

Por otro lado, se filtran los recuerdos, «olvidamos» lo negativo —de la conciencia, pero no del cuerpo que recuerda lo que hemos vivido— e idealizamos aquellos tiempos pasados. ¿Crees que no es así? Dime si te resultan familiares algunas de estas afirmaciones: que las mejores fiestas de tu pueblo eran las de antes; que los dibujos animados de antes sí que molaban; que lo nuestro sí que era música y no el reguetón; o que aquel helado de la infancia que dejaron de fabricar era delicioso y nunca has vuelto a probar nada igual.

La industria también utiliza el negocio de la nostalgia para vender más pues, sobre todo en los momentos de amenaza, nuestro cerebro busca a nivel sensorial (esa memoria inconsciente, corporal en la que profundizaré más adelante) volver a olores, sabores y texturas que nos conecten con momentos en los que nos sentimos seguros.[20] ¿Has vuelto a probar esas galletas?, ¿ese helado que ha vuelto al mercado años después?, ¿ese ambientador que huele a infancia?, ¿a buscar las series que veías de pequeño? Lo *vintage* vende.

El cuarto mandamiento[21]

Para la Iglesia católica el cuarto mandamiento dice: «Honra a tu madre y a tu padre». Y es posible que os extrañe encontrar esta referencia aquí, pero teniendo en cuenta el tema que nos ocupa, me parece muy interesante el análisis que hace de este mandamiento la psicóloga, filósofa y socióloga Alice Miller, que resume esa tendencia infantil natural a cumplir por encima de todo con esta máxima hacia los padres.

Nacemos inmaduros y dependientes con la necesidad de vincularnos a unos adultos que nos cuiden; también con la necesidad de idealizar a nuestros cuidadores y pensar que, si no nos cuidan como necesitamos, es por algo que nosotros hemos hecho mal. Esto es lo que se conoce como la culpa asumida y que ya desarrollé con más detalle en mi libro *Criar con apego seguro*.[22]

Quizá penséis que esto que estoy diciendo es una exageración, pero estoy segura de que, en alguna ocasión, habéis escuchado frases como:

- «Gracias a que mis padres fueron duros conmigo, hoy soy como soy.»
- «Me ponían el plato delante y, aunque no me gustara, me obligaban a comérmelo. Gracias a eso, hoy como de todo.»
- «Me pegaban cada una... pero era porque era muy movido y me portaba muy mal.»
- «Tenía que llevar a la escuela a todos mis hermanos, pero eso era porque siempre he sido una persona muy responsable.»

Recuerdos concretos de situaciones y acciones que hoy no haríamos con nuestros hijos o alumnos, pero que se justifican o que incluso pensamos que tenemos que estar agradecidos por ellas, sin detenernos a pensar en:

- Cuáles eran nuestras necesidades en ese momento, algo normal si tenemos en cuenta que en la infancia las sentimos, pero no las podemos poner en palabras a menos que un adulto nos ayude con ello y, en este caso, era el adulto el que hacía una interpretación diferente de la situación, diciendo que eras malo o muy responsable.

- Que lo que sentíamos realmente en esas situaciones quizá ha quedado oculto debido a nuestros mecanismos de defensa.
- Que la historia que nos contamos a nosotros mismos, es decir, las razones por las que nos castigaban, no nos trataban bien, no nos atendían o nos cargaban de responsabilidades que no nos correspondían, entre otras cosas, se construyó desde lo que verbalizó y puso en palabras el adulto que allí estaba; que surge de su interpretación y hemos podido crecer creyendo que eso es lo que merecíamos «por nuestro propio bien».

Y es que no todos los adultos están capacitados para acompañar a los niños de una forma competente. No nos gusta pensarlo, pero también existen padres, madres y docentes, que son invasivos, difíciles, negligentes o emocionalmente inmaduros,* algunos son rígidos e impulsivos, muestran poca tolerancia al estrés, son subjetivos o egocéntricos, necesitan ser el centro de atención, muestran poca empatía o eluden sus responsabilidades como padres invirtiendo los papeles en la crianza.

Según Carlos Pitillas, doctor en psicología, cuando crecemos en familias con niveles excesivos de exigencia, cuando somos humillados de forma impredecible, no hemos sido protegidos frente al estrés, nuestros padres estaban desconectados o prestaban poca atención a nuestras necesidades, o algunas necesidades infantiles como la autonomía o la cercanía al adulto eran prohibidas o atacadas; todo ello deja una huella porque son formas microscópicas de trauma que tendemos a repetir cuando años después nosotros somos los adultos.[23]

Reconocer nuestras vivencias no es culparlos ni traicionarlos, sino entender que los padres también son personas

* Vamos a describir los rasgos de personalidad que reflejan la inmadurez emocional de los padres emocionalmente inmaduros según Gibson (2022).

con sus errores y aciertos, y con sus historias previas de apego y sus vivencias, que lo hicieron como pudieron.

Entender cómo fueron nuestras relaciones en la infancia nos ayuda a tener una mayor conciencia sobre cómo nos relacionamos, pensamos, sentimos y actuamos siendo adultos. Nos ayuda a tener presente que todo niño necesita sentir protección y amor incondicional, recibir atención y respeto, que se favorezca su autonomía y que acompañen sus emociones y les ayuden a regularlas. Y todo esto «no viene de serie» por el hecho de ser adultos y estar en contacto con niños, es algo que también hay que trabajar, porque, si no, puede ser que, eso que los niños tanto necesitan, no les llegue.

La transmisión intergeneracional

Las personas tendemos a repetir los mismos patrones de lo que hicieron con nosotros, pasándolos de generación en generación. Esto quiere decir que seremos más o menos sensibles a las señales de los niños según nuestra propia historia de apego. Por eso, es necesario detenerse a reflexionar al respecto, pues cuanta menos conciencia tengamos sobre ella más actuaremos en «piloto automático», repitiendo patrones que a lo mejor no solo no nos gustan, sino que también consideramos dañinos, y eso, inevitablemente, repercutirá en el estilo de apego que creemos con nuestros niños.

Este tema también es relevante tenerlo en cuenta cuando trabajamos con niños, porque, si bien es algo que no se aborda en las formaciones relacionadas con la educación, tiene una gran influencia en la forma en la que nos comportamos con ellos transmitiéndose de forma inconsciente.

Si en nuestra historia, además, hubo momentos difíciles de abandono, de abuso o de maltrato, la crianza puede reactivar esas experiencias infantiles no procesadas y hacer reaparecer el dolor ante las situaciones intensas que se viven junto a los niños, desregulándonos excesivamente y, en consecuencia, no pudiendo regular a la criatura.[24]

La mentalización, de la que hablaremos en profundidad más adelante, es algo que puede ayudarte a protegerte frente a la transmisión intergeneracional.

«Yo nunca lo haré»

Hacer conscientes nuestras historias de apego, contar con la ayuda de otros adultos, con terapia si es necesario, o establecer nuevas relaciones seguras a lo largo de nuestra vida es lo que nos ayuda a no activar el piloto automático.

Sin embargo, a veces ocurre que, como hace ya tiempo que somos conscientes de nuestra propia historia y de lo que no nos gustó, y nos prometimos hacerlo de diferente manera cuando fuéramos padres, sin pretenderlo lo hacemos tan diferente que nos vamos al extremo contrario y en lugar de proteger a los niños les generamos un nuevo dolor, aunque diferente al nuestro.

Un ejemplo es cuando hemos crecido dentro de una familia controladora y autoritaria: como no queremos que nuestros hijos pasen por eso ya que a nosotros no nos gustó, hacemos todo lo contrario, que el niño pueda decidirlo todo, que lo haga todo por sí mismo, con sus propios medios, sin límites ni estructura. Lo que ocurre entonces es que en lugar de crecer seguro, el niño crece sintiéndose solo, sintiendo que importa poco, que el adulto no está al cargo, que no hay nadie que le cuide y que no puede contar con otras personas; porque los niños necesitan también guía y orientación, sentir que alguien les protege, que les prestan atención, que son valiosos, e ir encontrándose con el mundo poco a poco, de forma asumible para ellos.

Todas estas situaciones suceden porque actuamos desde nuestras heridas y necesidades, y no desde las necesidades de los niños que tenemos delante. Por ello, es importante escucharlas, pero para poder identificarlas y sanarlas de manera que, una vez seamos padres, podamos escuchar al niño que está frente a nosotros.

Y sí, también hay padres amorosos, protectores, sensibles y respetuosos, padres que nos aportan seguridad y amor. De ellos hablaremos el resto del libro, pero antes de eso era necesario tomar conciencia de esta realidad, quizá no tan agradable, y de todos aquellos factores invisibles que influyen en nuestras interacciones, que nos hacen ser como somos y actuar de la forma en la que lo hacemos.

No vemos la infancia
de forma objetiva

Basado en Briggs (2006).

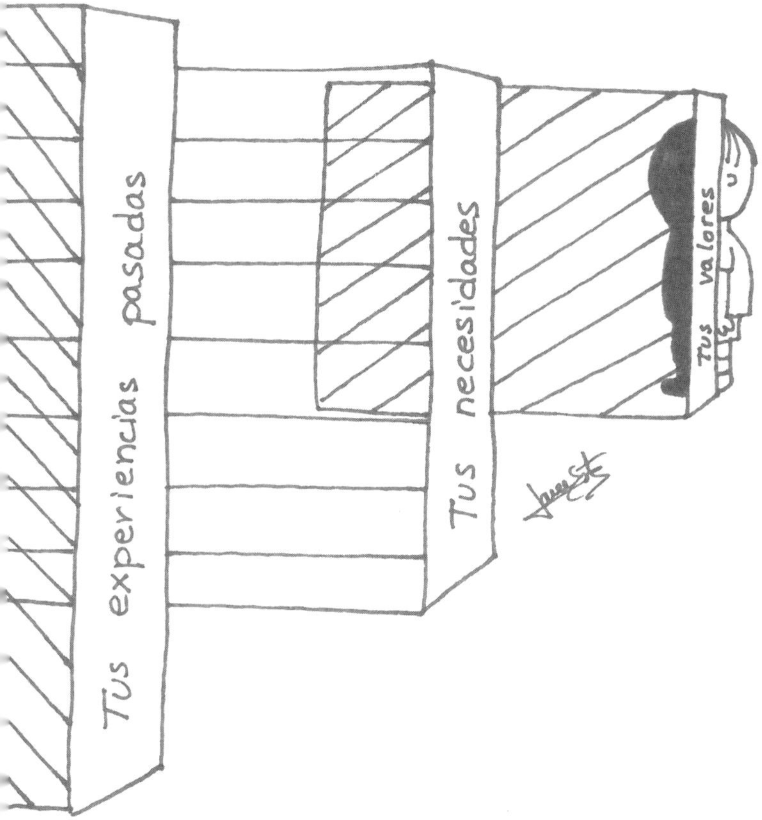

sino a través
de un conjunto de filtros

Una vez sabemos que nuestra infancia nos acompaña hasta nuestro presente —porque nosotros también atravesamos en nuestros primeros años un periodo crítico en el que nuestra mente se desarrolló gracias a (o a pesar de) nuestras relaciones interpersonales y que, si bien no todo lo que nos ocurre en la infancia sea determinante, pues luego llegan otras experiencias que también nos influyen, estos primeros años tienen un peso importante— podemos comprender también que no somos del todo neutros u objetivos ante las situaciones que enfrentamos en nuestra vida.

Cada uno de nosotros podemos interpretar de una forma distinta una misma situación —no estoy hablando en este caso de situaciones graves— y lo que para uno es inadmisible para otra persona puede ser normal y esperable. Por eso, a veces se nos hacen tan complicadas esas situaciones en las que los niños se encuentran siendo niños con otros niños cuyos padres tienen multitud de interpretaciones diferentes de un mismo hecho: el parque, la convivencia vacacional con nuestros amigos y los hijos de cada uno de ellos o las navidades en familia son ejemplos de ello.

Lo que hemos vivido cada uno de nosotros va a hacer que la información que recibamos no sea neutra y objetiva, sino que esté sesgada, como si viéramos a los niños al fondo de una serie de filtros colocados entre ellos y nosotros.

Esos filtros serían una metáfora de nuestro propio mundo mental, de esos factores invisibles e inconscientes que condicionan la forma en la que vemos la infancia e interpretamos lo que hacen. En consecuencia, también condicionan las respuestas que les demos, que ya hemos visto que eran necesarias para su desarrollo durante los primeros años.

Por ese motivo vamos a detenernos a conocer cuáles son esos filtros que nos separan, porque ser más conscientes de ellos nos ayudará a ver la infancia con mayor claridad.*

Nuestras experiencias pasadas con niños

Hablando con familias, un comentario habitual cuando tienen un segundo hijo es que muchas de las cosas que les preocupaban con el primero, ahora, por su recorrido, han dejado de preocuparles porque saben que es lo normal.

Hay personas a las que el hecho de ir al parque y poder observar que aquello que no entienden por qué lo hace su hijo es habitual en la infancia y también lo hacen otros niños, les reconforta. Otras se sienten aliviadas cuando acuden a charlas y escuchan hablar a otras familias y se dan cuenta de que aquello por lo que atraviesan, también les sucede a los demás.

Si nuestras experiencias con niños son escasas o no nos paramos a observar a los niños y lo que expresan, podemos llegar a ver comportamientos naturales como no adecuados o esperables. Esto, a su vez, nos puede llevar a entrar en dinámicas en las que queremos enseñarles cosas para las que no están preparados, o a pensar que es cuestión de esforzarse y de invertir horas, tanto para el niño como para el adulto, para lograr cuestiones que no deberíamos estar forzando.

Esto sucede, por ejemplo, cuando queremos que nuestro bebé comience a «estar sentado» porque consideramos que ya podría hacerlo y lo sentamos antes de que llegue a hacerlo por sí mismo. O cuando, un poco más adelante, le sostenemos de las manitas y lo hacemos caminar con la idea de que le estamos enseñando. También cuando le sentamos cada cierto tiempo en el orinal para

* Vamos a hacerlo siguiendo los tres filtros de los que nos habla Briggs (2006).

ver si así va aprendiendo o con tres años nos esforzamos en enseñarle las letras, los números e intentamos que los escriba. Todos estos son aprendizajes que, como ya vimos en el capítulo 2, necesitan de una madurez y un proceso que no se parece en la mayoría de los casos al resultado final.

Estas dinámicas no solo suponen un desgaste por parte del adulto, porque podemos iniciarlas con mucha motivación y ganas que poco a poco veremos frustradas, sino también para el niño. Ten en cuenta que para él también puede ser frustrante, y confuso, y estas emociones importan, porque además le estamos quitando la oportunidad de estar haciendo lo que sí necesitaría estar desarrollando.

Sin embargo, nuestra sociedad, en general, tiene unas expectativas poco ajustadas sobre cómo son los niños durante los primeros años, por lo que, con mucha frecuencia, esperamos que:

- Los bebés solo coman y duerman, y nos permitan seguir con la vida que llevábamos hasta ese momento.
- Los niños se ajusten a nuestros ritmos y jornadas.
- No demanden a su figura de referencia.
- Sean silenciosos y no toquen todo.
- Sean capaces de permanecer quietos, esperando sin hacer nada.
- Aguanten una sobremesa en un restaurante.
- No griten ni se enfaden cuando algo no les sale o no les permitimos hacerlo.
- Se calmen solos.
- Nos expliquen qué les pasa en su mundo interno y por qué están tristes, cuando nosotros apenas acabamos de tomar conciencia del nuestro, si es que somos capaces de hacerlo.
- Escuchen nuestros razonamientos ante su frustración y los acepten de buen grado.
- Recojan sus juguetes.

- Compartan sus cosas y sean amigos de todos los niños del parque.

Y podríamos seguir con esta lista de cosas que difícilmente pueden llevar a cabo antes de los cinco años, pero ojo, esto no significa que no hagamos nada y que simplemente tengamos que dejar pasar el tiempo; necesitan que los acompañemos y que les ayudemos en su maduración, pero eso es diferente a esperar que lo hagan por sí solos, o de que intentemos enseñarlo o forzarlo cuando aún no están preparados.

Nuestras necesidades personales

Y aquí entrarían tanto las pasadas como las presentes.

Nuestra historia

Como hemos visto, según nuestra historia personal y los vínculos que se construyeron cuando éramos niños se crearon unos mapas con los que nos orientamos en el mundo de las relaciones; estos mapas nos hacen filtrar e interpretar las situaciones de una determinada manera y se reactivan cuando estamos ante las necesidades de los niños que tenemos a nuestro cuidado.

Todo aquello que necesitábamos cuando éramos niños por el hecho de serlo —ya fuera atención, cuidados, amor incondicional, protección, libertad...— ha dejado una huella en nosotros según como fue tratado. En caso de no ser cubierto, seguramente hizo que la necesidad no desapareciera y creó un vacío en nuestro interior que, al crecer, intentamos llenar, ya sea con otras relaciones, con objetos materiales, con trabajo o incluso con sustancias. Hay gente que también utiliza a los niños para llenarlo... ¿recordáis aquello de que al criar nos sentíamos únicos e importantes? Esto lleva a muchas personas a tratar de llenar su vacío, a través de los niños que tiene.

Otra forma de cubrir este espacio es utilizando diferentes proyecciones. Una proyección consiste en atribuir de forma inconsciente a otra persona algo que nos pertenece a nosotros mismos, como un sentimiento, una carencia, una necesidad o un rasgo de personalidad.* Un ejemplo común sería cuando apuntamos a nuestros hijos a la extraescolar que a nosotros nos hubiera gustado de pequeños o cuando pretendemos que sean los más brillantes para demostrar lo bien que lo hacemos a través de ellos. Sin embargo, en estos casos, estamos dejando de lado lo que ellos quieren y sienten.

Las necesidades del presente

El pasado tiene un peso, pero también lo tiene el presente y sus carencias a la hora de relacionarnos con los niños. Nuestras circunstancias actuales y nuestras necesidades influyen en nuestra crianza.

Como ya se ha mencionado, el inicio de la parentalidad supone una revolución y una recolocación, que se verá condicionada por cómo nos encontremos en ese momento y vivamos la situación. Y no solo el inicio. Aunque los niños vayan creciendo, el momento personal que atravesemos —a nivel económico, de salud física y mental; el nivel de estrés que estemos soportando; las preocupaciones, los problemas de pareja, de trabajo; cómo nos encontremos en el entorno social y familiar...— va a influir en cómo vemos a los niños e interpretamos las situaciones que se nos presenten.

* En mi libro, *Criar con apego seguro* (2023), puedes encontrar mucha más información sobre esto.

Los valores culturales

Hemos sido niños, hemos pasado por muchas situaciones y estamos insertos en un entorno con unos valores y una cultura que también va a influir en nuestra forma de ver a los niños.

Muchos de estos valores, creencias, ideas, miedos, imposiciones, exigencias o ideales los absorbimos durante nuestra infancia y los integramos sin cuestionarlos ni analizar si ahora siguen alineados con nosotros y nuestros valores personales y familiares. Es por ello que a veces hay que detenerse y apreciarlos con cuidado, pues pueden estar influyéndonos sin que nos demos cuenta, incluso aunque de manera consciente no estemos de acuerdo con ellos. Algunos son:

- «Los hermanos deben quererse.»
- «Los niños son crueles.»
- «Los hijos no se enfadan con los padres.»
- «Descansar es perder el tiempo.»
- «Pedir ayuda es de débiles.»
- «En las familias no hay conflictos.»
- «Las emociones son peligrosas.»
- «Si no lloras eres muy valiente.»
- «Una buena madre se sacrifica y llega a todo.»
- «Si lo coges, se acostumbra.»
- «No hay que atender con mucha rapidez a sus demandas, la vida es dura.»
- «Los niños nos toman el pelo, hay que estar atentos.»
- «Portarse bien es hacer lo que el adulto manda.»
- «Si no se portan bien es porque no quieren.»
- «Calladita estás más guapa.»
- «Tú: ver, oír y callar.»
- «Cuando seas padre, comerás huevos.»
- «Si vas descalzo te resfrías.»
- Y un largo etcétera...

Cuando se combinan estos tres filtros, el de nuestras vivencias con niños, el de nuestras necesidades personales y el de los valores sociales que se nos han inculcado, se crea una red de expectativas con las que medimos a los niños que están a nuestro cargo.[25]

Si lo que queremos es acompañar estos primeros años ajustándonos de la manera más precisa posible a lo que los niños necesitan, el primer paso que tendremos que dar será el de tomar conciencia desde dónde lo hacemos: descubrir cuál es nuestro punto de vista y todo eso que ocurre dentro de nosotros de forma automática e inconsciente, y que filtra las situaciones sin darnos cuenta. Porque, además, todo ello es subjetivo y cambia de una persona a otra.

Si somos más conscientes de todos estos factores que se cuelan entre los niños y nosotros, que nos influyen y determinan nuestro trato hacia ellos, podremos ver la infancia de una forma menos distorsionada, más nítida y con unas interpretaciones más ajustadas a la realidad y menos determinadas por nuestras vivencias.

Porque cuando las interpretaciones no se ajustan, podemos acabar por considerar al niño incluso como a un adversario cargado de malas intenciones del que hay que protegerse —«no le importo», «no me quiere», «me rechaza», «me está provocando», «es malo», «me controla»...— y eso nos hará entrar en unas luchas de poder que harán que nuestra relación y nuestro día a día sea más difícil.[26]

Por todo ello, es importante que, antes y durante la crianza, busquemos un espacio para parar y hacer una cierta introspección: para conocernos más, saber desde qué lugar actuamos, tolerarnos y cambiar lo que consideremos necesario.

«Lo que hemos vivido cada uno de nosotros va a hacer que la información que recibamos no sea neutra y objetiva, sino que esté sesgada, como si viéramos a los niños al fondo de una serie de filtros colocados entre ellos y nosotros.»

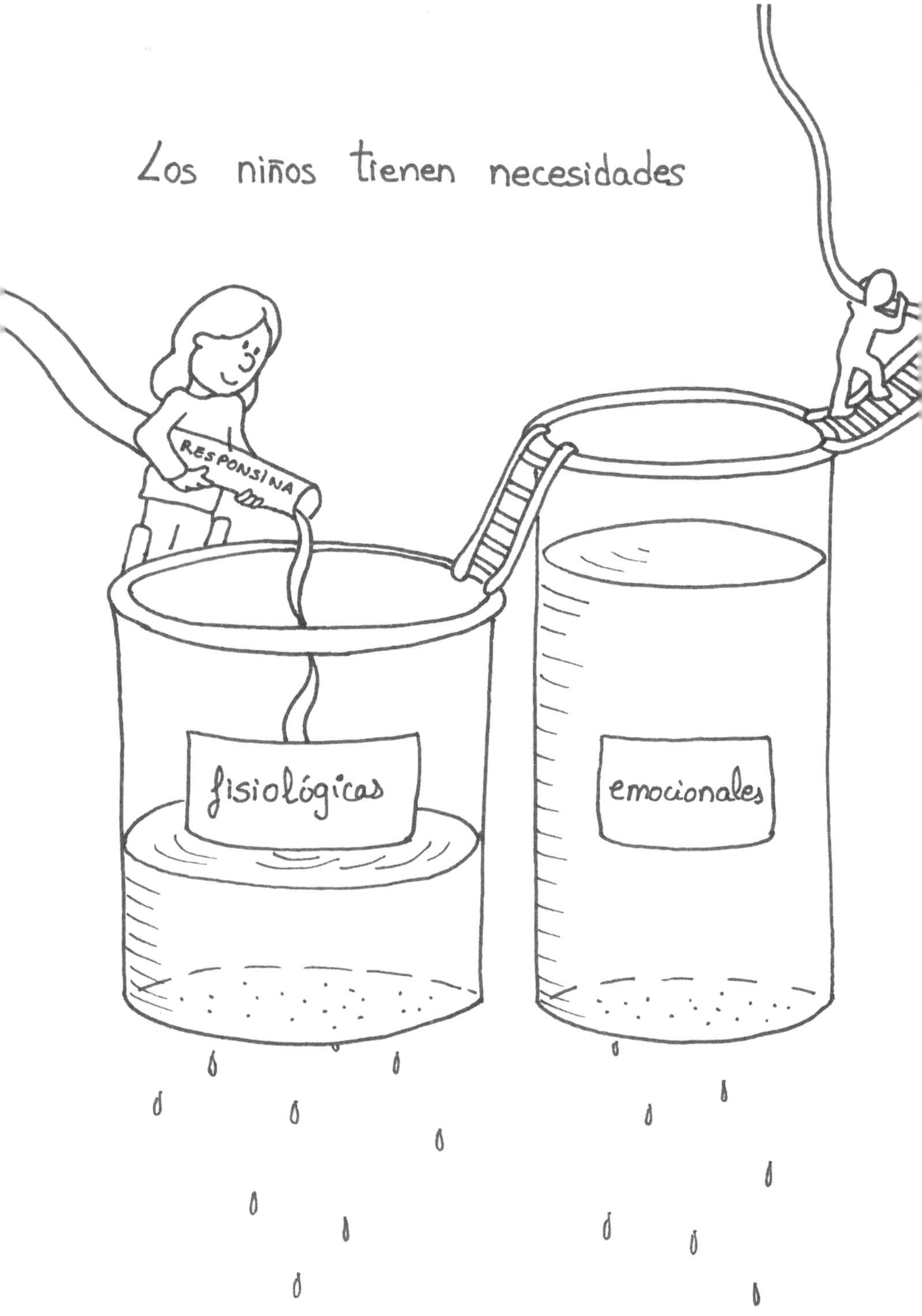
Los niños tienen necesidades
RESPONSINA
fisiológicas
emocionales

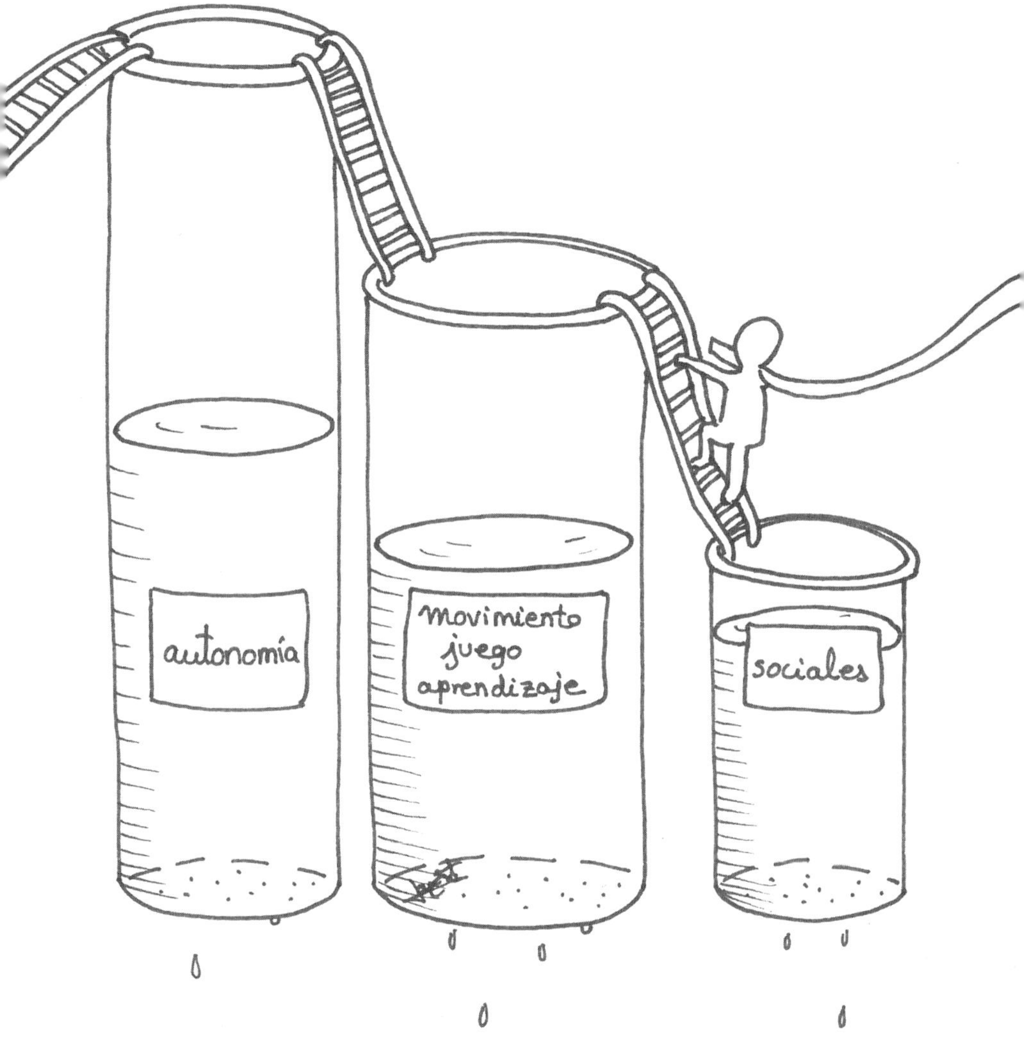

que deben ser respondidas
en diferente grado

Tus expectativas

Una vez que tomamos conciencia sobre nuestro punto de vista y todo lo que ha influido e influye en él, podemos comenzar a ver con mayor claridad el de los niños que nos rodean, salir de nuestra propia percepción para obtener una visión más real. En este apartado vamos a profundizar en estos aspectos, ajustando nuestras expectativas, descubriendo algunos datos más sobre el desarrollo infantil y aprendiendo a observar al niño en concreto que tenemos delante.

Expectativas ajustadas

Aumentar nuestra propia conciencia, nos permitirá tomar en consideración esas expectativas que tenemos hacia ellos, conocer qué es lo que esperamos que hagan y qué nos mueve a actuar de una manera u otra.

Tener expectativas en sí no es algo negativo, pero estas deben estar fundamentadas y ajustarse al desarrollo real de los niños, pues ellos siempre van a intentar adaptarse a ellas sin cuestionarlas, sobre todo cuando son tan pequeños, y si son demasiado exigentes o se encuentran por encima de sus posibilidades, sentirán que son ellos los que fallan, los que hacen algo mal o los que no son suficientes.[27] Pero si, por el contrario, no existe ningún tipo de expectativa sobre ellos, pueden sentir que no nos importan y eso también es doloroso.

Como puedes ver, no es una cuestión sencilla, nunca lo es encontrar algo en su justa medida. Sin embargo, tener unas expectativas ajustadas es importante, y para identificar si se están estableciendo de manera realista hay dos cuestiones clave que nos pueden ayudar: conocer el desarrollo natural infantil y aprender a observar la individualidad de cada niño.

Saber cómo son los niños, cómo se desarrollan y qué es lo esperable en una etapa u otra nos ayudará a tener una mirada comprensiva hacia ellos, a favorecer su desarrollo madurativo y a no luchar contra sus necesidades. Vamos a ver esto a través de ejemplos para obtener una visión más clara.

Si con un año y medio nos empeñamos en enseñarle a construir torres con piezas de construcción, nos desesperará que no las haga, que lance las piezas y las lleve de un lado al otro repartiéndolas por la habitación, metiéndolas en recipientes... Puede incluso que, cuando le enseñemos la torre que hemos construido de muestra para que nos copie y su reacción sea derribarla una y otra vez, nos irritemos.

Sin embargo, debemos ser conscientes de que, con un año y medio, los niños tienen un impulso insaciable por conocer y les resulta muy difícil renunciar a lo que acaban de descubrir, que es meter y sacar objetos de recipientes. Esto también forma parte de su desarrollo y derribar la torre es un aprendizaje que va antes que aprender a construir. Además, en esas dinámicas, se está creando una interacción entre el adulto que construye y el niño que destruye, unos turnos, una espera a que el otro haga su parte antes de hacer la tuya, como los turnos que se emplean en una conversación.

Los niños en estas edades descubren cómo funcionan las cosas a través de la repetición de acciones, siendo el inicio del pensamiento. En la repetición de una misma acción, como puede ser lanzar, está aprendiendo sobre las distancias, su fuerza, el espacio, cómo responden los diferentes materiales, pesos, texturas... y por eso necesita realizarlo con diferentes objetos, por eso tira las piezas de construcción, la torre, las pelotas o cualquier objeto que encuentra a su alcance. Conocer esto, nos hace verlo todo con otros ojos, darle un valor a esas acciones que, en un primer momento, nos pueden parecer poco interesantes, un mal comportamiento o algo a evitar, pero que, al conocerlas y conocer el contexto nos damos cuenta de que es mucho más valioso.

Si con dos años nos empeñamos en que aprenda a recitar los números, es cierto que lo puede lograr como una mera memorización, de la misma forma que se sabe las canciones que le cantamos o incluso lo que pone en los cuentos, pero en el caso de los números ¿para qué le sirve? Quizá podemos pensar que eso que ya se sabe, sin embargo, esa no es la manera de que consiga interiorizar todos esos conocimientos.

A esta edad, el niño aprende y desarrolla nociones matemáticas que más tarde le ayudarán a comprender realmente qué es un número y para qué sirve a través de acciones de juego espontáneas: como cuando agrupa materiales; cuando llena y vacía recipientes con objetos, ya sean cubos, cestas o cajas de juguetes; cuando vierte el contenido de unos cestos en otros o cuando jugando busca las cosas que son iguales, por ejemplo, todas las piezas de construcción que tienen la misma forma; cuando colecciona objetos similares y encuentra todos los pañuelos de tela que tiene para jugar que están repartidos por la habitación y los mete dentro de un bolso; cuando encaja unos objetos dentro de otros y apila bloques o cubos de colores hasta crear una torre muy alta... Comprender esto nos ayuda a potenciar el tipo de juego que necesita en este momento su desarrollo sin forzarlo a memorizar cuestiones que no comprende.

Si con dos años y medio, ante algo que no le dejamos hacer porque es peligroso, le explicamos las razones detalladamente —le damos grandes explicaciones y argumentos sobre el porqué de la situación, le invitamos a la reflexión poniéndole ejemplos de lo que podría suponer si lo hiciera para ayudarle a que lo entienda e intentamos negociar con él y llegar a acuerdos, todo con un tono calmado y respetuoso—, puede sorprendernos que el niño no se lo tome bien. Se enfada, chilla, no nos escucha, llora, incluso intenta alejarse, y nos sorprende el porqué de su actitud si nosotros le estamos tratando con todo el cariño y respeto del mundo, incluso nos entran dudas sobre si esto de la crianza respetuosa funciona.

Sin embargo, a esta edad, es normal que los niños no tengan la madurez para regular sus emociones, que sientan las emociones y las expresen en su forma más pura e instintiva, y la rabia es una emoción más y es válida sentirla. Que expresen estas emociones aunque nosotros estemos tratando de transmitir calma puede servirnos para reflexionar sobre lo que sentimos en estas situaciones: por qué necesitamos que pare, si pensamos que lo estamos haciendo mal si muestra su oposición o si quizá nos sentimos cuestionados.

En realidad, no se trata de que el niño no quiera hacerlo de otra manera, sino que es una reacción normal y esperable en este momento del desarrollo. Cuando sus emociones son tan intensas que les inundan ni nos escuchan ni son capaces de atender a nuestras palabras. Con dos años y medio, no es necesario tanto razonamiento verbal, sino que necesita la calma no verbal, corporal que ya le estamos ofreciendo mediante nuestra presencia. Es un momento en el que solo puede contemplar un punto de vista: el suyo propio, pues aún lo está descubriendo. Por eso no pueden llegar a acuerdos aunque nos digan a todo que sí, y por eso es posible que, al no cumplirlos, nos sintamos defraudados.

Tenemos que ser conscientes de que se necesita madurez para poder gestionar y tolerar la frustración, que es lo que aparece de forma natural cuando no nos dejan hacer algo que queremos hacer. Comprender que a estas edades no se tiene todavía esa madurez nos puede ayudar a fijar mejor nuestras expectativas y forma de actuar. Será gracias al paso del tiempo junto al acompañamiento que ya estamos ofreciendo desde la calma y el respeto, que le ayudaremos a madurar, pero no podemos esperar que con dos años y medio no se enfaden, estén de acuerdo con nosotros y puedan regular sus emociones.

Si con tres años cuando dibuja solo vemos «rayajos» y con toda nuestra buena intención intentamos «ayudarle», corregirle, sugerirle o enseñarle los pasos para que haga un dibujo más bonito y que se entienda, es probable que sus dibujos cambien.

Sin embargo, al intervenir, estamos también haciendo que sientan que algo en él falla porque el adulto espera otra cosa, y la iniciativa de este vale más porque es el que sabe. Es importante tomar consciencia de que, antes de llegar a esa etapa en la que los dibujos «se entienden», necesita pasar por toda una serie de pasos que incluyen la posibilidad de explorar los trazos en todas sus direcciones, ángulos, barridos, puntos o bucles, y al corregirle, quizá estamos evitando que la desarrollen.

Incluso es posible que, si esta situación se mantiene en el tiempo, deje de dibujar o al menos deje de hacer lo que le correspondería explorar por sí mismo, pues no se sienta cómodo o sienta que lo hace mal. En el peor de los casos puede que, sin querer, le «robemos» un medio privilegiado de la infancia para expresar su mundo interno como es el dibujo, que necesariamente pasa por ese tiempo de garabatos y dibujos sin sentido para nosotros.

Si con cuatro años nos preocupa ese «alardeo» que muestra cuando expresa que «su bici es la más rápida» o «su casa es la más grande», o cuando vemos que siempre quiere ganar, ser el primero, es normal que, con toda nuestra buena intención, nos esforcemos por que deje de expresar esos comportamientos, ya que chocan con los valores que nos gustaría transmitirle.

Sin embargo, es un momento evolutivo en el que comienza poco a poco a percibir el mundo real, a descubrir el mundo escolar, a darse cuenta de que hay muchas cosas que, aunque le gustaría hacerlas, no puede o no sabe, y a recibir reflejos de su impotencia. Para él es duro tolerar que lo suyo no sea «lo mejor» y por eso utiliza esos «alardeos», para intentar encontrar una imagen de capacidad y fuerza, pero que es temporal, porque pronto descubrirá que vale por sí mismo y no por lo que tiene o sabe hacer.

Lo de que siempre quiera ganar y no acepte bien perder

también es algo que suele preocuparnos, pero debemos ser conscientes de que se encuentra en una etapa en la que ya es capaz de entender y seguir las reglas de un juego, pero no puede todavía tener en cuenta el punto de vista de los demás y soportar que, para ganar uno, tienen que perder otros. Es un proceso, que necesita de cierta madurez para desarrollarse de la que aún no disponen. La relación con los iguales en esta etapa no se da de forma natural desde la competición sino desde la cooperación, que es lo que ocurre cuando les permitimos jugar de forma espontánea, sin reglas impuestas.

Si con cuatro años y medio pretendemos que juegue sentado en una silla y esté tranquilo, puede que lleguemos a conseguir que nos obedezca y permanezca sentado con algo en las manos, pero no estaremos teniendo en cuenta que, en este momento, el juego que debe predominar para potenciar su desarrollo es el que involucra todo su cuerpo, pues se trata de una etapa en la que necesita conocer el mundo externo a través de sus vivencias sensoriomotrices.

A esta edad pensar es hacer, por eso tocan, mueven, crean...[28] A través del movimiento conquistan su esquema corporal. Es importante que seamos conscientes de que, mientras se mueven y juegan, ellos están dándole un sentido internamente a todo, en su cabeza quizá son un héroe, un lobo o una bruja. El juego se convierte así en un medio que les permite expresar sus vivencias más profundas y elaborar sus miedos. Es, además, la base para que puedan madurar correctamente y más adelante sean capaces de detener el cuerpo y actuar desde la mente. Será entonces cuando empiecen a jugar sentados con muñecos, cochecitos, animales o piezas de construcción.

Estos son solo algunos ejemplos, puedes encontrar un análisis más profundo de este tema en mis anteriores libros.*

* En *Déjalos ser niños* (2022) podéis encontrar información sobre el desarrollo de los tres primeros años. En *Criar con apego seguro* (2023), sobre el desarrollo evolutivo desde el nacimiento hasta la adolescencia.

En las siguientes páginas profundizaremos en las capacidades que se desarrollan durante los primeros años.

Observar al niño en concreto

Ya hemos determinado que, para que nuestras expectativas sean ajustadas, es importante tener en cuenta la idea que tenemos de la infancia, entender qué podemos esperar y cómo nuestros filtros influyen en lo que miramos.

Sin embargo, otro factor importante que no podemos olvidar es descubrir a los niños concretos que tenemos delante para no actuar pensando en el «niño ideal» o el que nos imaginamos que debería ser, sino en el real, el que tenemos ante nosotros.[29] Solo de esta forma podremos ofrecer la respuesta adecuada que ese niño necesita.

Cada uno tiene su temperamento

Cada uno de nosotros nace con un temperamento, que son todas esas predisposiciones emociones y sociales que hacen que unos y otros seamos diferentes.[30] Por eso hay bebés que son más o menos irritables, temerosos o inhibidos; algunos son fáciles de regular en los momentos de malestar, o más o menos regulares en sus ritmos y funciones biológicas, mientras que otros no.[31]

Hay temperamentos que pueden facilitarnos más o menos las cosas a la hora de cuidarles, aunque en cada cultura hay distintas concepciones sobre lo que se considera positivo y negativo, en algunas se valora más mostrarse más inhibidos, mientras que en otras la autonomía es lo más valorado; una vez más, es algo subjetivo.[32]

El temperamento, aunque es algo innato con lo que nace cada bebé, también se va a ver influido por nuestra forma de tratarles y por nuestro propio temperamento. Si su temperamento nos resulta fácil porque el niño es bastante regular en sus ritmos biológicos —es decir, para dormir, comer, en sus esfínteres— o si cuando se desregula nos resulta fácil de consolar, es más probable que nos sintamos competentes, reconocidos en nuestros esfuerzos y mostremos unas expectativas más positivas sobre el futuro del niño, pero ¿cómo nos sentiremos si su predisposición es la contraria?

Nuestras expectativas también influirán en la relación: ¿esperábamos un niño movido, juguetón, calmado, sociable...?, ¿y qué ocurre cuando nos encontramos al niño real si no es así? Su temperamento junto a su apariencia física, su conducta... van a despertar inconscientemente emociones dentro de nosotros.

Y aunque sea innato, el temperamento también puede «cambiar» según la respuesta que reciba del entorno, porque los niños, aunque tengan unas necesidades, si estas no son respondidas, pueden llegar a adaptarse al contexto en el que les toca vivir, dejando de expresar lo que necesitan, aunque no hayan dejado de necesitarlo.*

Imagina un bebé que necesita que le ayuden a regularse cuando se siente mal porque no puede hacerlo solo, pero lo dejan llorando en la cuna una y otra vez «hasta que se le pasa». Finalmente, con el paso del tiempo, deja de llorar, de pedir, de buscar la ayuda del adulto, pero no de necesitarlo. Estas situaciones tendrán un alto coste para su bienestar que conoceremos más adelante.

Necesidades comunes

Todos los niños, al igual que todos los humanos, tienen una serie de necesidades que precisan ser cubiertas para que su desarrollo sea el adecuado. Aunque las necesidades, a rasgos generales, son las mismas para todos, cada uno las de-

* Será un cambio a nivel externo, pero no interno.

mandará de una manera diferente: mayor o menor cantidad, rapidez, intensidad...

Los niños vienen al mundo preparados para recibir ciertas cosas, pero no pueden satisfacerlas por sí mismos, por eso somos los adultos que les cuidamos los encargados de ofrecer las respuestas que cada uno necesita.*, **

La mayoría de esas necesidades son invisibles y más cuando hablamos de las necesidades emocionales como la escucha, la mirada, la protección, la seguridad, el amor, la presencia, los límites. Al ser invisibles, podemos negarlas, ignorarlas, tergiversarlas y darnos motivos a nosotros mismos para no responderlas argumentando que eso que muestran «es cuento», que «así se acostumbra», que «en verdad, sí que quiere» o que «no me necesita, porque luego se lo pasa muy bien». Sin embargo, por mucho que ignoremos estas necesidades, ellas seguirán estando ahí y nuestra falta de respuesta hará daño a los niños.[33]

Es por ello que, siendo conscientes de estas necesidades comunes, que en parte las conocemos porque nosotros también las hemos tenido, debemos mirar al niño que tenemos delante para poder ofrecerle una respuesta en la justa medida que necesita.

La observación

Así llegamos a uno de los puntos clave de este apartado: la observación. Observar es lo que nos ayudará a conocer a cada niño en concreto. Es más que mirar; en los primeros

* En la ilustración al inicio de este apartado, el adulto responde con «responsina» que es un término que utiliza Guerrero (2020) mezclando las palabras «responsividad» y «gasolina» haciendo un símil con llenar un depósito de combustible de un vehículo con esa sustancia cada vez que hay una necesidad emocional para que el niño tenga más autonomía.

** Podéis conocer estas necesidades con mayor detalle en mi libro *Criar con apego seguro* (2023).

años, es aprender a escuchar su cuerpo, su tono corporal, su postura, su gesto, su voz, sus movimientos, las distancias, los tiempos, qué es lo que hace con los objetos y un largo etcétera que solo podrás ir descubriendo a cada paso.

Porque todo eso comunica, nos habla mucho más que las palabras y sobre todo, nos da información específica sobre el niño que tenemos delante. ¿Qué puede estar necesitando?, ¿qué siente?, ¿por qué hace lo que hace? Gracias a esta observación, podrás acompañarlo de la mejor manera posible.

Si estás invadido
por tus propias emociones

no queda espacio para
las de la infancia

Conócete y cuidate

Llegados a este punto del camino, ya hemos determinado que, para poder cuidar de la infancia como necesita, es importante que leamos las señales que los niños nos emiten. Para ello, debemos hacer uso de la observación: estar atento a su comportamiento y sus reacciones. Después, debemos interpretar todas estas señales, e intentar hacerlo con los mínimos filtros posibles, lo cual nos obliga a hacer un análisis previo de cuáles son esos filtros que podemos tener. Y, por último, tenemos que darles una respuesta, porque de nada sirve identificar las necesidades del niño si luego no las satisfacemos, y cada momento y cada criatura tiene unas necesidades distintas.

Sin embargo, para estar receptivos a todo esto: a sus necesidades y emociones, es muy importante que, en primer lugar, nosotros estemos bien emocionalmente. Es por ello por lo que, en este apartado, nos vamos a parar a reflexionar sobre cómo estamos porque, en esta gran aventura que es la crianza, a veces estamos tan pendientes de que el niño esté bien que nos olvidamos de nosotros mismos, y nuestro estado emocional es determinante para poder acompañar a los niños como necesitan.

Nuestro punto de partida

El primer paso que debemos dar es identificar cómo estamos, cómo nos sentimos. Como ya he mencionado en varias ocasiones, el inicio de la parentalidad es un momento complejo, lleno de cambios y retos; una auténtica revolución. Si a ello le añadimos el posparto, con todo lo que ello supone, cuidar de la madre se convierte en algo aún más esencial para que esta pueda cuidar a su bebé.

Pero no solo el inicio de este nuevo recorrido es un momento complejo, porque el tiempo pasa, las necesidades de la infancia cambian y nuestro acompañamiento tiene que hacerlo con ellas. En la actualidad, nos encontramos en un momento en el que se habla mucho más de salud mental, nos preocupa la de la infancia y la de la adolescencia, pero también debe preocuparnos la nuestra propia porque, si nosotros no estamos bien va a ser difícil ayudarles a ellos en su desarrollo.[34]

Nuestra historia y las emociones

Cada uno de nosotros nacemos con un temperamento, más o menos fácil, más o menos regular... Luego, en las interacciones cotidianas con las personas que nos cuidaban se formó nuestro sistema nervioso y gran parte de nuestra tendencia actual a interpretar y a reaccionar ante las situaciones, así como nuestra capacidad para regular las emociones. Se ha mencionado en muchas ocasiones, todos hemos trazado nuestros mapas para orientarnos en el mundo que nos rodea, y estos mapas nos guían por uno u otro camino.

Aquí te propongo empezar un pequeño trabajo de introspección. Para ello, resulta interesante reflexionar sobre las siguientes cuestiones:

- ¿Qué aprendimos durante nuestra infancia sobre las emociones?
- ¿Qué pasaba cuando las expresábamos? Quizá el adulto era comprensivo y nos ayudaba a calmarnos; o descubrimos que era mejor ocultarlas y teníamos que arreglárnoslas solos porque nos ignoraban o nos decían que no era para tanto; quizá el adulto se disgustaba y dejaba de vernos, nos volvíamos transparentes; o puede que el adulto también se desbordara. Quizá en algún momento atraían su atención de una vez por todas, dejaba esas cosas tan importantes que estaba haciendo y al fin nos hacía caso; o se enfadaba y nos gritaba, y castigaba; o simplemente era imposible sa-

ber lo que podíamos esperar porque era tan imprevisible que no sabíamos cómo iba a reaccionar.

- ¿Aparecía la misma reacción con todas las emociones o solo con algunas? ¿Se permitía de la misma manera expresar la alegría que el miedo o la tristeza? Quizá solo estaba permitido mostrar ciertas emociones como la sorpresa, la alegría y tuvimos que aprender a ocultar, a reprimir y a manejar solos esas emociones más intensas y desagradables.

Cómo nos gustaría hacerlo

Una vez hayas reflexionado sobre aquello que recibiste de pequeño, quiero que vuelvas al presente y sigas con este ejercicio de reflexión un poquito más. Ahora que ya eres adulto, has podido atravesar diferentes vivencias, crear nuevas relaciones de apego, aprender herramientas para regular tus emociones y, si no lo has hecho todavía, pero sientes que las necesitas, puedes hacerlo. Detente un momento y toma conciencia: ¿qué es lo que queremos?, ¿cómo queremos tratarlos?, ¿cómo nos gustaría reaccionar?, ¿qué queremos transmitirles?

Son preguntas que pueden resultar complejas de responder, pero quizá, antes de abordarlas, o para concretarlas mejor, te viene bien recorrer un camino previo que te ayude a identificar tu forma actual de reaccionar, tu nivel de tolerancia al estrés y lo que te ayuda a regularte.

La autoobservación

Quizá tenemos una idea muy clara de cómo queremos hacer las cosas y de lo que queremos transmitir, pero ¿se corresponde con la realidad de lo que hacemos? Para identificarlo, te animo a detenerte un momento y reflexionar:

- ¿Cómo me regulo?
- ¿Qué me desborda?
- ¿Qué emociones me cuesta acompañar en los demás?
- ¿Cómo me siento cuando otra persona con la que tengo un vínculo necesita alejarse de mí, explorar y mostrar su autonomía?
- ¿Y cuando las necesidades de la otra persona son más regresivas y requieren más cercanía y dependencia?
- ¿Cómo noto mi cuerpo ante sus emociones y necesidades?
- ¿Qué conciencia tengo de mi cuerpo, de mis necesidades y de mis emociones?
- ¿Cómo cuido mi cuerpo y me respeto?

Mi ventana de tolerancia

Debido a nuestro temperamento, junto a lo que nos influyeron nuestras experiencias tempranas y a lo que estamos atravesando en el momento actual, cada uno de nosotros tenemos un umbral, unos límites, dentro de los cuales podemos sostener las emociones que nos producen tanto los estímulos internos, nuestros pensamientos, ideas y sensaciones corporales, como los externos, lo que ocurre a nuestro alrededor, lo que vemos que pasa. Esto es lo que se conoce como nuestra «ventana de tolerancia».[35]

Cuando nos encontramos dentro de esa ventana no significa que estemos en calma, sino que dentro de ella podemos sentir todas las emociones, incluida la tristeza, el miedo y la rabia, sin desbordarnos; pero eso no implica que nos guste o nos resulte agradable sentirlas, solo que podemos gestionarlo. Estar dentro de esta ventana de tolerancia, sin que las emociones nos sobrepasen, nos permite dar una respuesta adecuada ante lo que sentimos:

- Procesando lo que ocurre e integrándolo a nivel cognitivo, emocional y sensoriomotor.

- Pensando sobre lo que está ocurriendo.
- Y manteniendo la mentalización, que es, según indica el psicólogo Carlos Pitillas, la capacidad para detectar e interpretar las intenciones, las creencias, las necesidades o emociones que guían el comportamiento de las personas con las que interactuamos.[36]

Esta ventana o margen puede ser más o menos estrecho según la persona, existiendo además factores que influyen. Por ejemplo, si hemos experimentado un trauma, el margen de tolerancia va a ser más estrecho, mientras que la cantidad de estímulos que nos disparan, o por los que nos mostramos reactivos, más amplio.

Cuando una situación que estamos experimentando supera este umbral, nos salimos de nuestra ventana de tolerancia y entonces ya no podemos dar una respuesta adecuada a la situación, sino que actuamos «en piloto automático»:

- Puede ser que nos hiperactivemos y nos inunden las sensaciones físicas, que aumente la frecuencia cardiaca, la temperatura corporal, la tensión muscular y no podamos pensar con claridad y directamente actuemos, aunque después nos arrepintamos de lo que hemos dicho o hecho.
- Por el contrario, también puede ser que nos hipoactivemos, desconectemos y nos quedemos paralizados.

Tomar conciencia sobre la existencia de esta ventana, que evidentemente es una metáfora, unido a conocer aquellas cosas que nos ayudan a cuidarnos, nos permitirá mantenernos dentro de ella y así, poder sentirnos mejor, actuar de una manera más consciente y acompañar a los niños de la forma que necesitan.

¿Qué te ayuda a estar regulado?

Cada vez se habla más de autocuidado, de aquellas cosas que nos «recargan las pilas» y nos ayudan a mantenernos dentro de nuestra ventana; pero en la práctica, generalmente, nos cuesta saber qué cosas realmente son las que nos ayudan.

Muchas veces este autocuidado se centra en lo superficial, que no es raro teniendo en cuenta que vivimos en una sociedad consumista y que la industria está deseando vender: «Ve a la peluquería», «Date un masaje», «Ponte cremas por el cuerpo», «Ten una cena romántica»... y mientras tanto tú, que estás leyendo esto, puede que solo pienses en ponerte el pijama y tumbarte en el sofá a descansar.

Los mensajes del estilo «saca un momento para ti» o «cuídate» son fáciles de decir, pero no de realizar, y se pueden vivir como una autoexigencia más. Porque además ese «cuídate» no solo depende de ti, sino de una red más amplia que sostiene, del apoyo social existente en todos los niveles, de las relaciones y vínculos con los que podemos contar, de unas leyes más justas...

Aunque mi objetivo no es elaborar una lista de formas de autocuidado, sí que existen algunas cosas que, aunque suenen muy generales, pueden ayudarte y me gustaría compartir contigo:

- Rodearte de personas que te traten con respeto, que te escuchen y con las que puedas expresarte sin miedo.
- Poder realizar actividades que te gusten, del tipo que sea, pero que te aporten la sensación de competencia.

Si además sientes que «vas a mil por hora», que tus emociones te desbordan, algunas cosas que pueden ayudarte a reducir esa hiperactivación son:[37]

- Un abrazo sostenido.
- Una conversación tranquila mientras nos dan la mano.

- Realizar respiraciones conscientes.
- La meditación.
- El ejercicio físico aeróbico.

Si nos fijamos, algunas de estas propuestas reducen la hiperactivación emocional porque aumentan nuestra conexión emocional y, por lo tanto, nos ayudan en la regulación de nuestras emociones. No podemos olvidar que somos seres sociales y algunos gestos pequeños pueden suponer una gran diferencia.

Lo que nos gustaría

Una vez que nos conocemos más, y sabemos desde dónde partimos y dónde nos encontramos ahora mismo, entonces es el momento de plantearnos hacia dónde queremos ir: cómo nos gustaría gestionar estas situaciones y cuáles son nuestras expectativas. Sin embargo, tal y como sucedió cuando hablamos de las expectativas hacia los niños, aquellas que tengamos hacia nosotros mismos también tienen que ser realistas. La perfección no existe, y obsesionarnos con ella puede generar más frustración que bien.

No es realista pretender «no alterarnos» con las emociones relacionadas con nuestros hijos, pero sí lo es aceptar aquellas emociones que surgen en nosotros ante estas situaciones, tomar conciencia de ellas porque nos envían mensajes y mantenernos dentro de nuestra ventana. O conocer nuestros límites y saber parar antes de hacer algo que haga daño a los demás.

Trata de reconocer hacia dónde quieres ir poco a poco: quizá lo que te gustaría es tener un mayor autocontrol, o más paciencia, o aprender a responder de una forma más calmada o incrementar nuestra capacidad para poner límites; esto dependerá de cada uno de nosotros. Pero una vez establezcas hacia dónde quieres dirigirte, ya podrás trazar un plan de ruta y buscar herramientas para lograrlo. Recuerda entonces esas herramientas que has descubierto que te ayudan a regularte y utilízalas en tu favor.

Los desafíos del cuidador en la regulación emocional[38]

Antes de cerrar este apartado sobre nuestras emociones, quiero compartir contigo un par de cuestiones que creo que es importante que todos conozcamos pues ello puede ayudarnos a comprendernos mejor y entender por qué, a veces, algunas situaciones se nos hacen tan difíciles de acompañar.

El reto de la familiaridad

Esto es algo que a mí me sucedió cuando trabajaba en la escuela infantil y mi hijo era pequeño y que, actualmente, al formar a educadoras y maestras escucho con frecuencia. Al parecer, es muy habitual que nos cueste más abordar una situación intensa con nuestros propios hijos que con nuestros alumnos. Es posible que, si tú también eres educadora o trabajas con niños, esto también te ocurra. No estás sola y además tiene una explicación:

Como tenemos un vínculo más especial con nuestro hijo, al empatizar con él, somos más sensibles a su malestar.

Cuando vemos dolor en alguien con quien tenemos un vínculo, nuestro cerebro emocional, en concreto nuestra amígdala, de la que todavía no hemos hablado en profundidad pero que abordaremos más adelante, va a reaccionar más que ante una persona menos conocida, y va a ser más fácil que nos salgamos de nuestra ventana de tolerancia. Por eso no es lo mismo sostener la rabieta de un niño en el cole que la de nuestro hijo.

5

Un desarrollo en relación

Un bebé preparado para conectar con el adulto

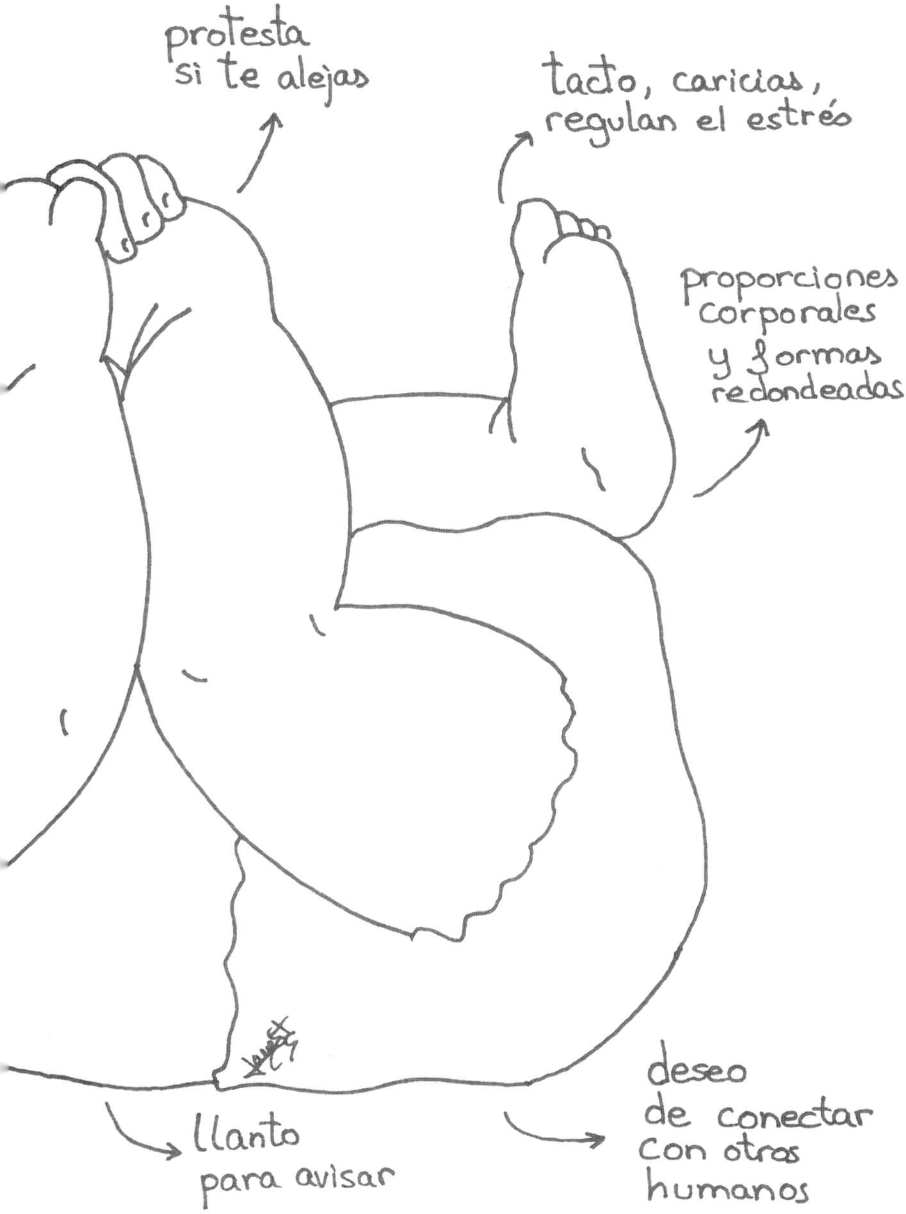

protesta si te alejas
tacto, caricias, regulan el estrés
proporciones corporales y formas redondeadas
llanto para avisar
deseo de conectar con otros humanos

La dependencia inicial

Una parte del desarrollo del cerebro se sucede fuera del útero, tras el nacimiento. Durante un tiempo, los recién nacidos son incapaces de regular ciertos procesos internos esenciales para poder sobrevivir como la capacidad de mantener la temperatura corporal, de obtener consuelo cuando sienten dolor o de alimentarse, lo que les hace especialmente vulnerables.[1] Tampoco pueden afrontar los riesgos del ambiente ni huir de los peligros.

Sin embargo, no todo son carencias: desde que nacen, los bebés tienen una predisposición natural a formar parte de un grupo humano. Esta es una capacidad esencial para su desarrollo porque, como especie social que somos, formar parte de un grupo nos ayuda a reducir el estrés y el miedo, y nos aporta mayor sensación de seguridad.[2]

Por estos motivos, los niños pequeños necesitan encontrarse con adultos que los protejan, los cuiden, den respuesta a todas esas necesidades que no pueden satisfacer por sí mismos, y así, les ayuden a desarrollarse y a desplegar todas esas capacidades típicamente humanas que necesitamos como adultos.

Como ya hemos visto, este cuidado se prolongará durante años, porque necesitan tener una serie de personas de referencia que se mantengan próximas, constantes y que sean capaces de conectar emocionalmente con ellos, pues necesitan de las relaciones afectivas para desarrollarse de una manera adecuada.

Todo esto sintetiza y prueba una idea que ya os he transmitido anteriormente: los niños vienen al mundo en un estado de máxima dependencia de otros humanos. Esta dependencia es natural y necesaria, y no algo que se crea porque realicemos determinadas prácticas con ellos como alzarlos mucho o responderles pronto o calmarlos en cuanto lloran. Sin embargo, que los bebés sean dependientes no implica que sean meros espectadores pasivos en toda esta situación.

Un bebé preparado para conectar

Si bien es dependiente de los cuidados del adulto, el bebé es activo en todo este proceso; de hecho, nace con un sistema para apegarse, para conseguir conectar con las personas que le cuidan y así poder sobrevivir y evolucionar.

Predispuesto para conectar

Una muestra de ello es que, desde bien pequeños, presentan más interés por las personas que por otros estímulos como pueden ser los objetos o el entorno.

En especial, muestran una preferencia hacia las caras. Prestan más atención a las formas redondeadas y a los contrastes de formas oscuras sobre fondo claro, una forma y un contraste como el que existe en el caso del ojo o del pezón; si lo pensamos, nuestro iris contrasta con el blanco del ojo y los pezones se oscurecen durante el embarazo.

Pero esta preferencia no es casual, esto les ayuda a ser mirados, a conectar con una persona que los cuida y a alimentarse, necesidades esenciales en esta etapa. Pero ojo, que lo que les interesa son los estímulos sociales porque los necesitan para apegarse, para formar relaciones con personas que les cuiden, no utilicemos esta información para desviarles de lo fundamental en esta etapa que es la conexión humana y les presentemos imágenes en cartulina con formas y contrastes porque ¿qué sentido para el desarrollo del bebé tendría hacerlo?, ¿qué estaremos favoreciendo y, sobre todo, qué estaremos desviando de su recorrido natural?

En esta etapa, también son capaces de seguir con la mirada a los adultos cuando se mueven frente a ellos, de buscar la proximidad del cuidador, de comunicarse frente a frente, aunque sea aún sin palabras, y de mantener el contacto ocular, que estaría relacionado con lo que acabamos de conocer sobre el interés por el contraste y las formas redondeadas. Están preparados para reconocer y diferenciar a su figura de apego de otras personas y lo hacen a nivel sensorial, a través de la información que perciben por sus sentidos, como el olor corporal o el sonido de la voz.

Por otro lado, al nacer, los bebés ya tienen desarrollado el sentido del tacto, por lo que las caricias tienen para ellos una función reguladora y el contacto corporal les ayuda a reducir la hormona del estrés, por eso muestran una clara preferencia por estar en los brazos de un adulto.

Los bebés también muestran una predisposición por la búsqueda de novedades, por los estímulos nuevos. Es un impulso por conocer, pero lo hacen poquito a poco, a su ritmo, que es diferente al nuestro, sin sobreestimularlos.

Preparado para atraer

Como necesitan que haya adultos que les cuiden, también desde muy temprano cuentan con la capacidad para atraer a los adultos y mantenernos cerca.[3]

Sus proporciones corporales y sus formas redondeadas, sus ojos y cabezas grandes, nos despiertan ternura y nos resultan adorables a los adultos. Esto la industria lo sabe, si no lo creéis pensad en los peluches que les compramos a los niños y en las proporciones corporales y el tamaño de los ojos, ¿no se asemejan a las de los bebés?

Desde que nacen cuentan con la capacidad de interactuar con el entorno, lloran para expresar sus necesidades, para que los adultos nos acerquemos y, en poco tiempo, también pueden protestar cuando nos alejamos. También son capaces de imitar las expresiones ajenas, como cuando sacamos la lengua al bebé y nos devuelve el gesto, incluso aparece la sonrisa social bien pronto, que sirve además para mantener cerca al adulto que le cuida porque nos hace sentir que estamos en conexión con ellos e indirectamente nos ofrece un *feedback* positivo que nos reconforta.

Además, pueden iniciar interacciones y realizar protoconversaciones, que son intercambios coordinados de gestos faciales y sonidos entre el niño y el adulto. Todo ello son formas y mecanismos que tiene el niño para conectar con sus cuidadores y mantenerlos atentos a sus necesidades.

Junto a un adulto preparado para responder

Pero no solo el niño pone de su parte en este proceso. Nosotros, los adultos, también estamos preparados para responderles y complementarnos, especialmente en determinados momentos.

El sistema de apego y el sistema de cuidados

Cuando un niño se enfrenta a una necesidad que no puede cubrir por sí mismo o a un estado emocional que no sabe regular, aparecen dos sistemas motivacionales que se complementan para resolver esa situación: el sistema de cuidados y el de apego.[4]

El sistema de apego se activa cuando el niño siente estrés, generando que aparezcan una serie de comportamientos, que se conocen como conductas de apego, y que buscan la proximidad del adulto. Para complementarlo, el sistema de cuidados se activa en los adultos al ver que el niño necesita que interactuemos con él para reducir su malestar o responder a una necesidad, este sistema de cuidados es el principal motor de la parentalidad.[5]

Entre sus capacidades se incluyen el estar disponible para el niño, el regular nuestro propio estado de ánimo y el del niño durante la interacción, el poder empatizar con ellos, el sentir placer y disfrute durante la interacción, y el dar sentido e integrar nuestra nueva identidad. Algunas de estas cuestiones, ya las hemos visto en detalle, como la importancia de regularnos a nosotros mismos para poder regularles o la construcción de la nueva identidad como padres, y no debes tener reparos en volver atrás si en algún momento necesitas revisar algún concepto.

Ser la figura de referencia de un niño no es tarea fácil y requiere de muchas adaptaciones y aprendizajes. Ten en cuenta que, cuando hablamos de figura de referencia o de parentalidad, no me refiero necesariamente a las madres o padres biológicos, cualquier persona especial que cuida al niño de forma estable y mantenida en el tiempo es una figura de referencia para él. Sin embargo, sí que es cierto que, en un porcentaje amplio, la figura de referencia principal de un niño será su madre.

Un apunte sobre la relación entre la madre y el bebé

Como madre, es posible que sientas con tu bebé esa sensación de «yo quiero todo contigo», esa necesidad de estar cerca de él, de que junto a él no os falta nada y que, después de haber leído todas esas sombras que acompañaban a la crianza, os preguntéis si esta sensación que tenéis es «normal».

La psicoanalista Mariela Michelena nos dice que, al inicio, la naturaleza nos dota con una especie de «músculo para querer» que hace que, para nosotras las madres, no haya nada más importante que estar con nuestro bebé y acompañarle en su crecimiento.[6] Esta capacidad nos permite estar cerca, disponibles y a tiempo completo pese al cansancio, los cambios o incluso el malestar... siempre y cuando haya otras personas que nos cuiden y protejan, de ahí la importancia del apoyo social.

Una relación de dos

La relación de apego es el resultado de la interacción entre dos personas, en este caso un niño y un adulto, en la que ambos participan de forma activa.

Dos personas, cada una con sus temperamentos que se van a poner en juego durante la interacción, teniendo en cuenta que el adulto, además, cuenta con una serie de vivencias e ideales que le influyen, pero también con una capacidad de regulación y comprensión con la que el niño no cuenta aún.

Es una relación en la que las dos partes se van conociendo y acomodando mutuamente, aunque una de las partes está ya desarrollada y madura y la otra se encuentra en formación. Es por todo ello que el apego y los diferentes tipos de relación que pueden crearse, serán frutos de una interacción, y no será algo que derive exclusivamente de las características del niño.

Para lo que no está preparado

Del mismo modo que nos hemos detenido a conocer todo aquello para lo que el bebé está preparado desde muy temprano, es interesante conocer el extremo opuesto, es decir, aquello para lo que no está preparado un niño pequeño.

En primer lugar, debido a esta necesidad del otro para desarrollarnos, la sensación de soledad será dolorosa tanto para el bebé, que no está preparado para la separación temprana, como para el adulto, que está preparado para cuidarlo.[7]

Hace no muchos años, los bebés eran separados de sus madres al nacer. Era una rutina muy común en la que alojaban a todos los niños en los conocidos nidos; esa imagen típica de película en la que los bebés en los hospitales permanecían juntos en una misma habitación, cada uno en su cuna aparcada en batería, con una pared de cristal a la que los familiares se acercaban para conocerlos y observarlos desde el otro lado.

Ahora, esta situación ha cambiado, porque se sabe que el contacto desde el inicio de la vida tiene enormes beneficios tanto para la criatura como para la madre, y porque somos conscientes de que las repercusiones de la separación van más allá de la sensación dolorosa de soledad. De hecho, para el adulto, aunque la separación sea corta, va a afectar a su sensación de seguridad y de competencia para interpretar las señales y necesidades del bebé y, por lo tanto, al vínculo que está construyendo con él.

Debemos dejar atrás esa idea de que el bebé «solo come y duerme», porque no es así. Desde que nacen, son seres activos y con capacidades de conectar e interactuar con los adultos que les cuidan. Del mismo modo que, nosotros, tenemos la capacidad de morirnos de amor por cuidarlos.

«Los niños pequeños necesitan encontrarse con adultos que los protejan, los cuiden, den respuesta a todas esas necesidades que no pueden satisfacer por sí mismos, y así, les ayuden a desarrollarse y a desplegar todas esas capacidades típicamente humanas que necesitamos como adultos.»

No nos pueden contar con palabras lo que les ocurre

Pero lo hacen continuamente

con su cuerpo y con su acción

Si bien los niños pequeños vienen preparados para interactuar con los adultos para que les resuelvan las necesidades a las que ellos no pueden darles respuesta por sí mismos y, nosotros, estamos preparados para responderles, muchas veces nos resulta difícil saber qué es exactamente lo que necesita un niño pequeño. Esto hace que aparezca ese pensamiento en nuestro interior que desea que comiencen a hablar cuanto antes, para poder saber qué es lo que les ocurre.

Sin embargo, este deseo no tiene en cuenta cómo es la comunicación durante los primeros años. Primero porque la mayoría de la comunicación es no verbal y segundo, porque, cuando ya son capaces de hablar, no pueden reflexionar sobre su mundo interno y, por lo tanto, sobre sus necesidades, por lo que, aunque hablen, seguiremos siendo nosotros, durante bastante tiempo, los encargados de descifrar lo que les ocurre.

Lo que sucede sin palabras

Si bien como adulto tendemos a centrarnos mucho en las palabras, la comunicación tiene muchísimas más señas y formas de producirse. En realidad, solo el 10 por ciento de la comunicación emocional la expresamos con palabras, el resto lo expresamos a través de todo eso que las acompaña, lo que se conoce como el lenguaje no verbal.[*, 8]

Es el que se expresa a través de la expresión facial, la mirada, el tono corporal, la postura, el movimiento de nuestro cuerpo, la voz (que es diferente al lenguaje), las distancias y

* Aunque para algunos autores el porcentaje es menor, como Merharabian (en Briggs, 2006), quien expone que lo que se dice es solo el 7 por ciento de cada mensaje.

los tiempos de respuesta. Todos estos detalles son los que en realidad «escucha» nuestro bebé y lo que de verdad le transmite un mensaje antes de aprender a descifrar nuestro lenguaje verbal.

Lo que reciben sin palabras

Esto quiere decir que, aproximadamente, un 90 por ciento de la comunicación sucede sin necesidad de palabras, por lo que nosotros, desde antes de que entienda el lenguaje oral, les estamos comunicando cosas continuamente a través de nuestros gestos, nuestro tono o nuestras acciones.

Cuando finalmente comienzan a entenderlo, los niños pequeños, por sus características propias, siguen recibiendo mucho más de nuestro lenguaje no verbal que de lo que les decimos. Y si además los mensajes que les enviamos son incongruentes, es decir, les decimos una cosa, pero con el cuerpo estamos expresando otra, el mensaje que más peso tendrá es el que se expresa corporalmente, lo que les generará además confusión e inseguridad.

Teniendo en cuenta esta información, es importante que entendamos qué es todo eso que expresamos con el cuerpo de forma continua, a veces incluso sin darnos cuenta, en las situaciones cotidianas y las repercusiones que tiene en el desarrollo del niño.

El contacto

Los niños, cuanto más pequeños, más proximidad y contacto físico necesitan. No es ningún capricho, sino una parte importante de la relación y de la comunicación entre el cuidador y el bebé. Por ello, no es algo a lo que haya que ir desacostumbrándolos, como seguro que has escuchado sugerir alguna vez.[9]

Relacionado con la regulación emocional
Cuando el contacto físico es habitual aumenta la conectividad de las áreas cerebrales de la regulación emocional y hacen descender la respuesta hormonal al estrés.[10]

¿Recordáis cuando os decía que durante los primeros años se asientan las bases de cosas importantes pero que la forma en la que se desarrolla, el proceso, no se parece al resultado final? Este es uno de esos casos y, si lo pensamos con detenimiento, tiene su lógica que la proximidad y el contacto físico, que les proporciona una sensación de seguridad y calma, tenga mucho que ver con su gestión emocional futura. Sin embargo, durante mucho tiempo, y aún se escucha, el mensaje que nos llega desde fuera muchas veces es que no debemos cogerlos porque se acostumbrarán, se harán dependientes o no nos los podremos quitar de encima. En estos casos, recuerda que lo que hoy sabemos sobre la infancia ha cambiado y avanzado.

La forma en la que es tratado
Nuestra comunicación a través del tacto se produce por cómo tocamos, manipulamos y tratamos a los niños, por lo que en función de cómo movamos su cuerpo, cómo los levantemos, los llevemos en brazos, los sostengamos o los toquemos, nuestras manos les transmitirán amor, protección e intención de ayudarles,[11] o todo lo contrario. De esta manera, por medio de nuestro contacto, reciben también una visión positiva o negativa de sí mismos.

Percibe nuestro estado emocional
A través del contacto los niños también perciben la tensión de nuestro cuerpo, nuestro tono corporal; si este es elevado, lo perciben como una amenaza, como que algo ocurre, aunque aún no lo sepan categorizar con palabras o no entiendan el porqué.

Según cómo los toquemos, los sostengamos y lo que perciban de nuestra expresión facial, les estaremos expresando cómo nos encontramos. Además, en estos primeros años, los niños tienden a acoplarse con nuestras emociones, por lo que, al percibirlas, se «contagiarán» de ellas. Así, si nuestro cuerpo está calmado, ellos se calman; pero si nos perciben nervioso, preocupados o enfadados, también lo percibirán y lo expresarán en semejanza.

La voz

Puede que todavía no comprendan el contenido y el sentido de nuestras palabras, pero el ritmo, el tono, la melodía, la velocidad o el timbre exacto de nuestra voz es algo conocido para los niños pequeños y, lo más importante, algo que les calma.

La voz transmite y despierta emociones en ellos. Y no es algo extraño; si lo pensamos, a nosotros, siendo adultos, también nos ocurre que no sentimos lo mismo al leer un mensaje que escucharlo en un mensaje de voz, sobre todo si está sucediendo una situación intensa que nos preocupa. Quizá alguna vez habéis escuchado esta expresión que dice: «Necesitaba oír tu voz».[12] Eso sucede porque una voz sana acompaña y calma.

Como puedes ver, durante los primeros años ya hay una comunicación sin necesidad de palabras. Si además pensamos en la relación entre la mamá y el bebé[13] en un mundo completamente nuevo, ella es su punto de referencia, algo que les resulta familiar. Visto así es más fácil de entender esa necesidad de cercanía y cuerpo por parte de los pequeños.

Pero, como sucede en el resto de los aspectos, esto no va a quedarse así para siempre. Aunque el contacto humano siempre es importante, las necesidades de los niños van a ir cambiando y, además, va a ocurrir también un desarrollo que va a progresar desde ese plano físico, de proximidad y comunicación a través del tono corporal, hacia una disponibilidad psicológica. Con el tiempo, el niño va a ser capaz de sentirse acompañado desde la distancia, cada vez a través de medios más simbólicos como la palabra. Un desarrollo que iremos conociendo con más detalle a lo largo de este libro.

Lo que expresan sin palabras

Hasta ahora nos hemos detenido en todo lo que les comunicamos desde mucho antes de que entiendan las palabras, pero ¿cómo se expresan ellos? La respuesta es sencilla, también comunican y se expresan con el cuerpo y con sus acciones desde mucho antes de que puedan hacerlo a través del lenguaje oral. Además, sienten emociones y sensaciones en su cuerpo ante los estímulos tanto externos como internos desde mucho antes de saber qué es eso que están experimentando.

Estos primeros años son un momento muy corporal, exploran desde su cuerpo, desde el que descubren el mundo exterior y también a sí mismos. Por eso, si queremos favorecer su maduración en esta etapa tenemos que entender que necesitan moverse, explorar, hacer, jugar... porque es su forma de comprender en este momento. Más adelante, y tras haber desarrollado esta forma de conocimiento, serán capaces de evolucionar hasta una forma de pensamiento tal y como lo entendemos los adultos. Como bien dice la psicomotricista Nuria Pérez: «Durante los primeros años, el cuerpo es el principal vehículo de relación con el mundo».[14]

Además, el cuerpo nunca deja de comunicar, ni siquiera cuando ya somos capaces de expresarnos a través de palabras, porque nuestras vivencias han pasado por él y eso hace que, durante toda nuestra vida, las emociones se comuniquen en mayor medida más a través del lenguaje no verbal que por las palabras.

Por eso, si aprendemos a «escuchar» a los niños en el sentido amplio de la palabra, nos daremos cuenta de que no necesitan palabras para comunicarnos sus necesidades y, además, tener en cuenta todo lo que nos transmiten con su cuerpo o con su acción, los ayudará a sentir que son importantes y a poder ir construyendo una imagen positiva de sí mismos y de los demás.

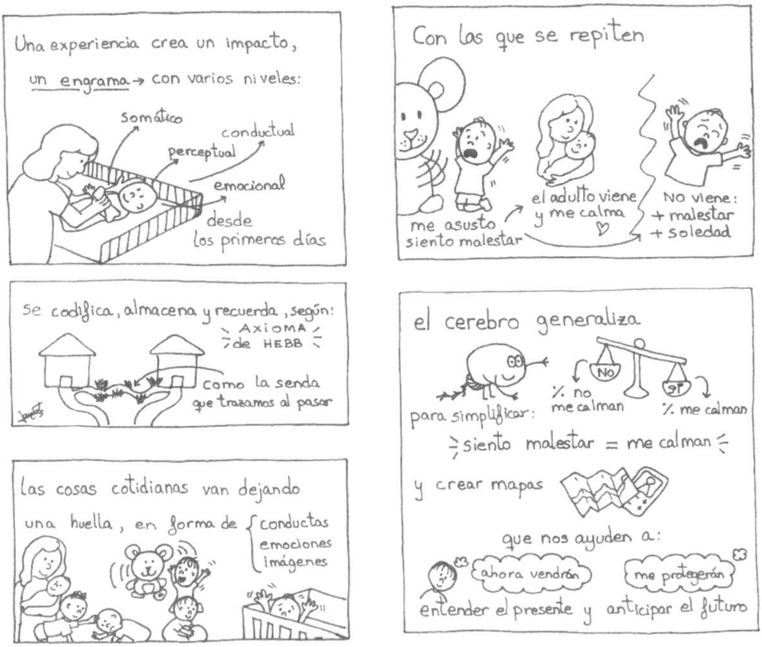

Basado en Siegel (2007).

Nuestras vivencias, el cuerpo y la memoria

Como hemos visto, los niños comunican, exploran y se relacionan con los demás a través del cuerpo. Además, su cerebro se está desarrollando, que se conforma principalmente por medio de las experiencias que reciben durante estos primeros años, siendo las relaciones las más importantes y las que dejan una huella más profunda en el tiempo.

Sin embargo, si nosotros intentamos recordar cómo vivimos estas situaciones cuando éramos bebés o durante los primeros dos o tres años de vida, nos damos cuenta de que no somos capaces de hacerlo. Esto es así porque tenemos diferentes tipos de memoria.

Es posible que, al detenerte a pensar sobre la memoria, la primera idea que te venga a la cabeza sea algo relacionado con eso que necesitábamos para aprobar los exámenes, para recordar datos, conceptos... o bien algo en relación con recordar cosas sobre nosotros mismos, dónde estábamos en una determinada fecha, con quién, qué sucedió... Todo esto forma parte de un tipo de memoria de la que somos conscientes y que se denomina memoria explícita.

Durante nuestra primera infancia este tipo de memoria no se ha desarrollado todavía, por lo que no podemos acceder a esa información y dependemos de otra clase de memoria: la memoria implícita, que se desarrolla en primer lugar y de la que no podemos hacer una recuperación consciente. Sin embargo, eso no significa que no tenga valor, como seguramente ya has podido intuir en estas páginas.

Un bebé, desde los primeros días, ya percibe el contexto que le rodea, es capaz de aprender del entorno, diferenciar lo que es agradable y lo que no lo es; pero lo registrará en su memoria implícita, sin ser consciente de que lo está codificando, ni de que recurre a ello cuando necesita hacerlo cada vez que se enfrenta a una situación similar.

En esta memoria implícita, van registrando todas sus vivencias y experiencias en relación con otras personas: cómo responden a sus necesidades, cómo se comunican con ellos, cómo le ayudan ante esas emociones que no puede regular... Y lo hacen en forma de engrama —una estructura de interconexión neuronal estable—, que, para el psiquiatra Daniel Siegel, supone el impacto inicial de una experiencia en el cerebro.[15]

Estos engramas pueden contener varios niveles de experiencia. Como en esta etapa inicial la memoria explícita todavía no está desarrollada, la experiencia se registrará de forma implícita y puede hacerlo de distintas maneras: en forma de registro corporal, es decir, se recuerda cómo se sentía tu cuerpo en esa situación; perceptual, registrando los olores del momento, el aspecto de las cosas, la temperatura; emocional, cómo te sentías en ese momento; o conductual, qué hacías con el cuerpo... De esta manera, toda una amalgama de información queda grabada en tu cerebro sin que tú seas consciente de ello, ni de que todo ello te está ayudando a configurar tu sensación y percepción sobre ti mismo.

Resulta por tanto evidente que las vivencias, desde muy temprano, aunque no las recordemos, forman parte de nuestra manera particular de ser, de estar, de relacionarnos o de movernos. Forman parte de nuestra historia.

Y es más, estas vivencias, aunque tempranas, también nos influyen en el presente incluso durante nuestra vida adulta. Permanecen en nuestro inconsciente y hay situaciones cotidianas que nos las rememoran, sin que seamos ahora conscientes de aquello que vivimos, y activan de forma automática conductas, emociones o una manera concreta de filtrar la situación.

Conocer este tipo de memoria nos permite comprender mejor la manera en la que los niños integran recuerdos en sus primeros momentos. Las vivencias de los primeros años y, con mayor peso, el trato que reciban por nuestra parte les va a dejar una huella. Y como ya vimos anteriormente, al cerebro le gusta simplificar, por lo que las situaciones que se repitan más a menudo irán creando una conexión más fuerte entre ellas. Se trata de la composición de esos «mapas» mentales que les ayudarán después de forma automática e inconsciente en su día a día para interpretar las cosas que les ocurren y anticipar lo que pueden esperar en el futuro.

Por tanto, antes de que hablen y entiendan las palabras, e incluso cuando ya puedan hacerlo, gran parte de las cosas importantes que asimilarán y les dejará huella, se juegan en el terreno de lo que expresamos y decimos sin necesidad de palabras.

Puede que tengamos ganas de que hablen ya, de entender lo que les pasa, pero no nos olvidemos que, mientras eso llega, ya nos están expresando y transmitiendo muchísimo a través de su cuerpo, una forma de comunicación que será la base sobre la que desarrollarán, cuando llegue el momento, la comunicación a través de las palabras.

No basta con tener buenas intenciones

porque las bases comienzan
a forjarse desde el inicio

y se desarrollan en las acciones
concretas y cotidianas

Una vez conocemos qué es la memoria implícita, comprendemos la importancia del cuerpo como lugar de registro de lo que nos sucede y también como un medio de expresión: el cuerpo comunica a través del lenguaje no verbal y percibe a través del tacto, de los gestos de los demás...

En nuestra relación con los niños a nuestro cargo, se trata de un diálogo mutuo en el que ellos, aunque sean pequeños, no son seres pasivos, y si bien uno de los miembros, el adulto, está más desarrollado y sabe mucho más, en esas interacciones se va construyendo una relación entre ambos.

En este apartado nos adentraremos en esos diálogos en profundidad, poniendo especial atención en una serie de eventos que ocurren muchas veces a lo largo del día durante los dos o tres primeros años; estos son los cuidados físicos, los corporales: vestirlos, alimentarlos, bañarlos, llevarlos en brazos son momentos cotidianos y a la vez privilegiados para su desarrollo, que muchas veces subestimamos más allá de su labor funcional.

La importancia de las situaciones de cuidados corporales

Cuando un niño pequeño siente que una necesidad no está cubierta o que no puede regular una emoción, se activa el sistema de apego que le lleva a buscar a un adulto para que le ayude a satisfacerla o a regularse, mientras que, de manera simultánea, se pone en funcionamiento el sistema de cuidados en el adulto para satisfacerla. Sin embargo, no es suficiente con ejecutar una respuesta cualquiera que satisfaga la necesidad concreta.

En este apartado, vamos a tomar conciencia sobre qué aspectos se están desarrollando en estos momentos tan comunes y de qué forma puede llegarles una respuesta que favorezca ese desarrollo; porque podemos tener muy buenas intenciones, decirles lo importantes que son para nosotros, que los respetamos físicamente, que los tenemos en cuenta, que respetamos su individualidad, pero ¿cómo le puede llegar todo esto a un niño pequeño que no comprende esas palabras tan abstractas? ¿Cómo puede realmente sentirlo?

La respuesta es algo que encontramos precisamente en los pequeños gestos que llenan estos momentos cotidianos. Será algo que absorberá, percibirá e interiorizará desde esas acciones concretas que suceden sobre su cuerpo. La forma en la que los miramos, acariciamos, damos de comer, mecemos, tenemos en nuestros brazos, consolamos, cambiamos sus pañales, bañamos, tocamos su cuerpo, les damos la mano al caminar, vestimos, limpiamos sus mocos, peinamos su pelo o damos una medicina, todas estas situaciones que se conocen como los cuidados corporales son las que les harán sentir nuestro cariño y amor: que son importantes y apreciados, que los respetamos y tenemos en cuenta.

Aunque estos cuidados nos pueden parecer algo meramente físico, fisiológico o asistencial, durante los primeros años, lo físico y lo psicológico forman una unidad. Estos cuidados físicos tienen una labor esencial en la construcción de su aparato psíquico, de su mente, constituyen la base para la construcción de su identidad y para el desarrollo de todas esas capacidades que nos hacen típicamente humanos.[16]

Qué se desarrolla a través de los cuidados

Si en estas situaciones tan cotidianas tenemos en cuenta al niño como un interlocutor, como una persona que expresa y ajustamos nuestra respuesta a lo que nos va comunicando, estaremos favoreciendo que desarrolle:

- Una sensación de sentirse entendido, de que sus mensajes son captados y de que está en conexión con otras personas, algo totalmente necesario para los humanos como seres sociales que somos.
- Un sentido de agencia, porque descubrirá que, con sus gestos y conductas, provoca un efecto fuera de sí mismo, en otras personas, lo que le permitirá ir descubriendo que es diferente a los demás y que es competente.[17]
- Un sentido de competencia social, porque descubrirá que puede influir en los demás a través de unos intercambios que se realizan por turnos, comprendiendo que existe un modelo de interacción, que más tarde se utilizará con el lenguaje oral.[18]
- Un sentido de aceptación, porque si sus demandas son escuchadas y tenidas en cuenta por el adulto, se sentirá digno, que pertenece y que es válido por ser quien es.
- Una sensación de seguridad, porque si las situaciones que tienen que ver con su cuerpo no le pillan por sorpresa y, además, en su manera de hacer se repiten de una forma más o menos estable, poco a poco podrá predecirlas y, por lo tanto, relajarse y sentirse más seguro.

Todas estas capacidades que nos hacen sentir que somos personas únicas y que nuestras conductas provocan resultados en la interacción son esenciales para construir nuestra relación con el mundo e influyen en la imagen que creamos de nosotros mismos como seres competentes, así como en la forma que tenemos de ver a los demás: los consideramos más accesibles, pues sentimos que nos tienen en cuenta y eso nos aporta seguridad, confiamos en el otro porque nos han dado razones para confiar. Así, desde las situaciones más comunes, se construyen desde bien temprano las bases de aspectos esenciales que nos caracterizan como personas.

Cuando estas situaciones, en lugar de realizarlas de forma rápida, mecánica, funcional, buscando del objetivo final o acabar rápido para poder pasar a otra cosa, las vemos como momentos importantes en su desarrollo, en los que hay una interacción real entre dos personas —una adulta y ya desarrollada, y otra más pequeña e inmadura, pero que comunica con su cuerpo su mundo interno, cuál es su ritmo y cuáles son sus preferencias...—, comenzamos a darles un valor diferente porque descubrimos que, mientras las realizamos, se están desarrollando capacidades realmente importantes para el niño.

«Un sistema diádico de regulación mutua»[19]

Aunque sean pequeños para contarnos sus necesidades, sus gustos o sus preferencias, y aún no tengan la capacidad para comprender gran parte de lo que nosotros les decimos a través del lenguaje, en estas situaciones se crea un diálogo sin necesidad de palabras y, como tal, ambas partes, tanto el niño como el adulto, tienen un papel activo en el intercambio: se acoplan mutuamente el uno al otro, momento a momento.

Lo que uno hace —su gesto, movimiento, mirada, sonidos...— es captado por el otro, que modifica su respuesta para ajustarse a lo que está ocurriendo. Se da así un diálogo inicial, primario, entre el niño y su cuidador. Para ilustrar mejor esta idea vamos a imaginarnos una escena en la que no aparece ese ajuste momento a momento.

Vamos a imaginarnos a un niño de once meses que está comiendo en el regazo del adulto. El adulto lleva en su mano una cuchara llena de comida que dirige hacia la boca de la criatura, pero esta, antes de que la cuchara llegue, aprieta sus labios. El adulto, que no percibe el gesto que ha hecho el niño, coloca la cuchara llena de comida delante de la boca de la criatura y ejerce una cierta presión con el objetivo de intentar abrir esos labios y que el alimento llegue dentro. Esto hace que el tono corporal del niño se tense, aprieta con más fuerza sus labios y, sintiendo que su mensaje no llega, esta vez gira la cara, quedando la cuchara llena de comida en su mejilla.

A través de esta pequeña escena podemos observar cómo el niño estaba emitiendo mensajes con su cuerpo que el adulto no recibía o, si lo hacía, no se reajustaba y acoplaba a lo que el niño estaba expresando. En primer lugar, al dirigir la cuchara hacia la boca cuando esta ya estaba cerrada; después, al insistir con la cuchara mientras sus labios permanecían apretados; más tarde, al no percibir cómo su tono corporal se iba tensando hasta, finalmente, girar la cara.

Si esta escena hubiera continuado en la misma línea, sin un adulto capaz de acoplarse a lo que el niño estaba expresando, posiblemente las conductas del niño intentando comunicarse hubieran ido en aumento; quizá hubiera arqueado su espalda, intentado agarrar la cuchara, emitido algún gimoteo o incluso llorado. Es probable que el adulto hubiera catalogado entonces que el dar de comer a ese niño era difícil, que se portaba mal o que no colaboraba, en lugar de ver que la criatura estaba intentando comunicar algo respecto a la situación con los medios de que disponía en ese momento de su desarrollo.

Pero si estas situaciones en las que el niño expresa, pero el adulto no lo percibe o no lo tiene en cuenta como un intercambio real ajustándose a lo que va ocurriendo, fueran las comunes en el día a día de este niño, tras múltiples intentos fallidos de comunicación, lo que ocurriría es que finalmente dejaría de emitirlas, dándose por vencido.

Es decir, que algo innato con lo que cuenta el bebé, como es esa capacidad para comunicarse con otras personas, puede verse moldeada por las experiencias con las que se encuentra en su entorno durante los primeros años.

De ser así, todas esas capacidades que hemos visto que se desarrollan durante estas situaciones de cuidados no podrán hacerlo de la misma manera, porque ¿sentirá el niño de nuestro ejemplo que es útil comunicar lo que uno siente?, ¿sentirá que existe una conexión al estar con otra persona, o que cada uno va a lo suyo?, ¿sentirá que él es agente, es decir, que sus acciones provocan efectos en los demás?, ¿sentirá que al estar con otros se produce un intercambio por turnos?, ¿sentirá que es válido, aceptado y tenido en cuenta?, ¿se sentirá relajado y seguro cuando está con el adulto o tenso y alerta?

El experimento del rostro inexpresivo

En 1978, el psicólogo estadounidense Edward Tronick realizó un experimento que muestra con mucha claridad la importancia de la calidad de las interacciones.[20] Este experimento se realizó en un laboratorio donde un bebé de alrededor de un año era sentado en una trona cara a cara con su mamá. En un primer momento, ambos interactuaban y se podía observar un acople entre ambos: se miraban, el bebé hacía gestos, sonidos, la madre ponía palabras a la situación, tocaba a su bebé, cuando el bebé señalaba hacia un punto, la madre dirigía su mirada. En definitiva, llevaban a cabo una interacción habitual entre ellos.

Pero, en un momento dado, a petición del investigador, la madre se giraba, se daba la vuelta y, seguidamente, al regresar hacia su bebé, el gesto de ella era serio e inexpresivo a las demandas del bebé. La madre continuaba cara a cara con su hijo, como al inicio, eso no había cambiado, lo que sí que había cambiado era su rostro que todo el tiempo mantenía la misma expresión, sin modificarse ante las señales del pequeño.

El bebé, ante esta extraña situación, como ser activo, sacaba todo el repertorio para intentar que su madre volviera a ser la de siempre: sonreía, señalaba cosas, emitía algún sonido, acercaba sus manos hacia su mamá..., pero nada, el rostro de ella no cambiaba. Entonces, el tono corporal del niño aumentaba, arqueaba su espalda, retiraba la mirada, gritaba, gimoteaba y, finalmente, lloraba. En tan solo unos minutos, al ver que no podía conectar con su madre, que los mensajes que enviaba no llegaban y que no conseguía recibir una atención congruente por parte de la madre, su estrés iba aumentando. El niño mostraba todas las conductas de apego con el objetivo de encontrar de nuevo la conexión con el adulto y cuando no lo lograba, se desesperaba.

Por suerte, esta situación duraba solo unos minutos y la madre enseguida volvía a ajustarse a la situación y a responder al bebé, ella volvía a su gesto sonriente, a su voz calmada, sus manos tocaban de nuevo a su hijo y, entonces, enseguida, el bebé se calmaba y volvía a la interacción. Había ocurrido una ruptura de la conexión y también una reparación.

Esta escena que os he relatado es solo un experimento, aunque muy significativo para la psicología, pero ¿cuántas veces los adultos no respetamos estas señales de forma sistemática?, ¿cuántas veces estamos tan abrumados por nuestros pensamientos que no estamos disponibles para la criatura?, ¿cuántas veces estamos presentes de manera física, pero ausentes emocionalmente?, ¿cuántas veces el adulto está sumergido en lo que está pasando en la pantalla de su dispositivo móvil y sin atender al niño que tiene cerca?, ¿cuántas veces hemos escuchado eso de «ignóralo, que solo lo hace para llamar la atención» y, al no prestarles atención, sus conductas iniciales han aumentado?* Este aumento al inicio

* Entre adultos, al hecho de ignorar a otra persona como forma de castigo lo llamamos aplicar la «ley del hielo» y es realmente dolorosa, en cambio está muy generalizado aplicarlo con los niños.

de las conductas y las protestas del bebé tiene mucho que ver con lo que sienten al no ser escuchados y comprendidos, como se podía ver en el experimento ante la indiferencia del rostro de su madre. La situación les descoloca y lo que interiorizan, en consecuencia, tiene mucha más trascendencia de lo que podemos imaginar en ese momento porque puede afectar a la construcción de su identidad y la percepción que tienen de las relaciones.

El niño no es un objeto para satisfacer deseos

es una persona

No es un objeto

Los niños pequeños son sensibles a todo lo que ocurre a su alrededor y, por lo tanto, también lo son a los momentos de cuidados. Su desarrollo depende en gran medida de la calidad de las interacciones con otras personas, pero, al inicio, estas interacciones se restringen a solo unas pocas personas que le cuidan.

Además, las situaciones que se repiten se vuelven rutinarias y predecibles para ellos desde muy pronto, lo que permite que se relajen y, por lo tanto, se sientan seguros. Sin embargo, muchas veces todo esto no se tiene en cuenta y en lugar de ser tratado como un sujeto, como una persona, el niño se convierte en un objeto por el «deseo» de otra persona.

Como ocurre cuando personas que no son conocidas para el bebé, aunque sí lo sean para nosotros, nos piden participar en esos momentos de cuidados, centrándose en su deseo adulto y sin pensar en las necesidades de la criatura.

Un ejemplo de ello es cuando nace un bebé y las personas que vienen de visita quieren sostenerlo en sus brazos, pasándoselo unos a otros durante unos minutos. Suele ser común que la criatura note ese cambio y comience a quejarse, porque, como ya se ha mencionado, el bebé percibe muchísimo a través del lenguaje no verbal: un tono corporal desconocido, quizá cierto miedo del adulto al sostener algo tan delicado, un olor diferente, un ritmo cardiaco distinto. Esto hace que sea devuelto a su madre con rapidez, pero si lo pensamos ¿para qué lo hacemos? Es un estrés innecesario al que lo hemos sometido solo para paliar nuestro deseo de tenerlo unos segundos en brazos, sin pensar en si eso beneficiaría al niño.

Además, estas situaciones no ocurren únicamente con los recién nacidos, conforme crecen también es común que haya quien quiera probar a darles de comer, a dormirlos, a hacerlos caminar sosteniéndolos de sus manitas cuando no pueden caminar por sí mismos, o llenarlos de besos y abrazos que no son bien recibidos por la otra parte.

Si reflexionamos sobre todo ello y comenzamos a «escuchar» lo que los niños están expresando a nivel corporal, quizá nos demos cuenta de que estamos poniendo a los niños en una situación de tensión e inseguridad totalmente evitable solo porque nos centramos en el deseo de los adultos. Y si bien es verdad que muchas veces esto no se hace con una mala intención o no queremos quedar mal con esas personas adultas que nos lo piden, sí que dejamos de escuchar las necesidades de los niños y anteponemos las de los adultos.

Consejos útiles para los momentos de cuidados

Hasta ahora hemos conocido cómo los cuidados influyen en el desarrollo desde lo que nos aporta la psicología, pero no sería justo hablar sobre los cuidados señalando todo lo que no les favorece sin daros también algunas ideas para hacerlo de una forma más consciente.

Para ello, quiero contaros que existe una pedagogía, la pedagogía Pikler, desarrollada inicialmente por la pediatra Emmi Pikler, que ha centrado gran parte de su trabajo e investigación en cómo llevar a cabo estas situaciones de la forma más adecuada para el niño.

Aunque no existen recetas universales sobre cómo llevar a cabo estas interacciones entrc el adulto y el niño —de hecho, si las hubiera, haría que los cuidados se convirtieran en algo mecánico porque es necesario estar «a la escucha» de lo que expresa el niño momento a momento para ajustarnos—, sí que podemos extraer ciertos elementos básicos que podemos tener en cuenta y que nos ayudarán cuando interactuamos con ellos en estas situaciones de cuidados.[21]

Estar disponibles

Estar presentes de manera física no es suficiente, en estas situaciones también es necesario que estemos emocionalmente accesibles para el niño, como ya hemos conocido a través del experimento del rostro inexpresivo.

Es bastante común también que, durante la ejecución de estos cuidados, tratemos de distraer a los niños para que nos permitan hacer lo que tenemos que hacer más rápido; para ello, les dejamos un juguete mientras les cambiamos el pañal, les leemos un cuento mientras están sentados en el orinal o les ponemos una pantalla delante mientras les damos de comer. Sin embargo, detente un momento a pensar en ello, ¿cuánto nos estamos perdiendo, y haciéndoles perder a ellos, cuando lo hacemos así? Son oportunidades de conexión que dejamos pasar... y ya no vuelven.

Tomarlos en serio

Los niños se expresan continuamente, pero muchas veces no nos tomamos en serio lo que nos expresan. Es muy común escuchar en boca de los adultos ante un niño que protesta que «no le pasa nada», «son tonterías», o «con una cucharada más, terminamos»; quizá para nosotros no sea nada y su vida no dependa de ello, ni mucho menos, pero al ignorar sus señales nos estamos perdiendo que es en estas interacciones cotidianas donde se están sembrando las bases para:

- Que aprendan a expresar sus necesidades.
- Que descubran que hay otras personas que les tienen en cuenta.
- Que dichas personas les traducen lo que les pasa y les ayudan a resolverlo.

Y todo ello mientras, al mismo tiempo, comprenden cómo es su cuerpo, lo que procede del exterior, conforman una idea de ellos mismos, de los demás, de cómo funciona el mundo...

Es un proceso que comienza pronto, no cuando tienen nueve años y les preguntamos qué les pasa, porque para poder traducir entonces en palabras las emociones que sienten o sus necesidades han tenido que atravesar un recorrido previo en el que, en primer lugar, alguien lo tuvo en cuenta, nombró aquello que les sucedía y les ayudó a gestionarlo.

Hacer los cuidados corporales más despacio

Vivimos en un mundo de prisas y nuestro ritmo adulto es más rápido que el de los niños, por lo que, si no desaceleramos un poco, no podremos darles el tiempo que necesitan para procesar lo que les ocurre, tomar decisiones y responder a nuestras demandas. En consecuencia, no les estaremos dando la posibilidad de que puedan formar parte de una interacción en la que puedan cooperar y participar realmente.

Si volvemos a pensar en aquel niño que rechazaba nuestra cuchara de comida, quizá esto se debía a que necesitaba un descanso, un ritmo más lento en general o puede que ya no tuviera más hambre. Sin embargo, no nos tomamos el tiempo de escucharle.

Además, para que haya una interacción y poder ver sus señales, los cuidados tienen que realizarse cara a cara, solo de esta manera podremos transmitir y recibir todo lo que se expresa a través del gesto y la mirada. Puede parecer obvio, pero en algunas escuelas infantiles todavía es común darles de comer desde atrás a los niños cuando varios comen al mismo tiempo sentados alrededor de una mesa. Sin embargo, al hacerlo así, no hay interacción, ni atención conjunta; nos perdemos su mirada y su gesto.

Por otro lado, aunque buscar la mirada del otro es importante, no debemos invadirles, sino que tenemos que aprender a interpretar cuáles son los momentos en los que busca una conexión con otra persona y cuándo es necesario respetar la necesidad de desconexión que todos sentimos en algún momento, incluidos los niños pequeños.

Tomar conciencia de cómo tocamos y manipulamos su cuerpo

Gran parte de los cuidados que realizamos requieren estar en contacto con el cuerpo del niño y la manera en la que les tocamos o les movemos transmiten un mensaje.

Si evitamos los movimientos bruscos, inesperados y aquellos que intentan vencer su resistencia y, en su lugar, utilizamos movimientos tiernos, calmados, que esperan hasta que relajan sus músculos, les estaremos transmitiendo una sensación de atención e interés por nuestra parte, lo que les aportará seguridad.[22]

Utilizar un lenguaje amable

Aunque ya he mencionado todo lo que transmitimos a nivel no verbal cuando nos relacionamos, eso no significa que tengamos que permanecer en silencio durante los cuidados.

Explicarles lo que hacemos respecto a su cuerpo o mostrarles los objetos que estamos utilizando, va a ayudarles a conocerse más a sí mismos y a sentirse más seguros en nuestra presencia, pero esto, evidentemente, debe ir siempre ajustado a su edad. Aunque estemos ante un bebé y todavía no nos entienda, sí que percibe nuestro tono de voz suave, los gestos amables y siente que hablamos con él.

Si estamos familiarizados con hacerlo de esta forma, llegará un momento en el que sí que entenderá el contenido de nuestras palabras y nosotros ya estaremos habituados con esta práctica; además, al ir nombrando lo que hacemos, favorecemos que nuestro lenguaje no verbal y verbal sean congruentes.

Ser predecible

Como ya sabemos, al cerebro le gusta simplificar y utiliza las experiencias que se repiten para anticipar lo que puede ocurrir. Es por ello por lo que la reiteración en un cierto orden estable, rutinario, les permite predecir qué es lo que va a suceder después, lo que les proporciona cierta sensación de tranquilidad y seguridad.

Sin embargo, es importante entender también que hacer las cosas de forma rutinaria, siguiendo un orden estable, no significa en ningún caso hacerlo de forma mecánica y rígida, sino que debemos ajustarnos a cada niño y a cada situación, a las señales que emite momento a momento, es decir, necesitan que seamos sensibles a sus señales.

Estos seis elementos también son aplicables a la escuela, ya que las necesidades infantiles siguen siendo las mismas se encuentren en el hogar o en una institución. Así como es importante integrar la idea de que los cuidados deberían llevarse a cabo por un número reducido de personas con las que los niños tienen un vínculo, una cuestión que, sobre todo en el medio escolar, suele pasarse por alto a veces.

Los cuidados desagradables

Todo lo que hemos estado conociendo sobre los cuidados también es aplicable a cuando tenemos que realizar esos «cuidados desagradables», me refiero a desagradables porque lo son en muchas ocasiones para el niño que los recibe.

Me refiero a cuestiones como darle una medicina que sabe rara, ponerle crema en una zona que escuece porque lo necesita, lavar el pelo cuando están en la fase que no les gusta nada, lavarles los dientes, cortar las uñas, ir al médico...

Muchas veces, en estas situaciones que ya sabemos que no les gustan, podemos sentirnos tentados a no avisarles de lo que va a pasar y que les pille por sorpresa para acabar antes, para que no se opongan antes de comenzar o evitarles el disgusto previo. Esta táctica, puede parecer que nos funciona al principio, pero la experiencia dejará en ellos una sensación de inseguridad y una necesidad de estar alerta que puede volverlos reactivos a muchas cuestiones que en realidad no son desagradables, porque sienten el mundo como un lugar impredecible y, en consecuencia, mostrarán mayor inquietud y tensión.

Durante los primeros años, es necesario que acumulen buenas experiencias para formar en su interior una idea positiva de la vida y de ellos mismos.[23] Así que, cuando les anticipamos lo que va a ocurrir y, si es posible, les invitamos a participar en ello, ya sea dejando que sostengan algo que necesitamos para realizarlo o que ayuden a prepararlo con nosotros, y les explicamos lo que estamos haciendo, se genera una mayor confianza en el adulto, porque aprenden que las situaciones difíciles son avisadas.

Y es muy probable que, si la situación les resulta desagradable, a pesar de tomar las medidas anteriores, protesten o muestren su descontento. No podemos tampoco creer que, por avisarles, hacerles partícipes, anticipar lo que vamos haciendo, utilizar un lenguaje amable e ir a su ritmo, la situación se volverá agradable y les gustará, porque no es así. Si para ellos es desagradable tienen derecho a expresar su disconformidad, pero lo que sí que ocurre cuando tomamos las medidas anteriores es que se reponen antes de esa mala sensación porque crecen sabiendo que cuentan con personas en las que pueden confiar y que les ayudan en esos momentos y, todo eso, incrementa su sensación de seguridad.

Ya conoces la memoria implícita y las huellas que todos los eventos vividos en estos años dejan de manera inconsciente en el cuerpo, y eso es lo que debes recordar si en algún momento te asalta ese pensamiento de: ¿para qué tomarse tantas molestias si, al fin y al cabo, es un momento y luego no se acuerdan? Pero lo cierto es que esto no es así, puede que no recuerden el evento en sí, pero sí recordarán la sensación: el engaño y la desconfianza se quedará con ellos mucho tiempo después.

Por todo ello, hacerles parte de la situación, explicarles lo que va a pasar y ponerles sobre aviso, aunque pueda generar que se resistan un poco más al principio, les proporcionará seguridad y aumentará su confianza en esas figuras que sabe que están ahí para acompañarlo y cuidar de él.

Como has podido ver, a través de las situaciones concretas y cotidianas del día a día se desarrollan algunas de las capacidades más importantes para una persona, como son la seguridad, la confianza, o el sentimiento de aceptación o de competencia social. Además, estos eventos ayudan a los niños a construir una identidad propia y a adquirir una visión de sí mismos, de los demás y del mundo que les rodea. Es así como desarrollan también la confianza en sí mismos, junto a dejarlos explorar y desarrollar su autonomía... Y todo ello sucede a través de las interacciones entre personas, algo que no puede ser suplido por una pantalla, una app o un objeto, como tampoco puede ser acelerado o forzado...

En un mundo digitalizado, en el que todo parece ir muy deprisa, el desarrollo de las capacidades que nos hacen humanos se cocina a fuego lento, en lo cotidiano, en el estar, en el ser y en la interacción personal.

«A través de las situaciones concretas
y cotidianas del día a día se desarrollan algunas
de las capacidades más importantes para
una persona, como son la seguridad,
la confianza, o el sentimiento de aceptación
o de competencia social.»

6

El vínculo de apego

Un bebé viene preparado para tener una relación especial con al menos un adulto
protégeme
atiende mis necesidades
que le ayude a sobrevivir y sentirse seguro, lo llamamos vínculo de apego

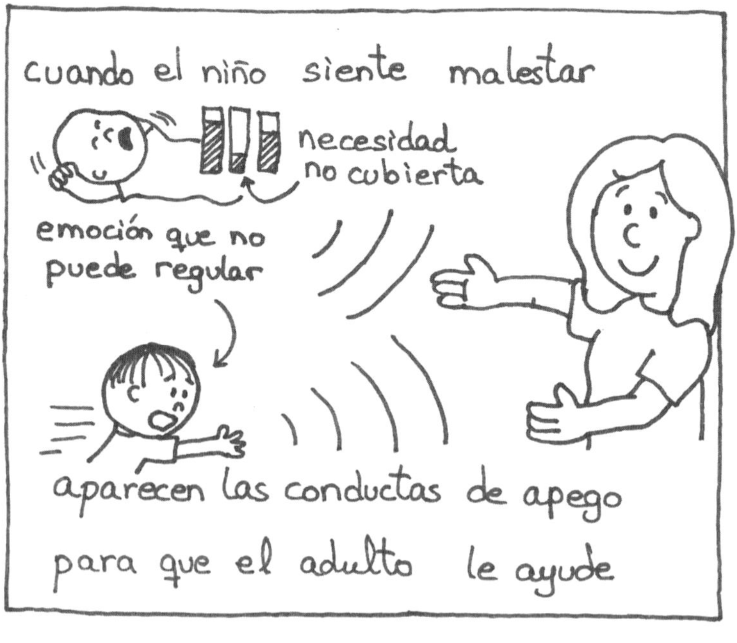
cuando el niño siente malestar
necesidad no cubierta
emoción que no puede regular
aparecen las conductas de apego para que el adulto le ayude

si el adulto le ayuda a regular
su malestar durante los primeros años
se sentirá SEGURO = Tranquilo
es lo que se conoce como apego seguro
y podrá desarrollarse adecuadamente
exploración
autonomía
aprendizaje
regulación
emocional
bienestar
identidad
relaciones
sociales

Una relación especial

Durante los primeros años de vida, el cerebro humano se encuentra en un momento de máximo desarrollo, un desarrollo que, como hemos visto, está influido por las relaciones interpersonales. Sin embargo, entre todas estas relaciones hay una que destaca como principal factor moldeador del cerebro infantil: la relación de apego.[1]

Qué es la relación de apego

La principal necesidad de los niños pequeños al nacer es la de relacionarse y conectar con personas que les cuidan.[2] Para satisfacerla, requieren de al menos un adulto que ya esté desarrollado a quien apegarse, una persona que sea estable en el tiempo, porque eso garantiza su supervivencia y, además, conocer que hay alguien cuando lo necesitan, les genera seguridad.

Esa relación especial que construyen con ese adulto que les cuida y con el que comparten más tiempo y espacio que nadie, es lo que llamamos vínculo de apego.

Cuándo se desarrolla

Los seres humanos contamos con un periodo crítico para desarrollar esta relación especial, que son los tres primeros años de vida.[3] De hecho, en condiciones favorables, antes del primer cumpleaños este vínculo ya se ha formado.

Como es una necesidad innata por parte de los niños formar un vínculo estable y sólido con una figura de referencia,[4] no debería extrañarnos esa «hambre intensa de vinculación» que presentan inicialmente los bebés: esa necesidad de conexión humana, de presencia, de ser vistos, atendidos, tenidos en cuenta y cuidados, que, en ocasiones, se presenta como un desafío cuando tenemos que conjugarlo con nuestra vida acelerada.[5]

Nos necesitan para sentirse seguros, para que les ayudemos a crecer y desarrollarse, pero esa seguridad no se basa únicamente en decírselo o en ofrecerles amor y cariño, sino que deben sentirlo y eso lo absorben de las experiencias concretas cuando interactuamos con ellos.

El sistema de apego

Cuando el niño pequeño siente malestar, se activa su sistema de apego, cuando siente miedo, cansancio, está enfermo y aumenta su nivel de estrés, aparecen las conductas de apego y comienza a llorar, a protestar, su cuerpo se tensa y busca nuestra proximidad para que le protejamos, le aportemos los cuidados tanto corporales como emocionales necesarios y así regular su malestar, reducir su nivel de estrés y, en el fondo, aumentar su supervivencia. Es bastante lógico, ¿no crees?

Aunque el sistema de apego se crea pronto en la vida humana, no es algo exclusivo de los niños pequeños, ya que está presente a lo largo de toda nuestra vida, solo que, a medida que crecemos y nos desarrollamos, nuestras conductas de apego van cambiando. Sin embargo, todos, nos sentimos más seguros si nos escuchan y acompañan en los momentos de estrés y malestar. Aunque a veces, por circunstancias de la vida, nos haya tocado adaptarnos a lo que encontrábamos en nuestro entorno y hayamos sentido que tenemos que arreglárnoslas solos, una estrategia que puede que hayamos interiorizado.

No todas las relaciones son iguales: los diferentes tipos de apego

Según las interacciones que se dan entre el niño y el adulto, y, en especial, según cómo responde el adulto a las necesidades del niño, se crearán diferentes tipos de vínculos de apego.

Según cómo sea la calidad de las acciones concretas que realizamos, el niño creará un modelo mental u otro, es decir, ese «mapa» con el que se orientará en la vida del que hemos hablado en varias ocasiones y que conoceremos con más detalle próximamente. Pero, además, cada patrón de apego se asociará con diferentes respuestas fisiológicas ante las situaciones, distintos modos de ver el mundo y sus propios patrones de relación interpersonal.[6]

Es decir, que algo que se construye al inicio de nuestra vida nos influye en nuestra forma de ser más adelante, incluso como adultos ya formados, y aunque las relaciones humanas son complejas, podemos simplificar los diferentes tipos de apego en dos grandes grupos: seguros e inseguros.

Apego seguro

La palabra «seguro» proviene de «tranquilo», y es que no es lo mismo crecer tranquilo que en estado de alerta.[7] Por eso este es el tipo de apego que necesitan construir los niños para un desarrollo saludable y en el que ponemos el foco cuando hablamos de buenas prácticas de crianza.

Visto de una forma sencilla y esquemática, es el patrón que se crearía cuando un niño tiene una necesidad, la expresa y el adulto la percibe y le da una respuesta adecuada que sirve para reducir ese malestar. Este tipo de apego te permite crecer sabiendo que puedes contar con los demás cuando los necesitas y eso aporta bienestar durante toda la vida.

Apegos inseguros

Sin embargo, a veces, por motivos diversos, algunos de los cuales ya hemos conocido al hablar sobre nuestro rol, lo que les llega por parte del adulto no es esa sensación de seguridad, sino que viven en un estado de alerta que los lleva a crear otros tipos de apego, en este caso inseguros, como pueden ser: el ambivalente, el evitativo o el desorganizado.

Basado en Siegel (2007).

Basado en Siegel (2007).

Basado en Siegel (2007).

Hay que tener en cuenta, además, que este tipo de vínculos parten de una interacción entre personas, una interacción en la que cada adulto tiene una historia propia detrás y, por lo tanto, también con un vínculo de apego primario, a la vez que cada niño cuenta con un temperamento. Esto significa que un mismo niño puede tener diferentes patrones de apego con cada progenitor y que un mismo adulto puede tener patrones distintos con diferentes niños.

Pero, aunque podamos tener distintos tipos de vínculos de apego con diferentes personas, hay uno en nuestra vida que es especialmente importante, que nos marca más y nos deja una huella más profunda. Se trata del primer vínculo, el que se crea inicialmente con ese adulto especial que es al que llamamos figura de referencia.

Factores de protección y de vulnerabilidad[8]

Contar con un vínculo primario de un tipo u otro no es determinante en sí mismo para nuestro desarrollo, pero sí que puede ser un factor de protección o, por el contrario, de vulnerabilidad.

El apego seguro, que es con el que cuenta el 50 por ciento de la población,[9] es un factor de protección que aporta flexibilidad, adaptabilidad y, por lo tanto, resiliencia ante la adversidad.[10] Contar con un apego seguro durante los tres primeros años de vida nos proporciona lo que se denomina una «resiliencia primaria»,[11] que es la capacidad para ser felices en la vida a pesar de atravesar en ella experiencias que podrían haber dejado secuelas.[12]

Por otro lado, los apegos inseguros, con sus diferentes tipos, son un factor de vulnerabilidad porque provocan rigidez, incertidumbre y desorganización mental.[13] Aunque no son patológicos en sí mismos, sí que aumentan la susceptibilidad de desarrollar trastornos psicológicos y disminuyen la resiliencia para afrontar las dificultades que podemos encontrarnos.[14]

Cada niño, a través de sus vivencias, va organizando el desarrollo de su cerebro y formando su mente propia. Si tenemos en cuenta que las experiencias más importantes durante los primeros años son las que tienen que ver con lo que aportan las figuras de referencia y la relación que se establece con ellas, la importancia primordial del vínculo de apego primario se hace evidente, pues, según el tipo de vínculo que se cree, este influirá de una manera u otra en el funcionamiento de la mente del niño.

En concreto, las experiencias tempranas de apego seguro tienen un efecto directo sobre el desarrollo, influyendo en los siguientes factores:[*, 15]

- La regulación y el bienestar emocionales.
- El pensamiento sobre nosotros mismos, la autorreflexión, la narración, la forma de organizar las experiencias propias y sobre los demás.
- La autonomía.
- El acceso a la memoria autobiográfica, que es la sensación de continuidad de uno mismo en el tiempo.
- El funcionamiento cognitivo, la memoria y la atención.
- La competencia social, incluida la interacción con los iguales, su aceptación, la capacidad para mantener relaciones personales íntimas en el futuro, así como la forma de amar y de sentir afecto hacia otros.

Cuando llegamos a adultos, los distintos tipos de apego que nos acompañan durante la infancia se asocian con diferencias en:[16]

* Los siguientes puntos se desarrollan en profundidad en los capítulos del 8 al 12; si quieres abordar algún tema en concreto, siempre puedes buscarlo a través del índice completo que encontrarás al final del libro.

- Las ideas sobre la intimidad personal.
- La relación hacia el compromiso.
- Las reacciones ante los conflictos.
- La actitud hacia las relaciones sexuales.
- La capacidad de expresar deseos y necesidades.
- Las expectativas que se tiene hacia la pareja o las relaciones.

Como puedes ver, son demasiados aspectos, y demasiado importantes, como para dejarlos al azar ¿no crees?

Puede cambiar

A pesar de que el vínculo temprano tiene un gran impacto en nuestras vidas, no es determinante. Esto es así porque las vivencias que seguimos experimentando, así como las relaciones interpersonales que forjamos a lo largo de nuestra vida nos seguirán influyendo, tanto para bien, como para mal, oscilando hacia la seguridad o hacia la inseguridad. Por ejemplo, un vínculo seguro se puede convertir en inseguro si en el colegio se sufre acoso escolar o, más adelante, una relación tóxica de pareja puede convertir tu seguridad en inseguridad.[17]

Y a la inversa, nuevas formas de relacionarse de la figura de referencia con la criatura pueden hacer que sienta seguridad donde no la había. O el hecho de establecer relaciones con otros adultos significativos, como padres adoptivos o maestros, puede ofrecer experiencias de seguridad suficientes que reparen el apego inseguro.[18] Las relaciones de amistad, los romances sanos o la psicoterapia son otros factores que pueden ayudarnos a movernos hacia la seguridad. De esta manera, aunque el vínculo inicial será la base, un molde desde el que partiremos, nuestras experiencias pueden reforzar o alterar las funciones mentales que se han creado al inicio de nuestra vida.

Sin embargo, el vínculo de apego temprano influye en nuestra forma de ser, de pensar, de ver la vida, de estar en el mundo, de sentir, de relacionarnos y de explorar; influye en esa sensación que tenemos de quienes somos que se ha ido construyendo sobre la base que crearon las personas adultas que nos cuidaban durante las interacciones cotidianas de nuestra infancia.

Por eso, ahora que nosotros somos los adultos que estamos en contacto con niños, debemos ser conscientes de que, según el tipo de vínculo que establezcamos, estaremos ayudando a construir esas bases que los acompañarán el resto de su vida. Y sabiendo el poder de influencia que tiene y lo crucial que puede ser para su desarrollo, ¿cómo no vamos a poner el foco sobre lo que ocurre durante los primeros años?

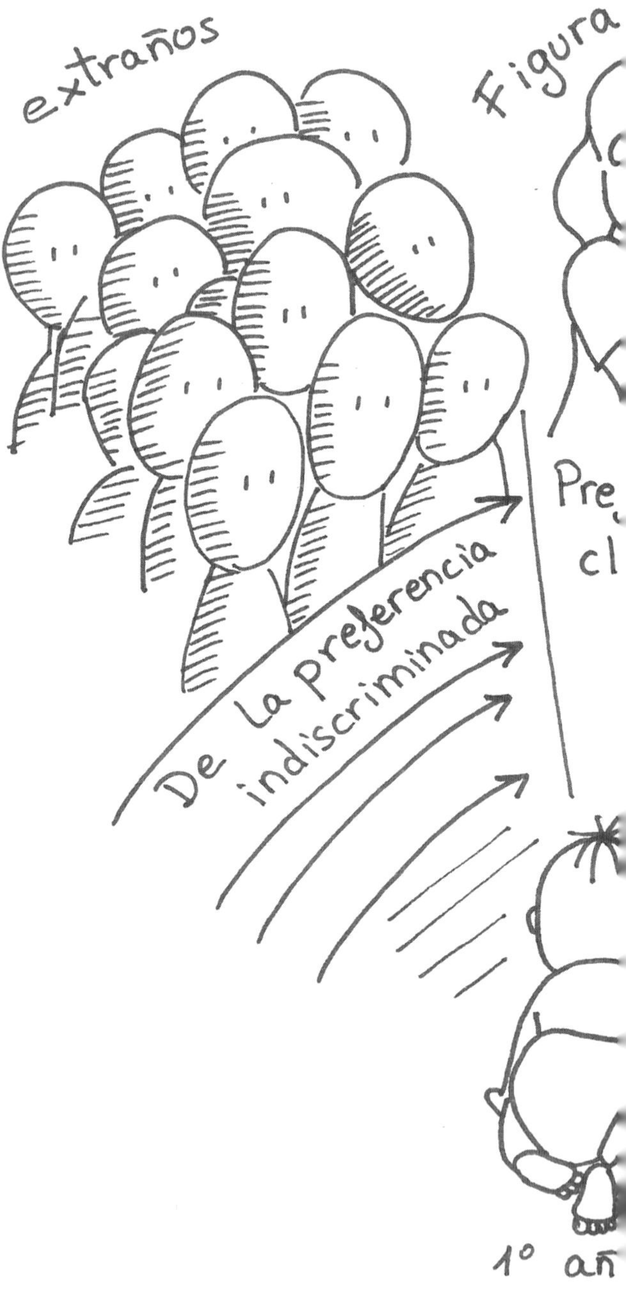
extraños
Figura
De la preferencia
indiscriminada

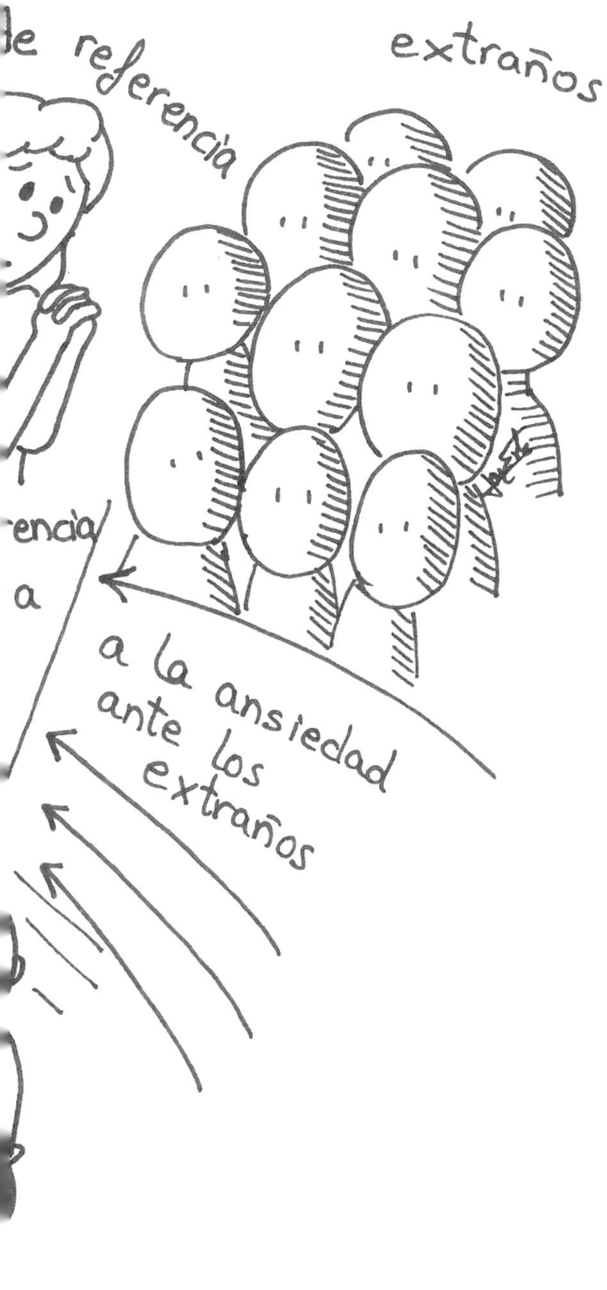

de referencia
extraños
rencia
a
a la ansiedad ante los extraños

De indiscriminado a selectivo

El vínculo primario se crea con muy pocas personas, especialmente una y en la mayoría de los casos antes del primer cumpleaños. Que esto sea así, como todo lo que ocurre en el desarrollo, tiene su sentido.

No se va «con cualquiera»

Seguro que has observado que, durante los primeros meses de un bebé, parece que puede «irse con cualquiera». Es decir, que no hay una protesta muy intensa si otros lo sostienen en brazos o le ofrecen cuidados, aunque ahora ya sabemos con más detalle todo lo que transmiten y perciben a través del lenguaje no verbal y que las manifestaciones de apego cambian con el desarrollo.

Sin embargo, en el último trimestre del primer año de vida, aparece un cambio notable, porque, desde ese momento, el bebé muestra una clara preferencia por permanecer junto al adulto de referencia, se asusta cuando se le acercan extraños, se esconde cuando un desconocido le dice algo, gira la cara, se repliega sobre ti, se aferra con angustia, incluso persigue al adulto con el que está vinculado.

Y que todo esto aparezca no es porque lo hayamos «malacostumbrado» sino que surge porque se ha desarrollado y, como todo, tiene una explicación y un sentido para su evolución.

Primero crear, para luego preferir

Los bebés vienen a este mundo preparados para crear un vínculo, pero ese vínculo no se crea de la noche a la mañana, sino que necesita de cierta cantidad de tiempo compartido para poder convertirse en uno estable y sólido.

Una vez creado, es cuando aparecerá el miedo a perderlo, porque para tener miedo a perder algo tiene que existir un «algo» que se valore, que se prefiere y que se defiende:[19] y cuando se despierta ese miedo a perderlo es cuando aparece la alarma de separación.[20]

Entre los seis meses y los tres años, en cuanto el niño no tiene evidencia sensorial de que su figura de referencia está presente, es decir, no la ve, no la huele, no la siente cerca o no la escucha, siente que está en riesgo.[21] Esto es así porque, de una manera instintiva, sabe que necesita a alguien que le cuide para poder sobrevivir, y cuando siente que no hay nadie a su alrededor aparece el miedo, el estrés y se activa la alarma de separación. Se pone en marcha el sistema de apego y con él una serie de conductas con el objetivo de restablecer el contacto y la seguridad.

Este mecanismo tiene sentido para el desarrollo porque permite que la criatura no se pierda, no se vaya con cualquiera y, por lo tanto, pueda sobrevivir. Se trata de una especie de hilo invisible que mantiene unidos al niño y a la persona que le cuida.

Que en esta etapa aparezca este cambio indica que el bebé se está desarrollando y que está madurando, porque, a partir de ese momento:[22]

- Puede ver al adulto como alguien separado de él.
- Puede imaginar que existe, aunque no lo vea.
- Puede comunicarse con él para llamarlo (llorando, protestando...) o directamente ir en su búsqueda.

Pero, por otro lado, aunque les expliquemos la situación, les contemos que vamos a estar en otro lugar, que ellos van a estar seguros en nuestra ausencia, como son pequeños y viven en el presente, no saben realmente que vamos a volver y por eso aparece esta angustia que, desde nuestra percepción adulta, puede parecer desmedida.

Sin embargo, es importante saber que ser esa persona a

la que busca es un privilegio porque no es algo que hagan con cualquiera, sino que, durante los primeros años, está restringido a únicamente unas pocas personas. Según el psicólogo danés Niels Peter Rygaard, durante los tres primeros años, pueden vincularse satisfactoriamente a únicamente cuatro o cinco personas que son estables en sus vidas.[23]

Algunas situaciones que activan la alarma de separación

El inicio de la escuela infantil

La escuela infantil es un espacio diferente al familiar que acoge a niños hasta los tres años, que ya hemos visto que es una etapa especialmente delicada con relación a los vínculos. Y si bien vamos a tomarla como ejemplo, las mismas ideas que expongo aquí pueden trasladarse hacia cualquier persona desconocida (para el niño) que va a hacerse cargo de él a esta edad.

En esta etapa, tanto las personas desconocidas como los entornos no familiares les producen miedo. Como ya se ha mencionado, entre los seis meses y los tres años, cuando el niño no tiene una evidencia sensorial de que la figura de referencia está cerca, se activa la alarma por separación y sienten miedo. Lo único capaz de calmar ese miedo es la presencia y los cuidados de la figura de referencia.

En esta etapa de los cero a los tres años, viven en el presente y no son capaces de comprender lo que significa algo tan abstracto como que «luego vienen a buscarte». Por eso, es especialmente importante que la incorporación a nuevos espacios o cuando tengan que estar bajo el cuidado de personas que hasta el momento eran desconocidas, se haga desde la presencia de la figura de referencia que calma y que ayuda a explorar, pues es desde ella que podrán crear nuevos vínculos.

Cuando un niño en esta etapa se encuentra separado de su

figura de referencia, la reclamará y la buscará.[24] Cuando se dé cuenta de que, a pesar de su esfuerzo, no la encuentra, se mostrará abatido, retraído, se encerrará en sí mismo y su cortisol se elevará. Todo esto, como quizá puedes prever, no es positivo para el desarrollo infantil.

Permanecer junto al niño durante los primeros días de escuela o junto a las personas que lo van a cuidar tampoco significa que el día que se tenga que enfrentar a la separación y quedar a solas con esas nuevas personas o en esos nuevos espacios, vaya a hacerlo sin protestar y feliz; te seguirá prefiriendo y querrá estar contigo.

Sin embargo, protestar conociendo el lugar y a las personas que lo van a cuidar no es lo mismo que enfrentarlos a esas mismas situaciones sin delicadeza, desde la angustia y dejándolos con adultos que no los pueden regular, no porque esas personas no tengan buenas intenciones o no sean competentes, sino porque son precisamente el motivo de que esa alarma se dispare.

Al cuidado de desconocidos

Es posible que tu hijo tenga ya más de tres años y, aun así, siga mostrando preferencia por estar con los conocidos. Si bien, como he mencionado en diversas ocasiones, los tiempos no son iguales en todos los niños pues cada uno tiene su propio proceso, esta situación tampoco es algo exclusivo de los primeros meses de vida.

Para Deborah MacNamara, cuando los niños están con desconocidos se activan sus «instintos de timidez» que los mantienen cerca de sus cuidadores y evita que otras personas desconocidas puedan dirigirlos.[25] Para ayudarles a llevarlo mejor cuando tengan que quedarse al cuidado de otras personas pasados los tres años intenta proporcionarle las siguientes circunstancias:

- Contar con un vínculo primario seguro.
- Conocer a esa otra persona con la que se va a quedar, que no sea una desconocida para ellos, por eso es necesario que el niño haya compartido ya algún tiempo con esta persona junto a la figura de referencia.
- Anticipar cuándo nos vamos, despedirnos, evitando así las sorpresas desagradables y fomentando que puedan sentirse relajados y confíen en nosotros.

Activar la alarma de separación

A veces, y más conforme van creciendo, esta alarma se activa no porque se vayan a quedar bajo el cuidado de otras personas, sino porque la utilizamos para que nos hagan caso.

Cuando amenazamos con dejarlos solos, es decir, con «abandonarlos» si no nos obedecen —sí, cuando les decimos que, si no vienen ya, los vamos a dejar en el cole o en el parque y nosotros nos vamos a ir, estamos amenazando con abandonarles— nos puede funcionar a corto plazo, pero dejará unas consecuencias nada favorables para nuestra relación y su seguridad.

Funciona porque consigue activar el sistema de apego, lo que genera que el niño deje lo que está haciendo y venga hacia nosotros; a no ser que sea muy pequeño y no nos entienda o que lo hayamos utilizado ya tantas veces que el niño se haya acostumbrado y llegado a la conclusión, de manera inconsciente, de que tiene que arreglárselas solo, o bien, su vínculo con nosotros no sea seguro.

Sin embargo, es importante comprender que, aunque nos sirva para que nos hagan caso en el momento concreto, es una técnica que añade angustia, miedo y tensión, porque les estamos diciendo que lo que más necesitan, que es nuestra protección, puede desaparecer. Esta idea les va a impedir relajarse, que es lo que necesitan para poder jugar y, por lo tanto, madurar. Además, nuestra relación se dañará porque no podrán confiar en que estaremos allí si lo necesitan.

Por todo ello, la próxima vez que te sientas tentado a decir una frase así, detente un momento a pensar, ¿es realmente esto lo que le quieres transmitir? ¿Es así como quieres que se sientan?

La expresión del apego va cambiando al crecer

Tras leer esto, pueden entrarnos dudas: «Entonces ¿nunca nos separamos?», «Si nos separamos, ¿le voy a causar un trauma?». Sin embargo, estas separaciones son inevitables y necesarias llegado un punto, por lo que no se trata de no separarse jamás, sino de realizarlo de la manera adecuada para su desarrollo.

Las necesidades de los niños van a ir cambiando conforme vayan madurando. Durante los primeros tiempos, nuestra labor es garantizar que se pueda construir una relación sólida y estable que les permita después avanzar por el mundo. Esta se construye desde la presencia, con tiempo y espacio compartido. Evidentemente, eso no significa que tengamos que estar todo el día encima del niño pequeño, porque, como ya mencionamos hace unas páginas, desde bien temprano necesitan tanto momentos de conexión con el adulto como momentos de desconexión, de estar consigo mismo, momentos que ellos mismos nos muestran que necesitan, aunque nos sigan requiriendo cerca físicamente.

Así, poco a poco van madurando y desarrollando sus propios recursos para poder apaciguarse en nuestra ausencia —a veces, utilizando un objeto transicional, del que hablaremos más adelante, el chupete...—, van realizando por sí mismos pequeñas separaciones cuando se alejan al jugar, van vivenciando pequeñas separaciones asumibles bajo el cuidado de otras personas conocidas y reencontrándose con nosotros, experiencias que les aportan la seguridad necesaria de que pueden soportar nuestra ausencia.

Con el tiempo, van tolerando separaciones más largas, conforme interiorizan este sentimiento de seguridad, en el que profundizaremos en el capítulo 9, que se apoya en la acumulación de experiencias seguras durante los primeros tiempos.

«Los bebés vienen a este mundo preparados
para crear un vínculo, pero ese vínculo
no se crea de la noche a la mañana,
sino que necesita de cierta cantidad
de tiempo compartido para poder
convertirse en uno estable y sólido.»

Una base segura

Próxima

Coherente

Limitadora

Establecer un vínculo seguro favorece muchos aspectos del desarrollo infantil, pero ¿cuál es el rol del adulto para que se cree ese vínculo seguro?, ¿qué es lo que tenemos que hacer exactamente?, ¿qué es lo que tenemos que ofrecer para que se construya? Estas son las dudas que resolveremos en este apartado.

*Características de una base segura**

Para que el vínculo que construyamos sea seguro, una figura de referencia debe poseer una serie de características.

Responsiva

Ser responsivos consiste en ser capaces de detectar las necesidades del niño, conocerlas, y responder a ellas. Puede parecer sencillo; sin embargo, no vale cualquier tipo de respuesta. Por eso, la teoría del apego incorpora una serie de aspectos, que deben ocurrir de forma natural en las interacciones cuando el vínculo es seguro.**

Estos aspectos son la sensibilidad, la sintonización, la función reflexiva, la resonancia y la flexibilidad.

Sensibilidad
La infancia necesita que nos demos cuenta de sus necesidades, que captemos esas señales que emiten, en un primer momento, a través del lenguaje no verbal. Para todo esto,

* Vamos a seguir como estructura de este apartado los seis parámetros del adulto para construir una base segura de Arnárez (2021).

** La teoría del apego fue inicialmente formulada por Bowlby y sostiene que para un desarrollo adecuado es necesario un vínculo seguro.

necesitamos de cierta sensibilidad que nos ayude a ser capaces de detectar todos estos mensajes que nos transmiten, pues si no los detectamos, difícilmente podremos responder a ellos.

Sintonización

Detectar que hay una necesidad es el primer paso, pero no basta con que simplemente nos demos cuenta de que existe, sino que también tenemos que identificarla y hacer algo al respecto, ya sea actuar en el caso de que sea necesario, o bien dejarles su espacio si es lo que necesitan.

Poder hacer ese proceso requiere de cierta dosis de empatía por nuestra parte, para ser capaces de comprender y sentir las emociones del niño, diferenciándolas al mismo tiempo de las nuestras. Es lo que se conoce como sintonización. Y en ella, la separación entre sus emociones y las nuestras, aunque mostremos empatía hacia él, es muy importante para mantenernos regulados y poder ayudar a la criatura.[26]

Un ejemplo de esta sintonización es el que se produce cuando el niño llora porque se ha caído y respondemos con un ligero gesto de dolor y una voz acorde a la situación: «Uy, te has hecho daño en la pierna». De esta manera, cuando las emociones son compartidas entre las personas, principalmente a través del lenguaje no verbal, se crea una sensación básica de «estar con» o de «sentirse sentido». [27, 28]

Función reflexiva

Una vez más, no es suficiente con darnos cuenta de que les pasa algo y empatizar con lo que transmiten, sino que el niño necesitará una respuesta que cubra sus necesidades en su justa medida. Para ello, es importante que poseamos, y pongamos en práctica, nuestra capacidad reflexiva que, además, para algunos autores es el núcleo del apego seguro.[29]

Esta aptitud es la que, ante una situación, nos hace preguntarnos: «¿Por qué el niño hace eso?», «¿Por qué llora?», «¿Por qué se mueve así?», «¿Por qué pega?», «¿Qué está expresando?», «¿Qué puede estar sintiendo?», «¿Qué necesita?», y reflexionar al respecto para dar la respuesta adecuada.

Se trata de ser capaces de reflexionar sobre los estados de la mente de la otra persona, sobre los sentimientos, las intenciones, las percepciones o las creencias que hay bajo sus conductas, al mismo tiempo que nos mantenemos regulados, conectados con el presente y teniendo en cuenta todo el contenido propio de nuestra mente.

Cuando estamos con un bebé, tener esto presente puede parecer una tarea fácil, pero cuando es algo mayor y pega a otro niño, cuando se acerca una vez más a la escobilla del váter mientras nos mira y sonríe, cuando está sentado en el carro y lanza el mismo juguete por cuarentaicincoava vez, cuando vamos a hacer la compra con él y se empeña en que le compremos algo aunque le habíamos advertido de que no lo haríamos y lo había aceptado, cuando abre y cierra el mismo cajón ochocientas veces, cuando toca ponerse el pijama y sale corriendo por el pasillo con un gesto que dice «¿a que no me pillas?» o pellizca a su hermanita bebé... no es difícil que perdamos esta función reflexiva y lo resumamos todo en un: «¡Lo hace a propósito!» o «¡Lo hace para provocarme!».

Es entonces cuando tendremos que hacer nuestro mayor esfuerzo y detenernos un instante para apreciar realmente sus acciones y reflexionar sobre sus causas.

Resonancia

Cuando somos capaces de hacer todo lo anterior aparece la resonancia, que es esa conexión emocional que se produce entre dos personas, entre dos mentes, cuando se están influyendo mutuamente.

Flexibilidad

Cuando estás con niños, responder a sus necesidades no es algo rígido ni existe una receta exacta que debemos seguir.

Cada criatura es un mundo y debemos adaptarnos a sus reacciones cambiantes, ajustándonos momento a momento, tal y como ya os expliqué cuando abordamos el tema de los cuidados.

Debemos ser capaces de interpretar cuándo el niño necesita que interactuemos con él y cuándo emite señales de que necesita su tiempo, y mostrarnos flexibles ante las circunstancias, una aptitud que encontraremos muchas veces unida al concepto de reparación que conoceremos en este apartado.

Fiable

El niño necesita saber que vamos a estar ahí, que no vamos a desaparecer de sus vidas, que permaneceremos a lo largo del tiempo, que, aunque se aleje, nos encontrará a su regreso para poderles proteger. Esto es lo que les transmite confianza y seguridad.

Y para mantener esta sensación de continuidad tan importante, resulta esencial que no utilicemos su alarma de separación para que hagan lo que nosotros queremos, pues eso va a perjudicar nuestra relación.

Próxima

Nos necesitan cerca, disponibles cuando lo precisan, pero no de una forma intrusiva ni agobiante. Captando los momentos en los que el niño busca proximidad e intimidad, pero también esos otros en los que, ya desde bebé, busca su espacio.

Como cuidadores, debemos favorecer un equilibrio entre proteger y permitir su autonomía, comprender que este equilibrio será diferente en cada momento del desarrollo y respetar su forma de ser.

Para poder llevar a cabo esta función como figuras de apego, será necesaria la ya conocida función reflexiva: «¿Qué es lo que necesito yo?», «¿Qué me gustaría y qué es lo que necesita el niño?», «¿Cuál es mi historia y cuáles son mis miedos?», «¿Le dejo que explore?», «¿Soy yo quien lo necesita cerca?», «¿Será intrusivo si lo abrazo con fuerza por sorpresa?», «¿Lo desvío de su juego, lo dirijo?». Reflexionar, separando nuestros sentimientos de los suyos y atendiendo a las señales continuas que nos envían, nos permitirán generar una base segura para ellos que les resulte próxima, pero no abrumadora.

Coherente

Para establecer una base segura, necesitamos que esta sea coherente, y coherente en dos sentidos: respecto a las respuestas que damos y respecto a nuestra forma de actuar.

En primer lugar, debemos intentar ser coherentes con las respuestas que damos porque, aunque no siempre podremos responder ante todo lo que se nos presente, cuando lo hacemos, es importante que las respuestas que le proporcionemos sean de alguna manera previsibles o, más bien, consistentes. Esto quiere decir que respondamos de una forma parecida, pues eso permitirá al niño saber qué es lo que puede esperar, sintiéndose más seguro.

Sin embargo, cuando no existe esta coherencia y respondemos de forma ambivalente, impredecible o cambiando según nuestro humor, el niño se desorienta, se queda a la espera sin saber cuándo llegará una nueva dosis de lo que necesita o cuándo una demanda será mal recibida. Esto puede llevarlo a quedarse en estado de alerta, desorientado y creará una serie de defensas para no sentir el daño.[30]

Por otro lado, también debe haber una coherencia en nuestra forma de actuar. Ten en cuenta que somos sus modelos a seguir y, hasta los siete años, adquieren mucho más de lo que hacemos que de lo que les decimos. Por eso, si queremos que desarrollen hábitos alimentarios, de sueño, de ejercicio, de higiene, de comportamiento... lo primero que tendremos que hacer es asumir la responsabilidad también en este aspecto y convertirnos en un modelo a seguir para ellos.

Limitadora

Cuando se habla de apego seguro, mucha gente tiende a confundirse y pensar que no existen límites, pero, enlazando con esta idea de responsabilidad que tratábamos en el apartado anterior, una base segura también debe ser limitadora.

Querer crear un vínculo seguro no es sinónimo de que el niño pueda hacer todo lo que quiera, tenemos que ser conscientes de que acaba de llegar a este mundo, con un cerebro inmaduro y que hay muchas cosas que desconoce, otras que le abruman, que le pueden hacer daño o que le resultan complicadas en este momento. Es precisamente por todo esto que poner límites claros y respetuosos es necesario, porque le aportarán seguridad y estructura para ir entendiendo el mundo a su ritmo e ir conociendo qué puede hacer y qué no puede hacer.

Por supuesto, no siempre estarán de acuerdo con el límite que expresemos; de hecho, será frecuente que no lo estén, pero acogeremos lo que sienten, le pondremos nombre y le ayudaremos a regularlo, en lugar de reprimirlo.

Todas estas características, junto al disfrute mutuo en la relación,[31] les van a aportar una mirada incondicional y la sensación de que son queridos, de que «están bien tal y como son», un factor esencial para la construcción de su identidad y su relación con el mundo.[32]

La jerarquía del vínculo

Aprovechando que estamos conociendo las características que debe tener una figura de referencia para poder construir un vínculo de apego seguro, vamos a abordar también cuál es la jerarquía necesaria para establecer esta relación como figura de referencia.[33]

Al contrario de lo que sucede en una amistad o una pareja, la relación que se crea entre el niño y el adulto no es una relación de igual a igual. En este caso, hay una persona que es mayor y está más desarrollada cuya labor es cuidar de otra que está en desarrollo, por eso, la sensibilidad a las señales es responsabilidad del primero, que asume esa función y provee los cuidados necesarios.

De esta manera, el niño lo percibe como esa persona que le cuida, y se deja cuidar, acepta su guía, confía, siente que puede descansar bajo su cuidado —pues, como ya mencionamos «seguro» viene de «tranquilo» en este caso— y dedicar su energía a explorar, descubrir el mundo, aprender y desarrollarse. En el caso de que sus necesidades no estén cubiertas, que no sienta que hay personas disponibles para ayudarle, la energía del niño se enfocará en encontrar a alguien que le cuide y no en seguir su desarrollo.

La inversión de roles, por otro lado, tampoco ayuda en una evolución saludable; esta se produce cuando creemos que el niño nos puede cuidar a nosotros, que nos entenderá y que estará pendiente de nuestro bienestar. Un niño no debe ser responsable del bienestar del adulto; de hecho, que lo haga no es sinónimo de que estemos respetando su desarrollo.

No se puede ser perfecto: la reparación

Cuando cuidamos a niños, aunque nuestra intención sea hacerlo todo bien, todo perfecto a poder ser, atender todas sus necesidades y estar ahí siempre que lo necesiten, la realidad es que eso es imposible, porque no podemos responder a todas sus necesidades de forma perfecta e inmediata por muy buenas intenciones que tengamos o por muchas ganas e interés que le pongamos. Somos humanos y no llegamos a todo, a veces también nos equivocamos, nos vemos sobrepasados por algunas situaciones o las circunstancias de la vida nos impiden estar al cien por cien todo el tiempo.

No hablemos ya de la escuela donde las ratios son las que son o cuando hay varios niños a los que debes atender.

El psicólogo clínico y del desarrollo Ed Tronick determina que, en una relación de apego seguro, solo sintonizamos el 50 por ciento del tiempo, mientras que, en los apegos inseguros, damos una respuesta sensible cada tres insensibles, aumentando la ratio a solo una sensible por cada diez insensibles en el apego desorganizado.[34]

Pero no es solo cuestión de cantidad, lo que diferencia a un vínculo seguro de un inseguro no es solo la frecuencia con la que se responde de forma adecuada, sino que hay otro factor fundamental que supone una gran diferencia para el establecimiento de un vínculo seguro: la reparación.

Durante la comunicación humana, va a haber momentos de conexión, pero también de ruptura, de no entendernos o de no comprender al otro. Como los niños pequeños no pueden expresarnos con palabras su mundo interno, observaremos esas rupturas a través de su lenguaje no verbal con señales de incomodidad. Por eso, es tan importante la flexibilidad, esa capacidad de poder leer las señales momento a momento, y que, tras percibir la ruptura, es decir, esas señales que nos indican que no hemos «acertado» con nuestra acción, procedamos a intentar reparar y redirigir la situación, bien entendiendo que necesita su espacio porque quizá hemos sido demasiado intrusivos o, por el contrario, que lo que necesita es más cercanía.

Para Carlos Pitillas, la reparación es el motor esencial del crecimiento psicológico y del desarrollo de los vínculos.

Pero ¿cómo puede ser que equivocarnos y no saber lo que necesitan sea positivo y les permita avanzar? Pues, aunque parezca ilógico, tiene su sentido.[35] Si fuéramos capaces de responder al cien por cien todo lo que necesitan y el ajuste entre sus necesidades y las respuestas fuera perfecto, los niños no avanzarían.

Cuando el niño emite una señal porque necesita algo y resulta que no le entendemos porque quiere algo diferente, lo necesita en más cantidad, en menos, más fuerte, más suave, más rápido o más lento, se crea una ruptura. Esta ruptura, que en un principio puede parecer algo malo, también lleva al niño a utilizar otras formas de comunicarse con nosotros, otras formas de hacerse entender, lo que le obliga en cierta manera a aprender y desarrollarse, es decir, a evolucionar.

Pero si, además, nosotros captamos las nuevas señales y, tras ello, reparamos la ruptura, es decir, redirigimos la situación, se consolida la «confianza básica»,[36] que es la sensación de que la figura de referencia está ahí, favoreciendo el desarrollo de los vínculos.[37]

Cuando la reparación es frecuente

Cuando esto sucede con frecuencia, el niño se siente competente, siente que haciendo algo, comunicándose de otra forma, aunque sea a través del lenguaje no verbal, puede producir cambios en la otra persona que puede reconectar tras la ruptura. En consecuencia, el pequeño se vuelve más propenso a comunicarse porque tiene la experiencia de que hacerlo sirve para algo y merece la pena.

Además, esto le lleva a desarrollar una mayor capacidad para tolerar más emociones, muchas de ellas desagradables, porque descubre que el malestar se resuelve en compañía de otros y que, aunque haya un límite o algo que no puedan hacer, el adulto acoge y aporta esa sensación de «estar ahí».

Cuando la reparación es infrecuente

Sin embargo, cuando la reparación no se sucede con tanta frecuencia, el niño desconfía de su capacidad para comunicarse y no del adulto que no le atiende pues, como vimos anteriormente, los niños no dudan de sus padres o figuras de referencia, sino que tienden a idealizarlos y a pensar que, en caso de no recibir respuestas favorables, esto se debe a que ellos, como niños, han hecho algo mal.

En estos casos, como las emociones desagradables no son acompañadas ni reguladas por el adulto, estas tienden a hacerse más intensas y se vuelven insoportables para el niño que no tiene forma de regularlas por sí solo de una forma adecuada. Esto suele desembocar en un retraimiento, pues siente que no puede contar con los demás, ni confiar en ellos en los momentos de malestar, por lo que tienden a no comunicar sus estados internos.

Una pequeña reflexión

Es posible que toda esta cuestión de las rupturas y las reparaciones, y el saber que permiten el desarrollo del niño, te haga plantearte si hay alguna manera en la que podamos potenciar este desarrollo generándolas a propósito. Y quizá lo haces con todas las buenas intenciones del mundo, pero he de decirte que no es una buena idea. Además, no es necesario porque a lo largo de día ya hay bastantes que se producen de forma natural en las situaciones cotidianas como para crear más.

Por otro lado, cuando un niño expresa un deseo o una necesidad de forma intensa es común escuchar consejos como «No le hagas caso hasta que te lo pida bien», pero ignorarlos en esas situaciones como se propone no ayuda a que se produzca una reparación.

Hay otras prácticas que, aunque son muy habituales, tampoco favorecen la reparación, como cuando hacemos como si no hubiera pasado nada tras un momento de conflicto con el niño. En este caso, estaríamos evitando la reparación, que es la forma habitual de responder tras una ruptura en el apego evitativo.

O cuando, tras una ruptura porque el niño necesita su espacio, nos mostramos juguetones, intrusivos e hiperestimulantes para conseguir que la criatura mantenga la conexión con nosotros, ya sea haciéndoles cosquillas, mostrándonos graciosos, moviendo al niño o lanzándolo por los aires. En esta situación, no estaríamos haciendo uso de la función reflexiva, que sería la que nos haría ver que no estamos teniendo en cuenta las necesidades del niño, sino anteponiendo las del adulto. Y puede que con esas acciones el niño se ría, porque es una respuesta automática cuando les hacemos cosquillas o al enfrentarlos a una situación de desequilibrio como cuando los movemos o lanzamos, pero quizá estará dejando un mensaje implícito, el de que no hay tranquilidad en la conexión con el adulto, de que hay que estar alerta por lo que pueda pasar.

No podemos olvidar que nuestra labor como adultos no es hacerlo todo perfecto ni no equivocarnos jamás, sino proporcionar una base segura en la que atendamos las necesidades del niño y le demos una respuesta ajustada según lo que necesiten en cada momento, y que tengamos la capacidad de reparar una ruptura cuando esta se produce. Tener esta base segura, y el sentido de tranquilidad que deriva de ella, le permitirá avanzar en su desarrollo.

PARTE III

EL DESARROLLO
DE CERO A CINCO AÑOS

A partir de ahora vamos a ir conociendo esos procesos que se desarrollan durante los primeros años. Estos son procesos que irán discurriendo de forma paralela, pero los vamos a separar en diferentes capítulos para comprenderlos mejor.

El desarrollo de una persona no es sencillo e implica procesos cada más complejos que son el resultado tanto de un cuerpo preparado, es decir, con una maduración necesaria, como de un ambiente facilitador que les permita evolucionar. Algunos de estos procesos tendrán un desarrollo más temprano y otros más tardío, y algunos necesitarán asentarse sobre la base de los ya formados previamente.

Las edades que aparecerán nos servirán de orientación para tener unas expectativas ajustadas, pero lo importante es atender a la evolución ya que hay niños cuyo desarrollo será más rápido y en otros más lento.

7

Regulación de estímulos

aumenta
intensidad
respuestas
aumenta interés, alegría, alerta ...

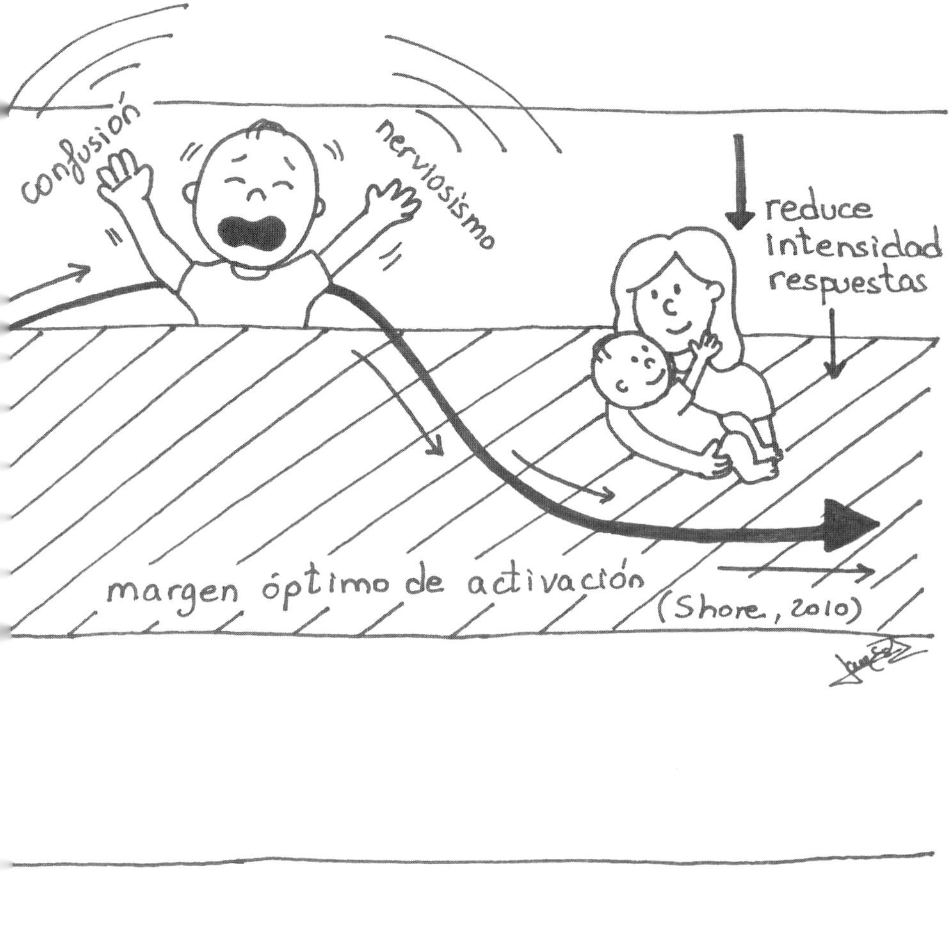
confusión
nerviosismo
reduce
intensidad
respuestas
margen óptimo de activación
(Shore, 2010)

Nuestro mundo está repleto de estímulos que percibimos a través de los sentidos: sonidos, olores, sabores, luces, temperaturas, contactos... Estímulos que se unen a aquellos que provienen del interior de nuestro cuerpo.

Cuando un bebé está en el útero, percibe algunos de estos estímulos filtrados por el cuerpo de su madre. Sin embargo, al nacer, es introducido en nuestro mundo por completo, un mundo que todavía no entiende pero que percibe con la misma intensidad que nosotros, aunque sin la capacidad para amortiguarlo o gestionarlo.[1]

Cuando nosotros sentimos frío, podemos abrigarnos; si un sonido nos resulta muy fuerte, alejarnos de él, bajar el volumen o taparnos los oídos; si sentimos hambre buscamos algo para comer, y si nos sentimos incómodos en una postura, nos movemos.[2] Sin embargo, un niño recién nacido es incapaz de hacer todo eso y necesitará meses para poder empezar a suplir estas necesidades. ¿Con qué cuentan mientras tanto? La respuesta es sencilla y quizá ya la hayas deducido: con los adultos que les cuidan. Nosotros somos el filtro que atenúa esos estímulos, que los ayudamos a introducirse en el mundo a un ritmo tolerable, que hacemos que todos esos estímulos lleguen a ellos, poquito a poco, para que no se vean saturados por su intensidad.[3]

Mantener un margen óptimo

Necesitamos ofrecerles experiencias a los niños, porque son lo que favorece su desarrollo, pero, al mismo tiempo, es importante que la información que reciban no les resulte abrumadora. Es por ello por lo que tenemos que ser conscientes de qué les llega y cómo.

En primer lugar, debemos diferenciar entre estimulación y sobreestimulación, cuando hablamos de estimular hacemos referencia a todas esas experiencias necesarias para el desarrollo del niño, mientras que la sobreestimulación excede sus capacidades o no es la adecuada para su evolución en ese momento vital. Por lo tanto, si la información que reciben, esa estimulación, es adecuada y, además, el niño cuenta con el apoyo de adultos que le ayuden a regularla, el desarrollo del niño será integrado y armónico.[4]

Pero si nos pasamos o no llegamos, es decir, si las experiencias que les llegan son insuficientes, excesivas o inadecuadas o no hay una correcta modulación por nuestra parte, el neurodesarrollo se verá desintegrado.[5]

No necesitan ni mucho, ni poco, sino en su justa medida. Existe una ley psicológica, la ley Yerkes Dodson, enunciada por los psicólogos Robert M. Yerkes y John Dillingham Dodson en 1908,[6] que plantea la relación entre el nivel de alerta (de estrés) y el rendimiento. Esta ley que podemos aplicarnos a nosotros, los adultos, también nos sirve para entender por qué los niños necesitan que las experiencias les lleguen en su justa medida.

Cuando los niveles de estrés o de alerta son muy bajos o demasiado altos, el rendimiento se ve perjudicado. Esto es así porque, cuando son muy bajos, nos aburrimos y entramos en estado de pasividad y letargo, mientras que, cuando nuestro nivel de estrés es excesivo, la excitación interna es abrumadora y no damos «pie con bola». Por eso, para que el rendimiento sea óptimo o, en este caso, para que el desarrollo sea óptimo, el nivel de activación del niño deberá de ser el necesario.

En definitiva, los niños necesitan que el mundo les llegue en un nivel adecuado (cantidad) y tolerable (regulado); siendo nosotros los que actuaremos como reguladores,[7] ayudando a mantener al niño pequeño en un «margen óptimo de activación» para que puedan mantener un equilibrio interno que ellos todavía no pueden regular por sí mismos.[8]

Amplificando

En nuestra función de reguladores, deberemos amplificar los estímulos emocionales agradables. ¿Cómo? Activando, es decir, interactuando con él, u ofreciendo un espacio adecuado y unos materiales acordes cuando percibamos que está predispuesto para el juego, el disfrute o el placer. También ayudándole a mantener su estado de alerta por periodos cada vez más prolongados, lo que favorecerá la exploración, la curiosidad, el entusiasmo...

Rebajando

Por otro lado, nuestra segunda función será la de rebajar los estímulos emocionales desagradables, como la confusión, el dolor, el miedo, la rabia, la incomodidad, el nerviosismo o la frustración. Para ello, no solo trataremos de amortiguar estos estímulos, sino que además les ofreceremos nuestra calma para ayudarles a tranquilizarse; poniendo la atención en la cantidad de estímulos que les llegan que ya hemos visto que no pueden filtrar por sí mismos, evitando el exceso de estimulación.

Es importante ser conscientes de que esta sobreestimulación no siempre se muestra a través del llanto o la agitación; en ocasiones, cuando se sienten abrumados, lo que observamos es que se desconectan en exceso, signo de que se han sobrepasado los límites. ¿Habéis escuchado alguna vez a unos padres relatando con sorpresa cómo su bebé se pasó todo el tiempo en el centro comercial dormido?, ¿o ese bebé recién nacido que en las fiestas del pueblo pasea en el carro dormido mientras la charanga toca al lado? No, no es que no se entere, es que son tantos los estímulos que se ha sentido tan abrumado que se ha desconectado.

¿Y cómo los mantendremos en el margen? Pues principalmente a través de los cuidados y de todo lo que les transmitimos a través de nuestro lenguaje no verbal con nuestra presencia, contacto y conexión.

Lo tolerable depende de cada niño

Según el momento evolutivo en el que se encuentre cada niño, tendrá unas necesidades y unas capacidades ya desarrolladas, y conocerlas nos permite tener unas expectativas ajustadas. Por ejemplo, un bebé no se puede regular por sí mismo los estímulos que le llegan, por lo que no será lo mismo la experiencia de la charanga para el bebé recién nacido que para el niño de cuatro años.

Además, dentro de una misma etapa también encontramos diferencias entre unos niños y otros, mientras que unos se encuentran más relajados en ambientes más calmados, otros se sienten más atraídos por las situaciones nuevas Esto se debe a que cada niño es un ser único y, por lo tanto, tiene una manera de responder y unas necesidades particulares. Estas diferencias individuales son fruto tanto de su temperamento como de lo que recibe a través de la experiencia. A continuación, vamos a analizar estos factores más detalladamente.

Unas características innatas: su temperamento

Se ha mencionado la importancia del temperamento en diversas ocasiones. Este es el resultado de factores tanto genéticos como intrauterinos, los cuales nos pueden influir durante toda la vida, encontrando diferencias entre una persona y otra en cuanto a:[9]

- La sensibilidad que muestran al ambiente, a la información que les llega, a los estímulos.
- La intensidad con la que responden emocionalmente.
- La línea base del estado de ánimo global.

- Lo regulares que son en sus ciclos biológicos.
- La atracción o el rechazo que les producen las situaciones novedosas.
- El ritmo madurativo de cada uno.
- Los tiempos que necesita cada uno.

Nuestro bebé tendrá un temperamento propio que determinará en parte su capacidad de disfrutar o verse saturado por los estímulos que se le presenten, así como influirá en el nivel o el tipo de filtro que necesitará que seamos para él respecto a esos estímulos. Pero esto no es lo único que influye, sus vivencias también determinarán sus capacidades.

Más lo que recibe por parte del ambiente

Sus vivencias, aquello que recibe por parte del ambiente que le rodea durante sus primeros años de vida, también puede facilitar u obstaculizar su desarrollo y dependen principalmente de las relaciones interpersonales que, como ya conocimos, moldean su cerebro.

Algunas situaciones que pueden obstaculizar su desarrollo porque el adulto no le ayuda a mantenerlo en ese «margen óptimo de activación», ya sea por exceso o por defecto, podrían ser:

- Cuando el niño está expuesto a un exceso de estímulos de los que no puede protegerse por sí mismo porque todavía no cuenta con la manera de hacerlo y, además, no le ayudamos a regularlos. Como hemos visto, algunas experiencias pueden ser tan abrumadoras que los bloqueen; es entonces cuando observamos pasividad, que no debemos confundir con tranquilidad.
- Otro ejemplo es cuando no sabemos regular emocionalmente al niño y lo dejamos solo en su cuna «hasta que se le pase», y, al final, deja de llorar.

- Cuando un bebé pasa tiempo y tiempo en su cuna o en el carro, apenas demanda al adulto, no pide, se muestra muy desconectado, pero el adulto lo deja ahí pensando que está bien porque no llora ni se queja, creyendo que es un bebé «muy bueno», tanto «que no te enteras de que hay niño».
- Aquel niño más inhibido, más tímido, al que le asustan las situaciones nuevas, pero el adulto «lo empuja» en exceso fuera de su ventana de tolerancia a permanecer en entornos nuevos, desconocidos, «para que se acostumbre».
- O, por el contrario, cuando el niño más curioso, al que le gusta explorar y le atraen las cosas nuevas, es cuidado por un adulto que vive esas situaciones entre el miedo por que le pase algo y la tristeza porque se aleja, por la soledad que siente y por no ser tan necesario como lo era antes. En consecuencia, mantiene al niño cerca sin dejarle explorar y le envía mensajes que no dejan de señalar todos los peligros que acechan ahí afuera.

Ambos aspectos, el temperamento y las experiencias facilitadoras o inhibidoras por parte del ambiente, ayudan a formar la personalidad de cada uno de nosotros, que se construye en interacción. Por eso es necesario realizar un esfuerzo por conocer a cada niño y sus necesidades, que van a ser distintas en cada caso, para que, así, podamos facilitar su desarrollo.

Porque, como dice la psicoanalista Mariela Michelena, si como adultos somos iguales con todos los niños, es evidente que nos equivocamos con alguno.[10]

Si buscamos favorecer el mejor desarrollo posible, debemos ser cautelosos en cómo les ofrecemos el mundo y respetar el ritmo que para ellos sea tolerable porque ofrecer más u ofrecerlo antes de que puedan tolerarlo, lejos de ayudar puede entorpecer.

Conforme va creciendo, el niño adquiere cada vez más madurez y, por lo tanto, más capacidad de procesar nuevos y mayores estímulos.[11] Al inicio, somos los adultos los que les ayudamos a mantenerse dentro del margen óptimo que para cada uno es tolerable para que así aparezca la seguridad emocional.[12]

Al madurar, nuestro rol para filtrar las situaciones también cambia, pasando de la cercanía física y la necesidad del contacto para regularles y calmarles a una disponibilidad afectiva, pudiéndolos regular con palabras, con la mirada a distancia; hasta que, finalmente, nos interiorizan y pueden regularse por sí mismos.

Además, conforme crecen también cuentan con más recursos para ir autorregulándose ellos mismos como puede ser alejarse, evitar la situación o buscar a la figura de referencia. Y, poco a poco, harán suyas todas esas herramientas que les ofrecemos para calmarlos y mantenerse activados, lo que les permitirá autorregularse.

El niño crece y madura, y conforme lo hace cambia, tanto él mismo como sus necesidades, por lo que nuestro rol también se transforma con él.

«Necesitamos ofrecerles experiencias a los niños, porque son lo que favorece su desarrollo, pero, al mismo tiempo, es importante que la información que reciban no les resulte abrumadora. Es por ello por lo que tenemos que ser conscientes de qué les llega y cómo.»

Las interacciones permiten
el paso
del caos
sensaciones
corporales
exceso
de
estímulos
cansancio
desbor
emocional
incomodidad
malestar
agitación
erta
bienestar
desorganiza
displac
tono
corpor
vigilancia
placer

al orden

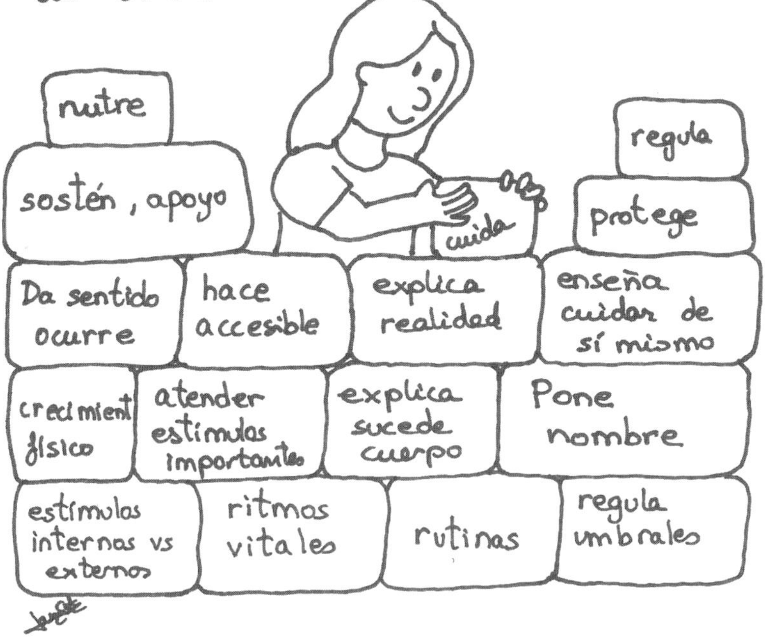

y desde ahí poder desarrollarse

En el siglo xvii, el filósofo y matemático René Descartes planteó la distinción entre mente y cuerpo como algo separado, diferenciando la mente como algo superior y el cuerpo como algo a controlar.

Hoy, cuatro siglos más tarde, sabemos que no es así, que somos una unidad y que las emociones las notamos en el cuerpo, por eso sentimos ese nudo en la garganta, que el pecho se nos va a salir por la boca o no podemos pensar con claridad cuando nos duele algo. Si esto es así durante toda nuestra vida, en los primeros años, el cuerpo, ese gran olvidado, tiene un peso especial.

El cuerpo como origen

A través del cuerpo, los niños pequeños:

- Se comunican, se expresan y también se relacionan.
- Reciben información y aprenden del mundo, porque lo hacen tocando, explorando y moviéndose.
- Se conocen a sí mismos.

Desde el cuerpo, los niños desarrollan su psiquismo, su mente, por eso necesitan hacer, moverse, tocar, explorar... Porque es así como conocen el mundo que les rodea y su cerebro se desarrolla.

Durante los primeros años, los niños no diferencian entre lo corporal y sus pensamientos, su forma de pensar antes de tener palabras para ello es a través de sus acciones, de sus experiencias. Tienen un cuerpo que recibe información, tanto interna como externa, pero que, por un tiempo más o menos largo, no pueden regular solos, por eso necesitan adultos que los cuidemos, y con lo que les aportemos o dejemos de aportar, influiremos en la forma en la que aprenderán a regularse, a relacionarse con su cuerpo y en muchos otros aspectos que vamos a conocer en este apartado con detalle.

El funcionamiento corporal y su salud física

Cada niño tiene un temperamento propio con sus ritmos y sus ciclos, pero que, ya desde el periodo intrauterino, se ve influido por lo que le aporta el entorno, los nutrientes que recibe, el nivel de estrés, la exposición a sustancias nocivas... Miles de factores a tener en cuenta que pueden afectarle antes de nacer. Y una vez llegan al mundo, les seguimos influyendo:

- Con el alimento que les aportamos y que nutre su organismo.
- Con cómo les ayudamos a instalar ciclos y ritmos vitales con relación a la nutrición, el sueño, la vigilia, la organización de su cuerpo a través de los cuidados, la higiene, incluso en el control de esfínteres, si es un proceso que se respeta o que se intenta forzar.

Todas estas situaciones despertarán sensaciones y emociones, que influirán en su nivel de estrés o calma, en su frecuencia cardiaca, en su tono corporal, en su respiración más o menos acelerada y un muy largo etcétera. Esto es así porque los niños pequeños no diferencian lo físico de lo psíquico y lo que ocurre en su cuerpo, esas experiencias físicas, las viven de una manera global.[13] Tampoco cuentan todavía con un lenguaje verbal que les permita entenderlas, asimilarlas e integrarlas de otro modo.

Si sienten un malestar físico en su cuerpo, por el motivo que sea —porque está irritada la zona del pañal, porque le pica o le aprieta la ropa que le hemos puesto, porque tiene frío o calor, porque siente hambre o porque la estimulación del entorno es excesiva—, aparecerán emociones desagradables, se sentirá amenazado, en peligro, inseguro y sentirá malestar, angustia, frustración y miedo.

Sus músculos internos se tensarán y nos informará de ello elevando el tono muscular externo, observaremos que su cuerpo se tensa y aparecerá la agitación, la molestia, cambios en su postura o el llanto.[14]

Cuando el malestar físico se resuelve, es decir, cuando hemos captado su necesidad y hemos respondido a ella, su tono muscular interno se relajará y, en consecuencia, también se relajará su musculatura externa y observaremos un estado de calma, de plenitud, que le permitirá descansar, explorar, jugar, dormir... En ese momento, se sentirá cómodo, sentirá bienestar, placer, alegría y se sentirá seguro.

Percibirá, además, que le quieren, porque en estas primeras etapas las sensaciones corporales y afectivas están unidas y quedan grabadas en su memoria corporal, en la memoria implícita.[15]

De esta manera, los ciclos y ritmos biológicos —la alimentación, la digestión, el sueño— de los niños pequeños no son algo solo fisiológico y asistencial, sino que se relacionará con:

- Lo emocional, la sensación de placer o displacer.
- Cómo siente su cuerpo, la tensión o la relajación.
- Cómo percibe al adulto, que, según su atención, sentirá que le ayuda, le calma, que puede confiar en él y que le aporta seguridad, o todo lo contrario.

Y somos nosotros, a través de las interacciones y cuidados los que les ayudamos a ir organizando todo eso que sienten y perciben, a pasar del caos al orden en un cuerpo que no puede hacerlo por sí mismo.

Por tanto, a los niños pequeños les llegan muchos estímulos de los que no pueden protegerse y somos nosotros, los adultos a su cargo, los que filtramos su mundo, los que les protegemos de los agresores del ambiente que podrían perjudicar su desarrollo, interrumpir sus ritmos, generar angustia y crispación.[16]

Si todo va bien, les ayudamos a mantenerse en un «margen óptimo de activación», por lo que es en relación como el niño aprenderá progresivamente a:

- Regular su nivel de excitación. Gracias a que le ofrecemos calma y contención, el niño poco a poco hará suyas esas herramientas que le aportamos y aprenderá a regularse cuando se sienta excitado.
- Regular su atención. Construyendo un sistema sensorial coherente que le permita seleccionar la información, suprimiendo aquellos estímulos irrelevantes y teniendo en cuenta los que le son útiles le ayudaremos a regular su atención. Esta capacidad se adquiere desde nuestras interacciones cuando actuamos de forma predecible y estable.
- Diferenciar estímulos. Diferenciar los internos y los externos, los que provienen de fuera y los que se generan en su propio cuerpo. Esta facultad está relacionada con sus límites corporales porque según cómo el bebé sea tocado se creará un registro sensorial de su cuerpo, dónde empieza y dónde acaba. Según las oportunidades que le ofrezcamos para hacer las cosas por sí mismo, principalmente a través del movimiento y del juego, podrán comprender qué cosas hacen ellos y cuáles son las que provienen de la acción de la otra persona.

Estas capacidades son imprescindibles para poder aprender y recordar cualquier cosa. Sobre todo para ganar aptitudes como:[17]

- Ser capaz de concentrase en los estímulos importantes, porque para ello es necesaria la atención.
- Ser capaz de clasificar los estímulos, de diferenciarlos.
- Ser capaz de experimentar una reacción emocional interna hacia las sensaciones, diferenciar si es algo a lo que aproximarse o de lo que hay que alejarse.
- Ser capaz de responder, para lo que es necesario el movimiento.

Una vez más, nos damos cuenta de que las bases del aprendizaje se construyen mientras son bebés gracias a las relaciones que establecen con cuidadores sensibles durante las situaciones cotidianas.

La conciencia corporal

La conciencia corporal es otro aspecto muy importante en el que influimos a través de nuestras interacciones y de las oportunidades que les ofrecemos para desarrollarse.

La organización del cuerpo

Uno de los aspectos que influyen en la conciencia de que tienen un cuerpo es lo que reciben a través de nuestros cuidados.

La forma en la que les tocamos
Al tocarlos existen unas zonas corporales que habitualmente reciben más contacto, más caricias, y otras zonas que son evitadas y menos acariciadas. Las zonas más privilegiadas tendrán un registro mayor en su corteza somatosensorial.

La forma en la que lo hagamos también dejará una huella que registrará sensorialmente, no es lo mismo percibir una mano firme y cariñosa, que una temerosa o con rabia.

Cómo es sostenido

La mayoría de las interacciones con un bebé ocurren por delante, por su parte anterior, cara a cara los miramos, sonreímos, damos de comer... Esta «zona anterior» deberá nutrirse en los primeros tiempos, es decir, llenarse de afecto y experiencias positivas para que, más tarde, puedan ir hacia el mundo.[18]

Pero para poder nutrir emocionalmente hablando esta parte anterior, es necesario contar con un buen «sostén posterior» porque las sensaciones de ser llevado en brazos, sujetados, movidos o depositados, se inscriben en el plano corporal del bebé, en el de las experiencias y vivencias antes que en su psiquismo.[19] Estas experiencias se transforman en una sensación interna de seguridad, confianza y unificación corporal desde antes de caminar; una cuestión que, más tarde, facilitará el movimiento.[20]

Porque no es lo mismo levantar al niño sosteniéndolo por sus axilas, con sus hombros pegados a las orejas y con el resto de su cuerpo colgando; o que cuando está tumbado lo levantemos estirando de sus manos hasta que queda sentado, pero con su cabeza colgado hacia atrás; que hacerlo con un buen sostén en toda su espalda, con su cabeza y columna formando una unidad.

Como tampoco es lo mismo que un niño descubra cómo ponerse de pie por sí mismo a que lo coloquemos nosotros, le sostengamos de sus manos mientras oscila luchando contra la fuerza de la gravedad, apoyado sobre unas piernas que apenas le sostienen, unos pies colocados de cualquier manera, un equilibrio que todavía no domina y con la sensación de miedo a caer.

No es lo mismo contar con un buen sostén y ser colocado en posturas acordes al momento evolutivo en el que el niño está, que ya domina, y anticiparle lo que va a ocurrir, dándole tiempo, que hacer que los cambios de posición sean bruscos, rápidos y les pillen por sorpresa, porque lo físico y lo psíquico al inicio no está diferenciado.

Lo que les contamos: una narrativa

¿Qué nombres les damos a las diferentes partes de su cuerpo? ¿Cuáles se nombran y cuáles no? ¿Qué juegos o canciones incluyen esas partes? ¿Qué explicación le ofrecemos a esas cosas que ocurren con relación a su cuerpo?

Los adultos somos los encargados de ir traduciendo su realidad interna, porque, aunque una parte importante de lo que sucede ocurre a nivel no verbal, las palabras ayudan a entender.[21] Por eso, vamos nombrando y etiquetando con palabras lo que les sucede en su mundo interno. De esta manera, damos sentido a las cosas que les ocurren, les ayudamos a pasar del caos de las sensaciones y emociones mezcladas e indescriptibles, al orden y a la integración.

Al hacerlo, generamos una sensación de control en el interior del niño, en parte porque lo que no se pone en palabras solo puede almacenarse en la memoria implícita y no puede hablarse de ello ni identificarse y transmitirse con facilidad.

Por todo esto, utilizar narrativas y contarles las cosas que les van ocurriendo y que van sintiendo, les permite organizar su mundo interno y dar sentido a lo que les pasa, a su vida, a su identidad.[22] Sin embargo, para que ellos puedan lograr hacer esto por sí mismos, primero es necesario haber sido acompañados por un adulto en este proceso.

Y no solo son importantes las palabras que usamos y lo que nombramos, también nuestras reacciones van a dejar una huella con relación a su conciencia corporal. Pues según como sean mandaremos un mensaje u otro a su cuerpo. Por ejemplo, en función de si mostramos desagrado o no cuando estamos cambiando su pañal recibirán una percepción u otra. O según si nombramos o no sus genitales como el resto de las partes del cuerpo que tienen un nombre, o si utilizamos palabras como «eso» o «ahí», evitando nombrarlos. O cuando en el cambiador se tocan los genitales y nuestra reacción es de desagrado, totalmente diferente a cuando se tocan cualquier otra parte del cuerpo.

Todas estas cuestiones envían un mensaje que el bebé percibe a través de su cuerpo y que dejan una impresión en él, incluso aunque en muchos casos no sea consciente o no la comprenda. Puede que interiorice que hablar de los genitales es tabú, o que es una zona desagradable, quizá que él mismo es desagradable por cómo lo tratamos.

Otra cuestión que influye en su percepción del cuerpo es cuando les forzamos a adelantar algo para lo que aún no están preparados, como cuando les «quitamos el pañal» antes de que puedan controlar sus esfínteres —y utilizo las comillas porque el pañal no se quita, se deja—* y se sienten incompetentes porque todavía no existe ese control sobre su cuerpo. El pis y la caca se les va escapando, sienten que se les sale «algo» pero no entienden lo que ocurre, incluso hay niños que viven con miedo cuando ven que algo se les escapa y no se quieren desprender de ello porque sienten que «algo se está rompiendo» ya que todavía están formando una idea de cómo es su cuerpo.

La oportunidad de movimiento

Al inicio, en el bebé predomina la motilidad, es decir, sus movimientos son involuntarios, inconscientes y muchos de ellos son reflejos. Pero, poco a poco, debido a su maduración, va apareciendo el movimiento voluntario, el que dirige el propio bebé.

Hasta este momento hemos dado mucha importancia a los momentos compartidos en relación, pero para un desarrollo adecuado también es necesario que permitamos tiempos y espacios propios, para que los niños puedan conocerse y puedan explorar. Sin embargo, solo podrán disfrutar estos tiempos propios si se sienten «llenos» de los compartidos, porque es a través de estos últimos que se sienten cuida-

* Este tema lo desarrollé en mi libro *Déjalos ser niños* (2022).

dos, satisfechos y por los que sus necesidades están cubiertas. Así, solo una vez están satisfechas estas necesidades, podrán interesarse por explorar: primero a sí mismos —su cuerpo, sus apoyos, el equilibrio, las posturas—, y, más adelante, los objetos y el entorno que les rodea.

De esta manera, el bebé irá conociendo las posibilidades que le ofrece su cuerpo, los diferentes movimientos que puede realizar y descubrirá cómo manejar el equilibrio o la fuerza de la gravedad. Se sentirá dueño de su cuerpo, lo que le proporcionará una sensación de control, pues conocerlo le ayudará a diferenciar lo interno de lo externo. Saber manejar su cuerpo le permitirá conocer el entorno, algo que hará a su propio ritmo, sintiéndose seguro y no desde situaciones para las que no está preparado.

Además, desarrollará la propiocepción, que le permitirá sentir su cuerpo como algo propio que puede regular, controlar y ajustar a las diferentes acciones o situaciones mediante su postura, su tono corporal o su movimiento.[23] Esta aptitud será importante, junto a otros aspectos que conoceremos más adelante, para desarrollar la conciencia de uno mismo.

El *feedback* corporal[24]

La información que recibimos del ambiente es percibida por nuestro cerebro y genera una reacción en el cuerpo; quizá se tense o sintamos un nudo en el estómago, puede que se acelere nuestro corazón o que nos relajemos de repente... Todo esto que nos ocurre puede que no lo registremos de una forma consciente, pero genera una información muy valiosa porque nos informa sobre qué sentido tiene esa situación para nosotros.

El cuerpo nos envía señales constantemente sobre lo que nos puede ayudar, lo que puede ser placentero, o lo que puede ser peligroso y de lo que tenemos que protegernos; por eso, a medida que tenemos más conciencia corporal, tenemos una mayor percepción de nuestras emociones y los mensajes que estas nos envían.

Según el médico y psicoterapeuta estadounidense Lowen (2000), el bebé tiene mucha motilidad —entendida aquí como esos movimientos que se generan de manera involuntaria, inconsciente o espontánea—, pero es relativamente inmóvil, mientras que los adultos podemos ser móviles pero deficientes en motilidad si hemos bloqueado esta expresión espontánea de las emociones.[25] Este bloqueo de la motilidad adulta puede deberse a una forma inconsciente de adaptarnos al ambiente en el que crecimos, bien porque las emociones nos abrumaban y nadie las calmaba, bien porque se ignoraban o bien porque conllevaban una mayor angustia.

La confianza en su cuerpo y en los instintos

Cuando se favorece la libertad de movimiento del niño, y se reafirma su cuerpo mediante el contacto y el lenguaje, el niño adquiere una mayor conciencia corporal y una mejor percepción de los mensajes que su cuerpo le envía. Aprende a escucharlos y a responder en consecuencia.

Sin embargo, los adultos también podemos interferir en esta conciencia de sus necesidades cuando no damos validez a lo que su cuerpo expresa, porque al inicio lo harán a través del llanto, la agitación o el movimiento, porque son niños y es su forma de expresarlo. Esto es lo que sucede cuando, ante estas reacciones que ya nos cuentan cosas que les ocurren, reaccionamos de manera invalidatoria: «Tú no estás cansado», «Qué vas a tener hambre, si has comido hace nada», «No te puedes enfadar por eso», «Sí que sois amigas, id a jugar juntas».

Cuando los niños son pequeños están muy conectados a las sensaciones de su cuerpo, pero si conforme crecen el entorno no tiene en cuenta lo que el cuerpo expresa, esa conexión con el cuerpo y las señales que envía se pierde.

Además, esto también puede generar que, más adelante, estos niños le den más peso a lo que dicen los demás que a lo que les dice el cuerpo, lo que puede desembocar en relaciones no deseadas o que se realicen acciones con las que realmente no se sienten cómodos, pues usarán como guía lo externo en lugar de lo que expresa su cuerpo ante las diferentes situaciones, prestando más atención a lo racional que a lo corporal.

Aprendes a cuidar de ti mismo

Adquirir una buena conciencia corporal y confianza en los mensajes que nos envía nuestro cuerpo es un factor esencial de nuestro desarrollo, y esto se adquiere mediante los cuidados, pues según cómo nos cuidan aprendemos a cuidarnos, a escucharnos y a respetarnos.

Además, aprendemos a poner límites que también parten de lo físico. Si tenemos una conciencia clara sobre nuestro cuerpo, sabremos dónde empieza y acaba nuestro yo, y dónde empieza el otro; si tenemos claros los mensajes que nos envía nuestro cuerpo porque alguien nos ayudó a descifrarlos y a darles sentido podremos expresar límites que nos protejan y nos cuiden. De esta manera, no dejaremos que otros hagan con nosotros lo que no queremos.

Sin embargo, para llegar a este punto, primero tenemos que conocer nuestros límites, saber qué es lo que no queremos y lo que sí, para después comunicarlos, respetarlos y hacerlos respetar. En los niños, esto empieza en los momentos de cuidados, por la forma en la que tratamos su cuerpo y le hablamos de él, incluso por la manera en la que validamos o no sus sensaciones y emociones.

Vemos así cómo, desde el cuerpo, se va organizando el psiquismo, a través de los cuidados que les ofrecemos y las acciones reguladoras con las que les apoyamos. Todo esto, unido poco a poco a su maduración, permitirá que internalice su propia percepción y sus emociones, así como estas mismas herramientas que nosotros usamos para ayudarlos, que hará suyas también y pasarán a formar parte de su repertorio.

La idea de nuestro cuerpo, que es fundamental para construir la concepción que tenemos de nosotros mismos, es algo que se desarrolla principalmente hasta los seis años y se hace a través de las interacciones con otras personas, junto a las posibilidades de movimiento libre, espontáneo, el juego, la experimentación de un cuerpo que permite conocerse, conocer, aprender, integrar, entender, relacionarse y mucho más.[26]

«Durante los primeros años, los niños
no diferencian entre lo corporal y sus pensamientos,
su forma de pensar antes de tener palabras para ello
es a través de sus acciones, de sus experiencias.»

8

Descubriendo emociones

Basado en Benito (2024).

Durante el primer año, no interviene
el hipocampo
SNS
es la presencia del adulto la que reduce
la activación de la amígdala (vía vagal ventral)
y regula con qué intensidad y frecuencia
es necesario activarse
si NO le calman
si le calman
con el desarrollo
del hipocampo:
datos del pasado
G
SNP
puede
activar
regula a
la amígdala
pero si no interviene
tendrá que hacerse
fuerte para estar
preparada y sobrevivir
¡se viene arriba!
SNS

Durante los primeros años, los niños no solo adquieren consciencia poco a poco de su cuerpo y el mundo que les rodea, también descubren el mundo que vive dentro de ellos y las emociones que les conforman. Para ello, una vez más, nuestro rol resulta esencial en su desarrollo.

En este capítulo, conoceremos todo este mundo emocional que se descubre en la infancia; para ello, vamos a repasar algunas ideas básicas sobre las emociones y su procesamiento, y conoceremos brevemente la teoría que da nombre a este apartado, un conocimiento que no solo nos va a servir para acompañar a los niños en su desarrollo, sino también para entendernos un poco mejor a nosotros mismos, algo que, como ya hemos visto en diversas ocasiones, siempre ayuda en la crianza.

Ideas básicas

Simplificando un cerebro que es complejo

Al inicio de estas páginas ya vimos que el cerebro tiene un papel fundamental en nuestro funcionamiento y que, conocerlo, nos ayuda a comprender mejor las cosas que nos suceden y por qué los niños actúan como lo hacen.

Sin embargo, se trata de un tema muy complejo y es normal que muchos de nosotros no estemos especializados en ello. Por eso, una vez más, quiero avisarte de que lo que vas a encontrar aquí, a través de mis explicaciones y de las ilustraciones que las acompañan —un medio simbólico que nos permite comprender y visualizar las cosas que suceden de forma interna—, son simplificaciones de muchos de sus procesos. Porque quiero que cualquier persona, tenga o no conocimientos previos sobre el tema, pueda comprender de forma fácil y amena todo lo que se explica aquí.

Esto es importante señalarlo porque el cerebro trabaja como una red, y aunque para algunas funciones haya áreas más importante que otras y aquí solo se mencionen las más destacadas, debemos ser conscientes de que estas no serán las únicas implicadas.[1] Si además hablamos de emociones, estas no se manifiestan solo en una zona, sino en todo el cerebro e incluso en el cuerpo.[2] Así, si bien yo solo indicaré aquello que tenga un papel más relevante, quiero que tomes consciencia de que puede haber más factores y partes implicadas.

Cerebro superior e inferior[3]

Para entender el desarrollo del cerebro y cómo los niños van adquiriendo las diferentes capacidades, vamos a visualizarlo como si hiciéramos un corte sagital, es decir, trazamos una línea por nuestra frente, atravesando nuestro entrecejo, la nariz y los labios por la mitad, y abrimos nuestra cabeza en dos mitades.

Ese cerebro que visualizamos cortado por la mitad podemos a su vez dividirlo en dos, una zona más abajo e interna, que sería el cerebro inferior y otra parte situada por encima y que lo recubre, que sería el cerebro superior.

El cerebro sigue un orden al desarrollarse, haciéndolo de abajo hacia arriba, es decir, del cerebro inferior hacia el superior y de atrás hacia adelante, de la nuca hacia la frente. Para poder comprender mejor la infancia, vamos a conocer algunas funciones, áreas y características del desarrollo de cada una de estas partes.

El cerebro inferior

El cerebro inferior engloba, entre otras estructuras, al sistema límbico, que es una de las estructuras cerebrales más primitivas, presente ya al nacer y que se desarrolla durante los dos primeros años.[4]

Se encarga del procesamiento de las emociones siguiendo un recorrido. La información que procede del medio interno, es decir, de dentro de la persona, y la que procede del exterior llega hasta esta zona y se inicia el procesamiento emocional.[5] Ahí es donde se valoran inicialmente los estímulos antes de enviar la información hacia el cerebro superior.[6] Según los diferentes estados emocionales, se modifican las funciones corporales y se generan esas respuestas emocionales automáticas o reflejas que emitimos sin pensar.[7]

Esta zona también está relacionada con el vínculo, con los cuidados mutuos, con la necesidad de formar parte de un grupo y con la capacidad de los bebés de reconocer a su madre,[8] así como con la percepción de seguridad y amenaza, el impulso de autoprotección y la respuesta al estrés.[9]

Viendo de lo que se encarga este sistema y lo que hemos conocido en el libro hasta el momento, entendemos que es una parte del cerebro en uso desde el nacimiento, pero que tiene que terminar de desarrollarse durante los dos primeros años. Para ello, será clave lo que reciban del entorno y si queremos que sea adecuado será necesario que los niños pequeños cuenten con experiencias de seguridad en sus relaciones, porque es en esta etapa cuando se está «programando» el aprendizaje social básico y la sensación interna de seguridad.[10] Si en estos primeros momentos aparecen carencias o una separación prolongada de la figura de referencia, esta zona puede quedar subdesarrollada o subprogramada,[11] pues se trata de un periodo crítico para la creación de los vínculos tempranos.

El cerebro inferior, y en concreto el sistema límbico, contiene algunas de las áreas que van a estar involucradas en gran medida en el procesamiento emocional. La principal de todas ellas es la amígdala, que también tendrá un papel muy relevante en la teoría polivagal que desarrollaremos más adelante.

Hasta ella llega la información tanto del exterior como de nuestro interior, directamente de nuestras vísceras.[12] Su función es hacer de «torre de control» del cerebro emocional,[13] de «alarma central» para detectar situaciones que puedan ser peligrosas y que pongan en riesgo nuestra supervivencia y así emitir una respuesta que nos ayude a sobrevivir.[14] Este procesamiento es automático e inconsciente para nosotros, es decir, tiene que ver con la memoria implícita.

Cuando la información llega hasta ella, puede, a su vez, informar al hipocampo, que es otra estructura del sistema límbico, que nos permite aprender y almacenar recuerdos, y que puede a su vez informar a otras estructuras para que se decida qué hacer de una forma más deliberada.[15]

Pero si la amígdala interpreta que la situación es grave y que estamos en riesgo, lo que hará será activar directamente el sistema nervioso simpático, que conoceremos en detalle más adelante, con el objetivo de sobrevivir. Cuando este sistema se activa, sin importar la edad, luchamos o huimos del peligro, sea real o imaginado, con el objetivo de salvarnos.

En ese momento, las emociones son tan intensas que nos desbordan, nos cuesta controlar nuestros impulsos, tomar decisiones, ser empáticos, razonar... Esta respuesta, de reacción fuerte, automática y fácil, que hace muchos años fue muy útil para escapar de depredadores y permitirnos sobrevivir, hoy, en nuestra sociedad, que no necesitamos escapar de ningún león y los problemas que podemos tener tienen que ver con interacciones sociales, nos lleva a reaccionar de forma desproporcionada, «perdiendo los papeles». Es por ello por lo que, cuando respondemos así, decimos que hemos tenido un «secuestro emocional».[16]

Durante la infancia es muy común responder así ante muchas situaciones que, como adulto, sabes que no son tan críticas, y esto es así porque las áreas del cerebro encargadas de responder de una forma más regulada están aún en formación. De hecho, desde el nacimiento, la amígdala ya asocia estímulos que le pueden causar daño o placer al bebé. Durante el primer año de vida, se desarrolla rápidamente a través de las relaciones interpersonales, que son las que contribuyen a establecer las bases de sus respuestas:[17] si el bebé se encuentra en presencia de su figura de referencia, se reduce su activación; si se encuentra lejos de esta, se activa más. Es decir, que en función de las experiencias de estrés o de seguridad que viva en este periodo, se establecerá la forma habitual de responder de la amígdala.

Además, cada vez que se activa la amígdala se reduce la ventana de tolerancia al estrés.[18] Esto es lo que se conoce como «*kindling*» o «irritabilidad límbica»,[19] es decir, cada vez se vuelve más sensible a más situaciones creando nuevas asociaciones de peligro con más personas o entornos, y activándose con más frecuencia, «perdiendo los papeles» ante más circunstancias que les recuerdan a otras. Viéndolo así, tiene poco sentido aquello de que «hay que ignorarlo durante la rabieta y dejarlo hasta que se le pase» y lo tiene mucho más ayudarle a recobrar la calma y se sienta seguro.

Además de la amígdala y el hipocampo, hay otras estructuras que forman parte del sistema límbico y que nos interesa conocer. Estas son:

- El accumbens, que está relacionado con el placer, la gratificación y la motivación, y es el encargado de anticipar el gusto por la cercanía de la figura de apego.[20]
- El tálamo, que es una vía para la información sensorial.[21]
- El hipotálamo, que dirige los procesos endocrinos e influye en las vías del sistema nervioso central y del sistema nervioso periférico.[22]

El cerebro superior

Cuando hablamos del cerebro superior, hacemos referencia a la corteza cerebral, la cual tiene diferentes zonas, pero para el tema que nos ocupa, voy a hablaros de la corteza prefrontal, que, como su nombre indica, estaría ubicada en la parte más externa y frontal de nuestro cerebro.

La corteza prefrontal sería el principal centro controlador de todo el funcionamiento cerebral y,[23] por lo tanto, de la conducta, de ajustar el comportamiento a la situación, de las funciones ejecutivas,[24] de regular las emociones, de poder ver la mente ajena, de la flexibilidad de respuesta según el contexto y de la conciencia de uno mismo a lo largo del tiempo.[25] Es decir, está muy relacionada, entre otras funciones, con pensar las cosas antes de hacerlas.

Durante la infancia, y en especial en los primeros años, estas funciones no están desarrolladas, y lo cierto es que habrá que esperar a la adultez para que maduren del todo. Siguiendo el orden que hemos comentado, la corteza prefrontal comenzará a desarrollarse después de hacerlo la zona límbica,[26] y, una vez más, para que pueda hacerlo de manera adecuada es necesario que se den relaciones de apego seguras.[27]

La comunicación cara a cara entre el adulto y bebé, el contacto ocular, el contacto físico frecuente o la sintonización harán que aumenten las áreas de la corteza prefrontal y que el individuo se relacione con mayor capacidad de reflexión y mentalización.[28, 29] Si no hay un desarrollo adecuado durante los primeros años, se puede debilitar la capacidad reguladora de la persona y conllevar dificultades en la concentración.[30]

A partir de los tres años y medio o cuatro, la mayoría de los niños comienzan a tener cierto control voluntario de algunas de estas habilidades, pero hablamos del inicio, porque como ya se ha comentado, se desarrollan hasta alcanzar la edad adulta.[31]

Sin embargo, incluso cuando ya tenemos esta zona superior desarrollada, estas habilidades pueden ser «secuestradas» por el cerebro inferior si este valora que existe una amenaza o un peligro grave, es decir, «perdemos los papeles».[32]

Dos hemisferios

Nuestro cerebro también se divide en dos hemisferios que, aunque ambos se ocupen de todas las funciones, presentan diferencias tanto anatómicas como funcionales porque cada uno de ellos se acerca a la realidad y la entiende de modo diferente.[33] Además, se desarrollan en momentos distintos durante los primeros años.

El hemisferio derecho

El hemisferio derecho es el primero en desarrollarse,[34] está más activo durante los tres primeros años y crece más rápidamente en esta etapa.[35]

Se encuentra más relacionado con los estados corporales y las situaciones ambientales, así como con los estados emocionales de los demás. Está muy relacionado con el ya mencionado lenguaje no verbal y necesita estimulación emocional por parte del contexto para desarrollarse.

El hemisferio izquierdo

El hemisferio izquierdo es el que da sentido a las vivencias y las interpreta, es simbólico y narrativo, pero estas capacidades se desarrollan más tarde porque es necesario estar expuesto al lenguaje oral para ello. Si durante los tres primeros años, el hemisferio derecho es el más activo, tras alcanzar esta edad —siempre aproximadamente—, es el izquierdo el que adopta una posición dominante tanto en actividad como en desarrollo.[36]

Así, finalmente, para que haya un desarrollo integrado se necesitará la cooperación de ambos hemisferios; por ejemplo, para poder verbalizar a través del lenguaje nuestro mundo interno necesitaremos que el derecho perciba este mundo y que el izquierdo lo interprete. Por ello, situándonos en el desarrollo de los primeros años, esto no comenzará a ser posible hasta, más o menos los cuatro años, debido a este desarrollo asíncrono de los hemisferios.

Cerebro y cuerpo

Habitualmente, cuando leemos o estudiamos sobre las emociones, tendemos a centrarnos únicamente en el cerebro; sin embargo, el cuerpo también interviene activamente en ellas.

Hemos conocido que, desde bien pequeños, la mente del bebé se va construyendo a través de las experiencias corporales, así que el cuerpo va a tener mucho que ver con nuestro desarrollo emocional, porque ambos forman una unidad.

Durante toda nuestra vida, el cuerpo y el cerebro trabajan juntos de manera bidireccional: los cambios en nuestro cuerpo afectan al funcionamiento de nuestra mente —porque cuando te duele algo no te concentras igual—, y los cambios en nuestro estado mental afectan a nuestro cuerpo —porque cuando estás preocupado o nervioso puede que te resulte más difícil dormir, no te entre la comida o que incluso vayas al baño más de lo habitual.

Por todo ello, es importante que entendamos que, si bien el cerebro tiene un papel esencial en nuestras emociones, su gestión y su desarrollo, este funciona en conjunto con el resto del cuerpo, que también interviene en todos estos procesos.

El procesamiento emocional

De repente, sentimos una emoción: estallamos, gritamos, a veces incluso nuestras reacciones nos pillan por sorpresa. En otras ocasiones, son los niños los que lloran, empujan y actúan de una forma que no comprendemos... En este apartado vamos a conocer qué ocurre y qué elementos están implicados en esta secuencia desde que nos llega la información hasta que emitimos una respuesta.[37] Conocer este proceso nos va a ayudar en un doble sentido, tanto para conocernos mejor nosotros y saber por qué actuamos como lo hacemos, como para poder acompañar mejor a los niños cuando sean ellos los que expresen esas emociones.

Llega la información

En primer lugar, recibimos información a través de nuestros siete sentidos.[38] Y sí, he dicho siete, algo que quizá os descuadre, pues siempre nos han hablado de cinco sentidos —olfato, vista, tacto, gusto y oído—, pero hablando de emociones vamos a conocer dos fuentes más de información que nos influyen.

Del medio exterior nos llega información a través de los cinco sentidos, los que estudiamos en el colegio, es lo que se conoce como exterocepción; en el cuerpo tenemos sensores que nos informan constantemente de cómo está el medio externo.[39] La mayor parte del tiempo no somos conscientes de que estos sensores están funcionando hasta que se produce un cambio en el medio externo, un sonido, un olor diferente, vemos algo que nos sorprende... Es entonces, con el cambio, que nos damos cuenta de que están ahí.

¿Y los dos sentidos que faltan? Son los que nos envían información constante de nuestro medio interno: la interocepción y la propiocepción.

La interocepción

En el cuerpo tenemos sensores que envían información constantemente al cerebro, tanto de forma consciente como inconsciente, sobre cómo está nuestro cuerpo, el estado físico y químico de nuestros órganos, tejidos, vísceras, el corazón, los pulmones, la vejiga, el estómago, el intestino... Todo lo que tiene que ver con nuestras necesidades fisiológicas y sensaciones emocionales.

Aquí se encuentra la «neurocepción», un término que

acuñó el psicólogo Stephen Porges en 2004.[*, 40] La neurocepción es una vigilancia inconsciente y continua de la información sensorial del entorno y de nuestro cuerpo para evaluar de forma constante si hay un peligro o, por el contrario, estamos seguros.

Toda esta información es enviada hasta el cerebro principalmente por el nervio vago y orienta nuestra percepción porque, como ya sabemos, la información se filtra tanto por nuestras experiencias previas, nuestras vivencias, como por nuestros estados neuroceptivos actuales.

Así, nuestro cerebro filtra la información del entorno y selecciona esa de la que somos más conscientes o a la que estamos más predispuestos, por eso a veces apreciamos a quien «nos mira mal» y somos incapaces de ver a todos aquellos que nos envían sonrisas.

La propiocepción

En el cuerpo también tenemos sensores que nos envían información tanto de las sensaciones corporales, incluido el tacto, como de la posición de nuestro cuerpo, dónde está cada una de las partes de este. En este momento, por ejemplo, eres consciente de si estás sentado, tienes o no la pierna cruzada, cómo sujetas este libro, si estás cómodo o si necesitas estirarte un poco o cambiar de postura.

La propiocepción hace que sintamos el cuerpo como algo propio,[41] pero también está relacionada con las emociones, tanto las propias como las ajenas. Cuando sentimos una emoción, lo que percibimos son sensaciones corporales; de hecho, unos segundos antes de ser conscientes de la emoción y de la expresión, ya hemos notado los cambios en el cuerpo.[42] La conciencia corporal es algo que no se cultiva en nuestra sociedad, en la que los pensamientos tienen más peso, pero fijaos que, si somos capaces de notar esos cam-

* La neurocepción es diferente a la percepción porque esta última la hace el cerebro superior.

bios, sabremos que algo nos ocurre y podremos regular las emociones con mayor facilidad y prontitud.

La propiocepción también está relacionada con entender las emociones de los demás porque, cuando observamos el cuerpo de la otra persona al estar sintiendo una emoción, nuestros músculos imitan de una forma imperceptible e involuntaria su gesto, su postura, es decir, necesitamos simularlas en nosotros mismos para entenderlas.[43]

La procesamos

Después, la información recogida a través de los siete sentidos llega al cerebro, al sistema nervioso central para ser exactos. Este sistema, en un primer momento, estima la situación y le da un valor: ¿esto es seguro o peligroso?, ¿me alejo o me aproximo?, ¿me perjudica o me beneficia? Y junto a la información que procede de diferentes fuentes, como los recuerdos, las ideas o las neuronas espejo, aparece una emoción, que cambia el estado del cuerpo para ayudarnos a responder de una forma adecuada a la situación.

Respondemos

La respuesta puede ser tanto voluntaria como involuntaria. Después de sentir la emoción se puede responder de una forma consciente, deliberada, haciendo o diciendo algo, puede que te muevas, te apartes, grites, empujes, te tumbes, salgas corriendo, te quedes quieta; o que digas algo, te expreses, contestes, te defiendas, pongas un límite, insultes...Pero las emociones también tienen una respuesta involuntaria que depende de diferentes sistemas:

- El sistema inmune, que responde para protegernos de amenazas invisibles.

- El sistema endocrino, que es el encargado de la respuesta hormonal al estrés. Y que, si bien no está listo por completo hasta los diez o doce años, establece su patrón de funcionamiento durante las relaciones interpersonales,[44] especialmente durante los primeros años, aunque sigue a lo largo de toda la vida, por lo que es interesante plantearnos a qué nivel de estrés o de calma está expuesto el niño en su día a día.
- El sistema nervioso autónomo (SNA), que tiene tres formas habituales de respuesta ante situaciones de peligro.

Vamos a profundizar un poco en este último sistema, el sistema nervioso autónomo. Como ya hemos visto, en la actualidad nuestro cuerpo no diferencia del todo entre una situación de estrés social y una de vida o muerte, como cuando antaño teníamos que protegernos de un gran depredador, por lo que actúa en ambos casos como si estuviera en juego nuestra supervivencia.

Para entender mejor las tres formas habituales de respuesta del sistema nervioso autónomo ante las situaciones de peligro, os voy a contar una experiencia. Cuando comencé a trabajar en la escuela infantil, se le daba poca importancia a cómo iniciaban los niños la escuela. El periodo de adaptación consistía generalmente en ir incrementando el tiempo que pasaban en el aula de manera progresiva. Ahora, ya sabemos que se encuentran en una etapa donde muestran una clara preferencia por permanecer junto a la figura de referencia y que los extraños les dan miedo, pero, en aquel momento, cuando simplemente se dejaba a los niños pequeños en un entorno desconocido y con personas desconocidas era habitual observar una secuencia muy particular.

En primer lugar, al verse solos, buscaban ayuda, reclamaban a su figura de referencia, gritaban: «¡Mamá!», incluso, en la despedida, anticipando lo que iba a volver a pasar, se aferraban a ella en un intento de ser ayudados en esa situación difícil para ellos, de ser comprendidos y que la situación no se produjera.

Cuando se daban cuenta de que su mamá ya no estaba, con mucha energía, se aproximaban a la puerta, lloraban detrás de esta, incluso intentaban llegar al picaporte en un intento de abrir la puerta para buscar a su madre. Cuando, con toda la buena intención, intentábamos aproximarnos, muchos se apartaban y no aceptaban nuestro consuelo.

Finalmente, al comprender que no podían hacer nada para cambiar la situación, dejaban de llorar, se quedaban quietos, parados, algunos incluso se quedaban dormidos.

Esta secuencia describe las tres vías de comportamiento que describe la teoría polivagal, cuando el cerebro y el cuerpo interpretan que existe un peligro y aparece el estrés.

Basado en Benito (2024).

La teoría polivagal

Esta teoría de Stephen Porges explica cómo el cuerpo y el cerebro trabajan juntos para reaccionar y que nos adaptemos ante las situaciones en las que percibimos un peligro, que puede ser real o imaginario.[45]

Como ya sabemos, la neurocepción se encarga de recoger información de forma constante y automática de los cambios de nuestro cuerpo y del entorno para detectar situaciones que pueden ser seguras o peligrosas. Cuando se interpreta que existe una amenaza vital, se activan tres respuestas de comportamiento de forma automática y secuencial, como ocurre en la escena que os acabo de relatar sobre el inicio de la escuela infantil y, como somos seres sociales, también explica cómo las relaciones nos calman y nos aportan esa sensación de seguridad, de estar a salvo.

Un poco de anatomía

Aunque la teoría polivagal es aún una gran desconocida en el ámbito educativo y de la crianza, puede ayudarnos a comprender por qué los niños reaccionan como lo hacen en algunas ocasiones y, sobre todo, a entender cómo ayudarles en esos momentos y así, favorecer su desarrollo. Pero, para poder entenderla, en primer lugar tenemos que comprender cómo funciona nuestro sistema nervioso.

Hasta ahora, hemos hablado del sistema nervioso central (SNC) y, en especial, del cerebro, pero ha llegado el momento de conocer al sistema nervioso autónomo (SNA), que es el encargado de coordinar los órganos que hacen funcionar el cuerpo, modificando lo que sea necesario según las necesidades vitales.[46] Como su nombre indica, se activa de forma autónoma, involuntaria, sin que intervengamos de forma consciente.

El sistema nervioso autónomo se divide en dos secciones, que nos ayudan a entender nuestras reacciones y las de los niños:

- El sistema nervioso simpático. Este sistema es el encargo de movilizar y preparar el cuerpo para luchar o huir ante la neurocepción de amenaza. «Enciende» nuestro cuerpo, por eso se dilatan las pupilas, se acelera la respiración, sentimos palpitaciones, sudoración...
- El sistema nervioso parasimpático. Es el encargado de la recuperación y del ahorro de energía, nos «apaga» y nos «frena».

  La información de esta vía transcurre a través de unos nervios que parten del tronco cerebral hasta la zona baja de la médula espinal. El más importante de ellos es el nervio vago, que es el nervio más largo del cuerpo humano, de ahí su nombre, que lejos de hacer referencia a su pereza, lo hace a su vagar, pues recorre gran parte de nuestro cuerpo conectando órganos tan distantes como el cerebro, el corazón o los intestinos.

  Es el responsable de cosas tan variadas como el descanso, la digestión, la relajación, la voz o la respuesta emocional. Este nervio a su vez tiene dos componentes: la rama vagal dorsal y la rama vagal ventral. He ahí la razón del nombre de esta teoría: poli-vagal.

La rama vagal dorsal: un sistema de defensa

¿Has visto alguna vez en un documental a algún animal que, para no ser devorado, se queda quieto aparentando estar muerto como mecanismo de supervivencia? Esta capacidad también la tenemos los humanos, es la respuesta de parálisis o «reflejo cadavérico» y se encarga de responder cuando se interpreta que existe una amenaza tan extrema que la posibilidad de intentar luchar o huir no existe.[47]

Este estado de congelación nos desconecta, apaga en cierta medida el cuerpo desacelerando la frecuencia cardiaca y respiratoria, genera una sensación de aletargamiento, para conservar la energía, evitar el sufrimiento y conseguir sobrevivir. Es un mecanismo extremo y deja secuelas.

Sin embargo, las personas no estamos constantemente luchando, huyendo o paralizándonos ante las situaciones que nos van sucediendo, sino que disponemos también de otro sistema que genera un estado diferente.

La rama vagal ventral: un sistema de conexión social

Somos seres sociales, así que cuando las situaciones no son amenazantes, este sistema nos permite sentirnos calmados, relajados, atentos, conectados con el entorno y vinculados a los demás.[48]

En este estado podemos relacionarnos, jugar, sentir diferentes emociones sin que se salgan de nuestra ventana de la tolerancia. Pero además, esta vía nos permite que, cuando las cosas se ponen feas, podamos pedir ayuda y confiar en los demás. Por eso el primer recurso que utilizaba el niño del ejemplo de la escuela infantil era aferrarse a su mamá.

Como seguramente te puedes imaginar, su desarrollo está relacionado con el apego. Esta vía comienza a mielinizarse ya dentro del útero, hacia la semana treinta de gestación y es fundamental para la supervivencia del bebé tras nacer porque le permite la ingestión y la coordinación de la respiración y la succión. Después, este circuito evoluciona hacia el sistema de compromiso social y, hacia los seis meses, el tono vagal ventral se ha completado.[49, 50] Teniendo en cuenta la teoría del apego, encontramos aquí una explicación biológica para esa etapa en la que el niño empieza a mostrar una clara preferencia por su figura de referencia, así como el miedo a los extraños. Esta vía es la que nos permite tener un desarrollo social y emocional saludable.[51]

Es posible que, tras conocer las diferentes vías, interpretes que unas son más positivas que otras, pero no es que unos sistemas o vías sean mejores que otros, sino que cada una tiene su función. Como en la vida atravesamos diversas experiencias, requerimos diferentes vías para según qué momentos.[52] Necesitamos que estén todas y que el sistema nervioso central y el sistema nervioso autónomo trabajen juntos.

Lo importante es no pasar mucho tiempo o con mucha intensidad por el sistema simpático o el vagal dorsal, pues se trata de vías que se activan cuando se ha detectado una amenaza y que nuestra vida está en riesgo, y conllevan un gran nivel de estrés para el cuerpo. Cuando este estado es muy intenso o aparece con mucha frecuencia, supone un gran desgaste para nuestro cuerpo y nuestro bienestar.

Estas vías, que utilizamos durante toda la vida, nos indican también cuál es el orden de respuesta habitual cuando interpretamos una amenaza y aparece el estrés, tal y como vimos en el ejemplo del niño en el inicio de la escuela: primero buscamos ayuda, haciendo uso de nuestro sistema de conexión social; si esto no funciona, intentamos luchar o huir, activándose el sistema nervioso simpático; y si esto tampoco da resultado, finalmente, nos paralizamos, activándose el sistema de defensa vagal dorsal.

Desarrollo

Estos sistemas los utilizamos tanto los niños como los adultos, pero como el cerebro de los primeros no está desarrollado durante la infancia, no todo va a estar disponible de la misma manera que cuando crecen, por eso es necesario conocer su desarrollo.[53]

Cuando un bebé nace, su amígdala ya está disponible para asociar estímulos dañinos o placenteros, y, durante el primer año, la actividad simpática, la del acelerador, es la que predomina. Esto no solo lo vemos reflejado en su estado corporal o emocional, también en el interés que muestran por explorar, por conocer el mundo, por moverse...

Sin embargo, durante ese tiempo, el niño aún no tiene la capacidad de regular la amígdala ni el accumbens, por eso no pueden calmarse solos y necesitan que alguien, en este caso su figura de apego, les ayude a regularse y, en consecuencia, a integrar su cerebro. Esta integración se da primero de forma vertical, del cuerpo al cerebro y del cerebro inferior al superior; y más adelante se dará de manera horizontal, del hemisferio derecho que está más activo durante los primeros años hacia el hemisferio izquierdo, cuyo desarrollo es más tardío.

El sistema límbico se va programando según las experiencias que se van atravesando, es decir, que va integrando lo que resulta más habitual para ese cerebro: el nivel de estrés, de alerta o de calma que le resulte más familiar. Pues, durante los dos primeros años este sistema es receptivo a la programación.

Entre el primer y el segundo año, comenzará el desarrollo parasimpático, ese inhibidor que hemos conocido. Y alrededor de los dos años aproximadamente, con el desarrollo del lenguaje y de la memoria explícita, se iniciará el desarrollo del hipocampo que permitirá atenuar la respuesta al estrés.

Pero esto es solo el inicio de un largo camino, el de la regulación emocional, que como tantos otros aspectos, va a partir desde las relaciones tempranas de apego.

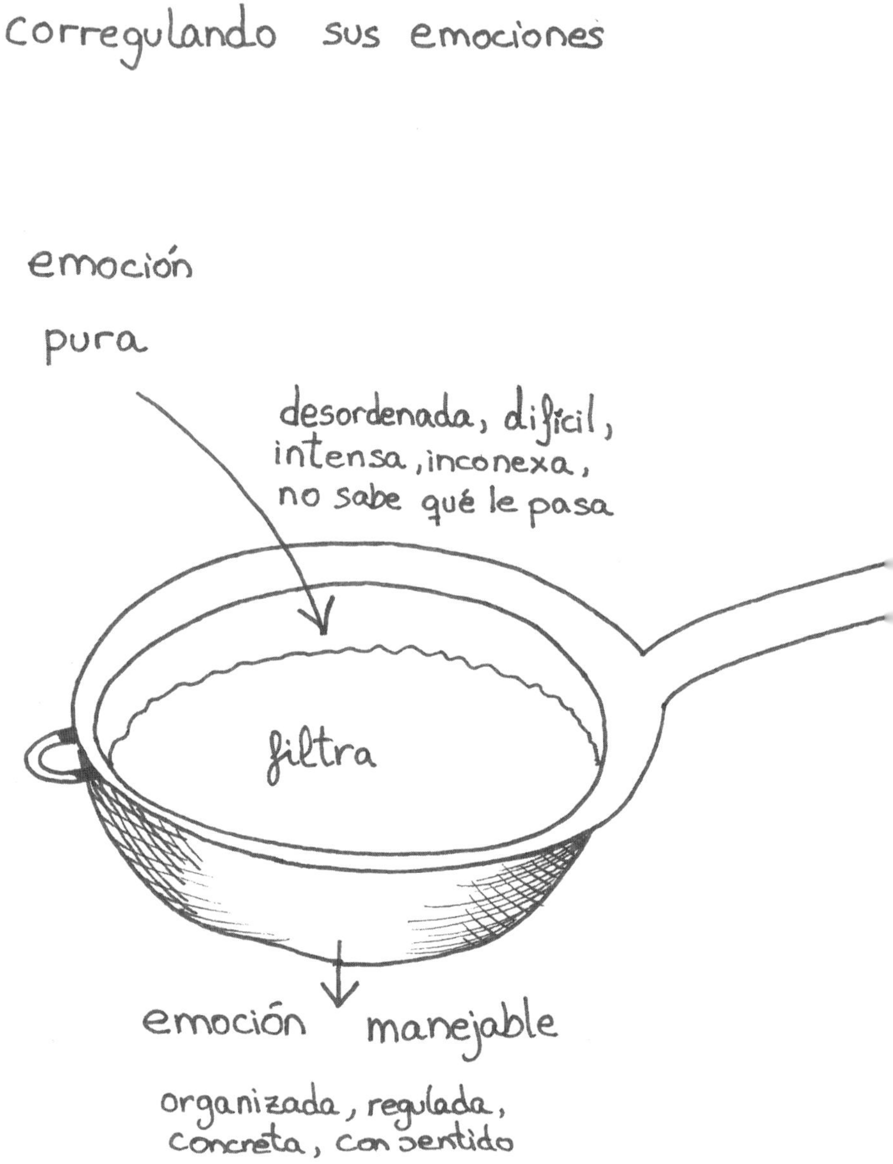

Basado en Pitillas (2021).

especulización
no comprende su mundo interno
¡Oh!
ver el rostro le sirve de espejo para comprenderse
Refleja
el estado interno del niño

Desde el inicio, los niños sienten emociones, estas son involuntarias, automáticas y los llevan a hacer algo.* Sin embargo, no cuentan con la capacidad para controlar la conducta al sentir esas emociones; aunque hay respuestas autónomas, todavía no pueden regular cómo reacciona su cuerpo ante las emociones y qué sería lo más adecuado hacer en cada momento.[54]

Regular nuestras emociones y conducta es algo que podemos hacer como humanos, pero que necesita de cierta maduración y aprendizaje. Maduración, porque son capacidades que dependen del cerebro superior y de que este se encuentre bien integrado para que las diferentes partes se comuniquen de manera correcta entre sí, y aprendizaje, porque necesita de una enseñanza por parte del adulto, no a través de lecciones o de grandes explicaciones teóricas, sino del acompañamiento que hagamos a los niños en esas situaciones.

Una capacidad humana

Los seres humanos tenemos la capacidad de tomar conciencia de nuestras emociones y de poder hacer algo con ellas como regularlas y transformarlas en palabras. De esta forma, no vamos por la vida luchando, huyendo o paralizándonos continuamente, lo que es una gran ventaja evolutiva porque nos permite ser capaces de controlar el deseo de gratificación inmediata y tomar mejores decisiones cuando percibimos un peligro para nosotros y para los demás.[55]

Sin embargo, como ya se ha mencionado, desarrollar esta capacidad conlleva muchos años y un acompañamiento por parte de otras personas ya maduras.

* Para conocer más sobre este tema os recomiendo leer mi libro *Criar con apego seguro* (2023).

Un proceso que necesita años

Los niños pequeños, hasta los cinco años aproximadamente, se relacionan con sus emociones de una forma particular. Las expresan en su forma más pura, son intensas, cambiantes y confusas.[56] Se mueven a partir de ellas de manera instintiva, sin control de sus impulsos porque no pueden hacerles frente, no pueden regularlas por sí solos. Por eso los vemos salir corriendo, llorando con toda su intensidad, arañando, quitando cosas de las manos, tirándose al suelo, pegando, abrazando con todas sus fuerzas o besando con tanta emoción que el beso termina en un mordisco.

Durante los primeros años, expresan sus emociones con todo su cuerpo, con su expresión facial, su mirada, su voz, su movimiento, su tono corporal, sus posturas, las distancias o los tiempos de respuesta.

Y el objetivo es que aprendan a expresarlas de una forma adecuada tanto para ellos como para los demás, es decir, que sean capaces de autorregular sus emociones, pero, para llegar a ello, va a ser necesario recorrer todo un camino.

De la corregulación a la autorregulación

Para que los niños puedan aprender a regularse por sí mismos, además de un cerebro que pueda hacerlo, van a necesitar que esos momentos intensos sean corregulados, es decir, regulados por otra persona, haciendo la función de su corteza prefrontal mientras la suya no está preparada.

No es que se les enseñe cómo comportarse externamente, sino que ayudamos a su maduración para que lleguen a hacerlo desde su interior.

Hacemos de filtro

Desde bebés, los niños expresan sus emociones en estado puro, de forma desordenada, confusa, intensa e inconexa, en parte porque no saben lo que les pasa en esos momentos. Como lo corporal y lo emocional está unido, las emociones se sienten en el cuerpo y esa sensación puede ser desagradable. Nuestra función como adultos, por lo tanto, es ayudarles a asimilar eso que les pasa para devolvérselo de forma organizada, regulada, estable y manejable, pero ¿cómo lo hacemos?

En primer lugar, dándonos cuenta de que algo le pasa al niño, después pensando y reflexionando sobre aquello que puede estar sintiendo y lo que puede necesitar, y, finalmente, haciendo algo que le calme y le ayude a darle sentido, nombrándolo. Transmitiéndoles que lo que les ocurre es algo concreto que tiene un nombre y también, una solución. A través de la repetición, el niño va absorbiendo esta información, que le ayuda a comprenderse a sí mismo.

En este proceso que os he resumido tan brevemente ocurren muchas pequeñas cosas, una de ellas es la especulización, en la que vamos a detenernos por su importancia.[*, 57]

Hacemos de espejo

Desde el vínculo seguro esto es algo que sucede de forma inconsciente, el niño utiliza el rostro de la persona que le cuida como un espejo para comprender qué es lo que le sucede a él.

Al sintonizar con el bebé que expresa una necesidad, el adulto de forma inconsciente expresa con el gesto de su cara, con su tono de voz y con sus ojos, una emoción que es congruente con la que está expresando el bebé. De esta ma-

* El término «especulizar» es también conocido como *mirroring* o «reflejar» para Winnicott, 1962.

nera, muestra en su cara un reflejo externo del estado interno del niño, de sus estados mentales.

Por ejemplo, si el niño pequeño está jugando y se asombra con algo que acaba de suceder, el adulto con cara de asombro, los ojos muy abiertos y voz de alegría dice: «¡Oh!». O el bebé llora porque está cansado y el adulto, con cierta pena en su rostro y voz, expresa de manera exagerada: «Ay, tienes mucho sueño».

Este reflejo es en realidad una representación de lo que está ocurriendo dentro del bebé y no algo que el adulto sienta. Es una manera de decirle al pequeño que entendemos cómo se siente, pero sin contagiarnos de su emoción porque, si fuera así, no podríamos regularle. Hay un «marcaje», que quiere decir que es algo similar pero no idéntico, siendo una expresión más exagerada, caricaturizada y con otros tempos.[58]

Esto le sirve al bebé como inicio de la regulación emocional. Al observar la expresión del otro y reconocerse en ella, esto le sirve de ayuda para hacer una conexión entre su estado interno, con sensaciones que pueden ser intensas y desagradables, y el rostro del adulto. Le hace de filtro, porque gracias a la especulización, la emoción pura, que puede resultarle incómoda o abrumadora, se convierte en un estado mental soportable. Esto, indirectamente, favorece:

- La sensación de ser reconocido, aceptado y tenido en cuenta, porque lo que te ocurre es reconocido por el otro, y que otros perciban y respondan a tu estado emocional es de vital importancia para el desarrollo del cerebro.[59]
- La imagen de uno mismo como socialmente competente al descubrir que tus estados mentales provocan cambios fuera.
- La confianza en el otro, porque descubres que puedes confiar en los demás.
- Y siembra las bases de la conciencia de tener un mundo mental, de tener pensamientos, emociones y de-

seos, lo que resultará fundamental para entenderse tanto a sí mismo como a los demás, así como comprender que, tras las conductas, hay necesidades, creencias y emociones, es decir, siembra las bases de la mentalización, un concepto que pronto desarrollaremos en profundidad.[60]

Pero ¿qué sucede si esto no ocurre? Esta especulización es algo que acontece de forma natural desde un apego seguro, cuando hay conexión y sintonía. Sin embargo, por las propias características del adulto, incluso por algunas prácticas de crianza que se recomiendan, esto no siempre ocurre y, en ese caso, al ser una situación para la que el bebé no está preparado, se desconcierta y lo deja solo con unas emociones que le invaden y abruman.

Puede darse la situación de que el adulto esté muy preocupado, incluso depresivo,[61] y que, por ello, su rostro no consiga reflejar lo que siente el niño internamente, por lo que no le sirva de espejo al pequeño. Esto hará que no pueda entender cómo se siente él y tendrá un efecto en el desarrollo emocional del niño.

También puede darse el caso de que el adulto ignore lo que expresa el bebé, que haga «como si nada» o que considere que ese malestar que expresa «es cuento». Un ejemplo que se observa muy comúnmente es cuando el niño se cae y el adulto no dice ni hace nada, incluso mira para otro lado para que el niño se autogestione. Esta situación recuerda a la del rostro inexpresivo: no es solo que los niños ante estas situaciones, si ocurren de forma repetida, aprendan que no pueden contar con las otras personas y que el niño se quede solo con sus emociones intensas, es que la ausencia de estímulo por nuestra parte pone al niño en alerta de igual manera que cuando está ante un peligro.[62]

También puede ocurrir que el adulto actúe igual que el niño ante la emoción intensa e imite que llora o exprese rabia de una forma realista, el típico vídeo que circula por internet en el que un niño tiene una rabieta en el supermercado y el adulto se tira al suelo y actúa igual que él; o el grito en contestación a un niño que grita. Esta ausencia de «marcaje» les asusta, no les ayuda a entenderse y, de nuevo, los dejamos solos ante sus emociones.

Otra posibilidad es que el adulto se enfade o amenace, pero de verdad, no imitando al niño, es decir, que se contagie emocionalmente. Esto elevará la activación emocional del pequeño, que permanecerá solo con su dolor al que se le añadirá el miedo ante el adulto desregulado.

Incluso puede que el adulto, en lugar de hacer de espejo, muestre una respuesta incongruente con la situación y ante el dolor del niño se ría mientras expresa que «no ha sido nada», con el objetivo de quitar hierro al asunto y desviar la atención de la criatura. Sin embargo, una vez más, esa respuesta no congruente no le ayuda a filtrar lo que sucede y se queda solo con su malestar.

Un adulto regulado

Un requisito indispensable para poder corregular a nuestros pequeños es que nosotros, como adultos, estemos regulados en primer lugar. Esto es importante porque es lo que hace que su neurocepción, analizando nuestro lenguaje corporal, detecte que están a salvo, que sientan que pueden confiar en nosotros, que están seguros, que perciban que les cuidamos, que no nos vamos a ir ni a dejarlos solos —recuerda que la alarma de separación activa su amígdala—, que podemos sostener la situación y que impedimos el desborde. Porque, si nos desbordamos con sus emociones, ¿cómo vamos a sostener las suyas?

Cuando nosotros nos desregulamos,[63] sentimos que «perdemos los papeles»: perdemos la capacidad de pensar racionalmente, de dar respuestas flexibles y de autorreflexión;

dejamos de funcionar tanto interna como interpersonalmente. Esto no solo no regula al niño, sino que lo desregula más.

Cuando nos desregulamos con frecuencia, puede incluso verse repercutida nuestra sensación de bienestar mental porque la falta de regulación afecta a todas nuestras áreas. En el ámbito emocional, repercute en cómo nos sentimos, en nuestra sensación interna de control porque sentimos que se nos escapa o en nuestras relaciones interpersonales porque hacemos o decimos cosas que no proceden. En el corporal, nuestro cuerpo se desregula e inunda por el estrés, mientras que en el cognitivo, nos encontramos con que nos cuesta pensar, razonar, tomar buenas decisiones o se nos olvidan las cosas. En resumen, nuestra corteza prefrontal deja de hacer su función temporalmente, ¿es posible que, por un tiempo, nos sintamos y comportemos como si fuéramos niños en nuestros primeros años? Quizá verlo de este modo nos ayude a entender mejor su punto de vista.

Facilitar la expresión

Para ayudarles a regularse, lo primero que tendremos que permitir es que puedan expresar todas sus emociones, pues, llegados a este punto, ya sabemos que son necesarias en su totalidad, ninguna es prescindible, y, si aparecen, es por algo. También comprendemos que la emoción y la conducta son cosas diferentes y que no se trata de que no las expresen, sino de que vayan sintiéndose más regulados por el adulto mientras maduran y van adquiriendo herramientas para regularse y expresarse de forma diferente.

Para ello, es importante reflexionar: ¿hay alguna que invalidas o cortas?, ¿qué ocurre ante su llanto, la tristeza, el enfado o la frustración?* El mensaje que les tiene que llegar

* Para saber más sobre qué significan cada una de ellas y cómo regularlas, podéis encontrar información en mi libro *Criar con apego seguro* (2023).

es que sentir emociones es seguro; puede parecernos algo obvio, pero ¿cuántos adultos tienen miedo a empezar a llorar por si no paran?

Permitir que las expresen junto a nuestro acompañamiento calmado las valida, es decir, les envía el mensaje de que es válido sentir lo que sienten. Si además les ayudamos a ponerle nombre a eso que sienten con frases como: «Veo que estás triste» y les indicamos para qué les sirven, las irán reconociendo y descubrirán que son adaptativas, consiguiendo, poco a poco, entenderse.

Y si ponemos la atención en las sensaciones corporales, les ayudaremos a cultivar la conciencia corporal y descubrirán que su cuerpo es valioso, que les envía información sobre lo que les pasa; que no es algo a ocultar, que haya que ignorar o de lo que avergonzarse.[64]

Enseñar cómo regularse

Que aprendan a regularse no es algo que se haga a través de explicaciones, sino desde la práctica, desde lo que hacemos con ellos para ayudarles a calmarse en los momentos que aparecen las emociones.* Y, como todo lo que se aprende en esta etapa, requiere de mucha repetición.

Conexión

El primer paso para enseñar a un niño cómo regularse es la conexión. Un niño desregulado ha interpretado que existe un peligro, puede que su amígdala se haya activado y que su sistema nervioso simpático esté en marcha. Nuestra labor es ayudarle a volver a la vía de la conexión social, porque en esta etapa no pueden hacerlo solos, pero ¿cómo lo hacemos?

* Vamos a seguir la secuencia de conexión y corrección de mi libro *Criar con apego seguro* (2023) pero ampliando la información, podéis recurrir a este otro libro para conocer la información que aquí no se expone.

Pues desde un adulto que está regulado y que aporta una sensación de seguridad. Es importante que nosotros nos mantengamos en la vía vagal ventral para que, a través de nuestro lenguaje no verbal, le enviemos a su neurocepción el mensaje de: «Estás a salvo».[65] Esto lo haremos a través de lo que les transmitimos en gran medida con el lenguaje no verbal: una mirada suave, un tono de voz calmado, una postura y un tono corporal relajado, y adaptándonos al ritmo y los tiempos del niño. No debemos ser invasivos, sino mostrar nuestra proximidad física y emocional, nuestra presencia cálida y tranquilizadora, adaptándonos según sus señales, lo que le ayudará a calmar su estado defensivo y su amígdala. Esto es la corregulación emocional, un proceso de apoyo mutuo.

Y puede que os preguntéis por qué esto funciona ¿es magia? No, en realidad, intervienen las neuronas espejo y la propiocepción, que, para entender a los demás, les hace recrear involuntariamente los estados corporales que observamos, así como la neurocepción que es lo que le permite detectar esa sensación de calma y seguridad.

Pero ojo, que, si esto funciona en una dirección —el niño se calma porque le transmitimos esa calma—, también en la otra: nosotros nos desregulamos porque los vemos desregulados, pero con la diferencia de que, como adultos, contamos con herramientas para podernos regular nosotros mismos por nuestros medios y ellos todavía no.

En las charlas y en las consultas algo que me preguntan con mucha frecuencia tanto familias como profesionales es: «¿Qué le digo para calmarlo?» o «¿Cómo le calmo?». Siempre buscamos esas palabras o esa receta mágica que podamos aplicar, pero acompañar a la infancia requiere de algo más abstracto: requiere de nuestra presencia, de ajustarnos a cada uno con sus propias diferencias y necesidades, de comprender cómo se siente ese niño en este momento concreto, en qué vía se encuentra y de aprender a regularnos nosotros para ayudarlos a ellos. Por eso no hay recetas mágicas, solo herramientas que puedes aplicar e ir ajustando según las necesidades.

Hacer algo

Como se ha mencionado en muchas ocasiones, no se trata solo de detectar que algo sucede e indicarle al niño que lo sabemos, también debemos actuar en consecuencia: hacer algo para que se sienta mejor, para dar respuesta a esa necesidad que hemos detectado una vez que el niño ha vuelto a la vía de la conexión social, para que, con el tiempo, lo haga suyo, pero no desde lo que le contamos que tendría que hacer la próxima vez, sino desde lo que hacemos nosotros ahora que está sucediendo.

De esta manera, cuando se caiga y esté lejos, podrá haber interiorizado qué es lo que hacía el adulto en estos casos, recordará la calma y puede que sea capaz de atender a su rodilla, o que incluso se diga mentalmente *«cura sana»*; quizá, cuando se despierte por la noche, pueda recurrir a esa canción que le calmaba.

También habrá momentos en los que será necesario explicarle el mundo social en el que vivimos, porque es muy complejo. Un mundo que puede que todavía no entiendan y en el que hay límites y normas que desconocen, en una etapa en la que, por sus propias características aún no son capaces de ver las consecuencias que pueden tener sus acciones y en la que están muy centrados en sus propias necesidades.

En qué repercute una adecuada corregulación

El proceso de corregulación que estamos viendo y la consecuente asimilación de herramientas para autorregularse en un futuro va a permitir que se desarrollen aspectos importantes para su evolución como personas tanto en el presente como en su vida adulta.

La relación con sus emociones

Descubrirá que las emociones no son algo que deba evitar, ocultar, reprimir o de lo que tenga que avergonzarse, sino algo natural que nos envía información sobre el entorno o sobre nosotros mismos, y sobre algo que hay que hacer al respecto.[66]

Su evolución emocional

No es lo mismo crecer desde la represión de las emociones escuchando mensajes como «No te enfades», «No estés triste», «Los valientes no lloran», o intentando que parezcan maduros cuando no pueden serlo, que hacerlo desde la corregulación emocional.

Cuando optamos por el primer método, puede parecer que han controlado esas emociones externamente, pero en su interior siguen agitados, no se sienten atendidos, no aprenden a expresar lo que les pasa, puede que adquieran miedo hacia sus propias emociones o incluso que aquello que reprimen lo acaben pagando otros más débiles.

Tampoco será positivo para ellos crecer desde mensajes como «No sé qué hacer contigo», «Me voy porque me pones nerviosa», porque esto les transmite la idea de que no podemos cuidarles o no sabemos, y que no pueden confiar en nosotros, por lo que tendrán que arreglárselas solos.

No es lo mismo crecer desde los ejemplos anteriores que favorecer su maduración y que puedan alcanzar ese punto clave, entre los cinco y los siete años, que les permitirá:[67]

- Comenzar a ser capaces de ponerse en el lugar del otro y apreciar su punto de vista, saliendo de su egocentrismo y viendo más allá de sus propias necesidades.

- Experimentar emociones más complejas como la culpa o la vergüenza, que les abre al mundo social.
- Ser capaces de mezclar en su mente más de un punto de vista, así como sentimientos y pensamientos, lo que permite el desarrollo de cierto autocontrol en sus impulsos, emociones y comportamientos, pudiendo experimentar dos sentimientos al mismo tiempo: «Una parte de mí... pero otra parte de mí...», permitiendo que su reacción sea más calmada.
- Que sus emociones ya no sean tan intensas ni su respuesta tan impulsiva porque podrá hablar de ellas.
- Comenzar a desarrollar la capacidad de tomar decisiones sopesando las distintas opciones, reflexionar antes de actuar, cumplir lo que prometen y desarrollar la paciencia, la consideración, el sacrificio, trabajar para conseguir una meta posponiendo la gratificación, esperar turno y entender las señales de los demás.

Todas estas capacidades comienzan en esta nueva etapa, que coincide con el salto a la educación primaria. Evidentemente unos niños lo harán antes y otros necesitarán más tiempo para poder desarrollarlo, y será porque los hemos acompañado, es decir, no aprenderán a vivir las emociones fuertes de una forma menos intensa porque les enseñemos a reprimirlas, sino porque hemos permitido que afloren, que las expresen y les hemos ayudado a regularlas cuando las experimentaban.

Y aunque lleguen a esta etapa y ya cuenten con más capacidad para regularse, ante emociones fuertes o momentos de desborde, que los habrá, la amígdala tomará el control ¿o no nos sigue sucediendo a los adultos? Crecerán, pero seguirá habiendo momentos en los que necesitará de tu calma, tu presencia y acompañamiento.

Cómo se regulará después

Por lo tanto, según las capacidades que se adquieren de la figura de apego, integrarán las experiencias y serán capaces de adaptarse a los estresores futuros.

A largo plazo, para el psiquiatra Rafael Benito, una adecuada regulación emocional es beneficiosa para el rendimiento cognitivo, para el éxito profesional, para el progreso personal y para la sensación de felicidad.[68] Mientras que, para Daniel Siegel, la regulación emocional puede verse como un elemento fundamental en la autoorganización de la mente, que, como vemos, tiene su base en lo que sucede durante los primeros años.[69]

«Durante los primeros años,
expresan sus emociones con todo su cuerpo,
con su expresión facial, su mirada, su voz,
su movimiento, su tono corporal, sus posturas,
las distancias o los tiempos de respuesta.»

Basado en Siegel (2007).

El desarrollo de la memoria autobiográfica depende de la experiencia:
Del relato conjunto de:
sucesos que han pasado
y hechos imaginados
son narraciones co-construidas
de acontecimientos externos
de experiencias internas de los personajes
Fortalece: la memoria, el pensamiento, la regulación emocional, el autoconocimiento
yo

La narrativa, un concepto que ya hemos mencionado en alguna ocasión, nos ayuda a comprender la realidad, las personas nos comprendemos narrándonos, nos explicamos nuestra historia para entendernos y para entender a los demás.[70]

Hasta ahora nos hemos centrado principalmente en el lenguaje no verbal, en la memoria implícita y en las emociones intensas, pero ¿cómo aprenderá el niño a expresar sus vivencias y emociones?, ¿cómo aprenderá a narrarse?, ¿cómo aprenderá a entender a los demás y a ser empático? Eso es lo que vamos a ver en este apartado, cómo podemos acompañarlos en el descubrimiento de su mundo interno y el que les rodea a través de la palabra.

El adulto traduce

Toda experiencia que viva un niño va a tener una parte externa, es decir, lo que vemos.[71] Si, por ejemplo, se ha caído o ha cogido un juguete de la mano de otro compañero, esta parte nos va a resultar relativamente fácil de narrar, y digo «relativamente» porque no vamos a ser objetivos, así que también es importante reflexionar sobre qué es lo que decimos o cómo lo interpretamos...

Además, la situación también va a tener una parte interna, esa que nosotros no experimentamos de manera directa, pero podemos deducir, es decir, esa experiencia que vive el niño que va acompañada de sensaciones corporales, emociones e ideas. En estos casos, somos los adultos los encargados de ayudarles a traducir en palabras todo eso que perciben, sienten y notan a nivel interno.

Para poder hacer esta labor, es un requisito por nuestra parte que nos podamos diferenciar de los niños, si no estaremos invadidos por sus emociones y no podremos ayudarles en esta traducción. También deberemos tomar conciencia de que todo lo que hacen es por algo, y diferenciar entre la emoción, que es involuntaria, pero válida, y la forma en la que la expresan, es decir, la conducta, que puede no ser adecuada. De esta manera no solo seremos capaces de identificar lo que les sucede, sino también cómo debe gestionarse.

La mentalización

La mentalización es la capacidad para detectar los estados mentales, es decir, las intenciones, creencias, necesidades o emociones que hay bajo los comportamientos propios o ajenos.

Esta capacidad, como tantas otras, no está desarrollada al nacer, sino que necesita de una maduración junto a un acompañamiento por parte de los adultos de referencia para desarrollarse, proceso que se sucede en varios pasos.

Ayudar a que se entiendan ellos mismos

Ya conocimos que el primer paso para el desarrollo de la mentalización era la especulización, porque es necesario comprender quién eres tú y tu mundo interno antes de poder comprender que hay un «otro» que también tiene su propio mundo interno.

Este proceso, que está muy relacionado con el desarrollo de la identidad, que veremos más adelante, es el que abarca hasta los cuatro años aproximadamente. En él, nuestra función es ayudarles a poner mente a lo que les sucede de manera interna y lo hacemos poniendo palabras a sus deseos, necesidades, emociones e intenciones traduciendo lo que ellos expresan a través del lenguaje no verbal, sus movimientos o sus acciones: «Veo que estás enfadado», «Estás cansado», «Tú quieres ese juguete, pero lo está utilizando él».

Su propia mentalización

Más adelante, debido a su desarrollo cerebral junto a los años que llevamos hablándoles sobre su mundo interno, comenzarán a comprender que tienen una mente y a interpretar sus propios estados mentales.

La empatía

Será después de que se comprendan a sí mismos cuando podrán comenzar a percibir la mente de los demás y entender que las otras personas tienen intenciones, pensamientos, emociones y creencias tras sus conductas, igual que les ocurre a ellos. Así, también podrán predecir la conducta de los demás y ponerse en su lugar, así como hacer algo con toda esa información que ahora comprenden, como poner límites, ayudarles, consolarles...

La empatía es una capacidad humana que necesita madurez y ser especialmente estimulada por el entorno. Se aprende desde la figura de referencia,[72] desde su propia capacidad mentalizadora hacia las necesidades del niño, desde la reflexión y los modelos que ofrece, por lo que, según el tipo de apego que se construya, los niños serán más o menos empáticos.[73]

Una evolución[74]

Todo este proceso se sucede de manera paulatina, los niños no se dan cuenta de que los demás tienen una mente propia de repente de forma brusca, sino que hay una evolución en la que, mientras van poco a poco descubriendo su propio mundo interno, que es el paso previo, también nos van mostrando sutilmente cómo van entendiendo que hay otras personas a su alrededor con sus propias intenciones y su propio mundo interior.

Ya hacia el final del primer año, los bebés comienzan a señalar cosas que quieren, que les interesan. Señalan con la intención de compartirlo con un otro, que su madre mire hacia ese objeto y se lo dé. Es decir, que ya entienden que hay alguien ahí que tiene intenciones.

Las investigaciones del psicólogo estadounidense Michael Tomasello, especializado en cognición social y psicología del desarrollo, han mostrado cómo a los dieciocho meses un niño en un entorno de laboratorio, junto a su figura de referencia, puede ayudar al investigador si observa que a este se le cae algo al suelo y hace intenciones de recogerlo, pero no si lo tira intencionalmente; es decir, interpretan la intención de la otra persona.

Un poco más adelante, los niños son capaces de reconocer la emoción que están observando en la cara de otro, pueden ver a un niño llorando y decir que está triste, pero es muy probable, y esto se observa mucho en los niños más mayores de las escuelas infantiles, que le den o le ofrezcan lo que a ellos mismos les ayuda. Es decir, que interpretan desde su propio punto de vista y todavía no desde el del otro. También lo habréis observado si en alguna ocasión habéis acudido con un niño pequeño a comprar un regalo de cumpleaños para otro niño u otro adulto, cuando eligen algo que les gusta a ellos y no lo que le podría gustar a la persona que va a recibir el regalo.

Más tarde, gracias a su maduración y a un acompañamiento pertinente, es cuando comienzan a descubrir que, debajo de las acciones propias y de los demás, hay un porqué y adquirirán la capacidad de ponerse en el lugar de los otros, intentando comprender las emociones, necesidades e intenciones ajenas.

Todo este proceso tiene mucho que ver con el pensamiento, con reflexionar, con poner palabras, pero los niños pequeños expresan y actúan directamente.

Lo que va a permitir el paso del acto —es decir, de hacer cosas, expresar emociones y su mundo interno a través de la conducta—, a poder hablar sobre ellas, darles sentido, comunicarlas e incluso reflexionar sobre la conducta de los demás es la capacidad de simbolización.

La simbolización es esa aptitud que nos permite usar algo que representa otra cosa, como las palabras que representan el mundo interno, o como cuando los objetos representan otra cosa al jugar (el palo es una espada) o cuando, más adelante, los símbolos representan ideas («+» representa juntar, «-» representa quitar...).

Pero la capacidad de simbolización no está presente al nacer, por eso es necesario que se produzca una evolución desde el acto a la palabra.

Un cuerpo que expresa

Hasta los dos años, como hemos visto anteriormente, los niños hacen cosas para expresar lo que sienten, sus acciones comunican sus emociones, su mundo interno, y lo hacen así porque no lo pueden hacer todavía a través de las palabras.[75] Es esa etapa en la que todo lo que están viviendo se registra en la memoria implícita, corporal y en un registro sensorial.

El juego simbólico

Es posible que, hablando de emociones, te sorprenda que de repente nombre el juego. Sin embargo, durante la infancia, el juego es un medio de expresión y de elaboración emocional que les ayuda a entender su mente, la de los demás, a regular emociones o a poder expresar sin palabras lo que les pasa internamente.

Cuando un niño está regulado, es decir, en esa vía de la conexión social que conocimos anteriormente, puede jugar.* Y el jugar les ayuda en el desarrollo de la regulación emocional porque, cuando no hay lenguaje todavía y cuando a pesar de tenerlo no pueden utilizarlo para poner palabras a su mundo interno, que es una capacidad tardía y que necesita un desarrollo, los niños utilizan el juego para:

- Expresar su mundo interno y todos esos contenidos de su memoria implícita. Observar el juego nos ayuda a entenderlos, por eso en psicomotricidad, que es a lo que me dedico en la actualidad cuando trabajo con niños, el juego es esencial.
- Elaborar e integrar situaciones intensas, desagradables o que no entienden, y para aprender a manejar esas emociones en un entorno de seguridad, como es el que permite el juego.
- Experimentar una gama de emociones cada vez más amplia, porque el juego les proporciona un ambiente en el que están regulados, pero, al mismo tiempo, pueden experimentar de forma controlada emociones cerca de los márgenes de su ventana de tolerancia.** Un ejemplo lo encontramos en esos niños que tienen miedo a alejarse de su figura de referencia, pero disfrutan enormemente jugando a esconderse para que los encuentren, y cuando el adulto pregunta jugando dónde están, se escuchan risas nerviosas desde su escondite, experimentando emociones que van intensi-

* O vía vagal ventral, también conocida como vía verde (Delahooke, 2019).

** Juegan en la vía vagal ventral, vía verde; pero cerca de la vía del sistema simpático, también conocida como vía roja (Delahooke, 2019).

ficándose. Incluso, a veces, si estas van aumentando y se acercan a unos límites que no van a poder tolerar, son ellos los que salen de su escondite para vivir el reencuentro y calmarse de nuevo. Jugando también pueden dar una salida simbólica a sus impulsos agresivos sin dañar a nadie y aprender a manejarlos, como cuando destruyen torres con fuerza, juegan a que son lobos que persiguen a otros o se atreven, desde el otro lado, a atraparlo. Fortalecen la tolerancia al estrés, desarrollan sensación de logro frente a los desafíos que se imponen, como cuando ponen su cuerpo a prueba saltando de una superficie a otra, intentando ir más rápido o columpiarse con más fuerza; y desarrollan mayor sensación de control.[76]

Por todo ello, el juego les va a ayudar en el paso del acto a la palabra, porque supone un entorno seguro en el que experimentar y, por lo tanto, desarrollarse.

El uso del lenguaje y la memoria autobiográfica

Alrededor de los dos años, los niños ya utilizarán muchas palabras en su día a día, pero la capacidad de utilizarlas para compartir su mundo interno es un proceso que se va a ir desarrollando poco a poco. En cuanto hablan, es muy habitual que, cuando les pasa algo, cuando necesitan alguna cosa o cuando expresan emociones intensas, les preguntemos por ello, qué les pasa, incluso qué necesitan, pero un niño de dos años no es capaz de contestar a estas preguntas, aunque ya comparta con nosotros palabras en otras situaciones.

Por ello, es importante que comprendamos qué pueden hacer y qué no, porque eso nos permitirá tener expectativas más ajustadas y poder ayudarles a desarrollarse.

El lenguaje
El lenguaje es la capacidad que nos permite dar forma a nuestro mundo interno sin tener que exteriorizarlo con acciones —como les ocurre a los más pequeños—, a la vez que nos permite comprenderlo, elaborarlo y compartirlo.

Sin embargo, esta capacidad de utilizar el lenguaje para entendernos, compartir nuestro mundo interior y entender a los demás, necesita una maduración y un acompañamiento por parte del entorno. Además, aunque se inicie en la infancia, se sigue desarrollando durante la adolescencia e incluso en nuestra vida adulta.[77]

La memoria explícita
Hasta ahora habíamos conocido la memoria implícita, esa que registraba las experiencias vividas en nuestro interior, aunque no las recordáramos conscientemente, pues es la que se desarrolla primero. Sin embargo, el cerebro va madurando poco a poco y, alrededor del año y medio, debido también a que la comprensión y expresión del lenguaje es mayor, aparece la memoria evocativa, que les permite traer a la mente imágenes de sucesos que han vivido, es decir, comenzar a recordar experiencias.[78]

Un poco más tarde, sobre los dos años, comienza a desarrollarse la memoria explícita, que es la que permite comenzar a recordar de forma consciente y voluntaria hechos y eventos. Esta memoria se divide en dos ramas, por un lado, la memoria semántica, que les permite recordar hechos y datos, y, por otro, la memoria episódica o autobiográfica, que nos permite recordarnos a nosotros mismos en experiencias pasadas, es decir, hacer un viaje mental en el tiempo. Esto implica tener conocimiento sobre nosotros mismos, algo que en esta etapa los niños aún están construyendo, por eso es la memoria que se desarrolla de forma más tardía y que, además, necesita hacerlo junto a la ayuda de las figuras de referencia.

La función narrativa
Alrededor de los dos o tres años aparece la función narrativa, que es la capacidad de contar historias sobre las cosas que nos ocurren en el día a día. Los niños, llegada esta etapa, pueden empezar a mostrar esta capacidad porque ha habido un desarrollo de la conciencia espacial y temporal, del lenguaje, de la memoria explícita y autobiográfica, y, lo más importante, porque le ayudan los adultos cercanos a desarrollarla. Para ello, es necesario que, durante los primeros años, las cosas que les pasan sean narradas junto a los adultos, esto produce unas co-construcciones narrativas que les permiten aprender a narrarse a sí mismos y a poder conocer su mundo interno, lo que, más adelante, hará que puedan desarrollar procesos como el pensamiento y la autorreflexión.[79]

Los diálogos reflexivos

Como estamos viendo, el paso del acto a la palabra, es decir, de la emoción y la expresión corporal a la comprensión y comunicación de dicha emoción, atraviesa un camino que se debe tanto a la maduración de los niños como a un acompañamiento por parte del adulto.

Sobre los tres años, muchos niños ya no pasan al acto cuando sienten una emoción intensa, pero utilizan la palabra como acción: aparecen los insultos y los gritos como forma de comunicar su mundo interno y como camino hacia poder expresarlo de una forma diferente.[80] Un poco después, comenzarán a utilizar palabras para comunicar sus emociones y sus estados internos, pero como para ello se requiere la cooperación conjunta de los dos hemisferios no será algo que consigan hacer antes de los cuatro años.

Si todo va bien, cuando alcancen ese momento de cambio entre los cinco y los siete años, entonces será cuando podrán pensar antes de actuar y, por lo tanto, ya utilizarán la palabra para expresar lo que sienten y lo que les ocurre, siempre y cuando la situación no sea muy intensa y la amígdala no tome el control.[81]

Como ya se ha mencionado, este camino necesita ser acompañado por adultos que les ayuden a entender cómo funciona la mente, primero la suya y luego la de los demás. Los diálogos reflexivos, es decir, hablar sobre las situaciones pasadas junto a los niños dando importancia a los estados mentales que había bajo la conducta, ayuda en este proceso. Y no es solo hablar de lo que pasa o ha pasado, sino de los sentimientos, las intenciones, los objetivos, los deseos, las creencias o las necesidades que hay debajo de las acciones suyas y de los demás.[82]

Sin embargo, esto también puede conllevar un riesgo, porque si lo que van entendiendo sobre ellos mismos, sobre los demás y sobre cómo funciona el mundo depende de lo que narra el adulto, van a entenderlo desde el punto de vista de quien lo narra, por eso es importante revisar todo lo que abordamos en los primeros capítulos, porque la mente es sugestionable, pero especialmente durante los primeros años, que la están construyendo.

Para Daniel Siegel, las relaciones tempranas modelan:[83]

- Nuestros recuerdos, porque lo que se recuerda en la memoria autobiográfica depende de lo que otros nombran.
- Cómo recordamos, pues será distinto si el adulto pone el foco en los hechos y las cosas que pasan, o si lo pone en lo emocional, en el mundo interno. Debemos recordar también que solo se procesa lo que se nombra, lo que no se nombra se queda registrado en la memoria implícita.
- Cómo elaboramos la narración de nuestra vida, cómo elaboramos nuestra memoria autobiográfica y cómo nos entendemos a nosotros mismos, lo que nos pasa, por qué...

- Cómo nos relacionamos con los demás. Si este proceso ha sido acompañado o no, habremos podido desarrollar mayor o menor mentalización y empatía hacia los demás. Según la psiquiatra María Velasco, si no ayudamos a desarrollar estas capacidades durante la infancia, después de la adolescencia, con el cerebro ya desarrollado, ya no será posible desarrollar la empatía ni la mentalización suficientes para poder convivir con los demás.[84]

Como vemos, los primeros años, de nuevo, dejan una huella en quienes somos.

«Deberemos tomar conciencia de que todo lo que hacen es por algo, y diferenciar entre la emoción, que es involuntaria, pero válida, y la forma en la que la expresan, es decir, la conducta, que puede no ser adecuada.»

Tenemos muy claras aquellas cosas que les ocurren a los niños y les causan daño

pero también les dañan aquellas cosas que no ocurren

si lo que tienen que recibir no llega, les deja un vacío

Hasta ahora, hemos aprendido mucho sobre cómo cuidar de nuestros pequeños para fomentar un desarrollo adecuado. Normalmente, cuando traemos una criatura al mundo, nuestras intenciones son darle lo mejor de nosotros, pero no siempre se aplica todo lo que hemos visto en estas páginas a la hora de acompañar a los niños, bien por desconocimiento de las necesidades infantiles, bien por carecer de modelos, por repetir patrones, por la propia inmadurez emocional que nos impide ver lo que necesita el otro o porque nosotros mismos necesitamos ayuda...

A veces, sin pretenderlo, podemos hacer mucho daño emocional a los niños a nuestro cargo debido a que se encuentran en el momento más vulnerable de la vida.

Con este apartado no pretendo crear alarma, pero sí que nos ayude a tomar conciencia de que el cerebro de los niños se moldea tanto con lo que les sucede —las cosas que les decimos y hacemos—, como con las que no suceden, pero tendrían que suceder.[85] Ambas experiencias dejarán una huella que, si las conocemos, podremos evitar.

El trauma

En muchas ocasiones escucho: «Y esto que está pasando, ¿le estará causando un trauma?». Aunque no es el objetivo de este libro, voy a abordar brevemente qué es un trauma para que puedas acotar esta palabra más allá del uso cotidiano que se le da, pues es también una cuestión que está relacionada con el desarrollo, las prácticas que no lo favorecen y la importancia de lo que ocurre en los primeros años.

Tipos de trauma

Cuando pensamos en un trauma es probable que nos venga a la mente un acontecimiento muy impactante, algo que sucede fuera de lo habitual, pero un trauma puede ser también cualquier suceso con un impacto emocional considerable que deba ser silenciado y haga que el niño tenga que seguir hacia adelante como si no hubiera ocurrido.[86]

Además, una misma situación puede afectar más a unas personas que a otras. Esto se debe tanto a las diferencias individuales de cada uno, como a los vínculos cercanos de los que disponer y lo que estos le aportan, pues, como ya hemos conocido, una relación segura es un factor de protección porque amortigua las situaciones de estrés y permite el desarrollo de la resiliencia. Por tanto, una persona sin vínculos cercanos seguros que le ayuden a transitar las situaciones complicadas tendrá más posibilidades de verse afectada por ellas.

Cuando hablamos de trauma, existen dos tipos: el trauma simple y el complejo.[87] El trauma simple es un golpe fuerte en un momento puntual, como el impacto que pueden dejar los desastres naturales, un procedimiento médico invasivo, un accidente, la muerte de un ser querido o un abuso sexual... Es algo tan intenso que nadie lo pone en duda.[88]

Cuando además es público, es decir, el entorno conoce que ocurrió ese suceso, aunque sigue siendo un acontecimiento que impacta y duele, también es un hecho del que se puede hablar y comentar con los demás, lo que ayuda a los niños a colocar en su historia; esto les ayuda a integrarlo en su idea de cómo funciona el mundo y quién es uno mismo.[89]

Sin embargo, cuando no lo es y las personas de su alrededor desconocen lo que pasó o el entorno más cercano hace un esfuerzo por silenciarlo, se añaden otras repercusiones al impacto del trauma, como la vergüenza o la incapacidad para poder integrarlo.[90]

Por otro lado, también existe el trauma complejo, que se da

cuando ocurre una experiencia menos terrible e impactante que en el trauma simple, pero que se da de forma repetida en el tiempo, como esa gota de agua que va cayendo en una roca hasta romperla. Si, además, se da en el periodo más vulnerable y sensible de la vida como es la infancia, las consecuencias pueden ser muy impactantes.

Lo que sucede

Situaciones de maltrato, negligencia, abandono o abuso son, evidentemente, sucesos dañinos para los niños y que entorpecen su evolución. Como se están desarrollando, cuanto más temprano se produzcan, especialmente si se dan en los tres primeros años, más impactarán y afectarán al neurodesarrollo, porque no es solo lo que les ocurre sino la ausencia de un vínculo seguro que repare eso que está ocurriendo.[91]

Esto no significa que, si el maltrato ocurre más tarde, no sea relevante o no vaya a tener consecuencias, pero si antes de los tres años ese niño contaba con una relación segura, la existencia de este vínculo, de alguna manera, puede amortiguar la situación; por tanto, podrán aparecer problemas y dificultades, pero no un trastorno.[92]

Por otro lado, como en los primeros años se está desarrollando el cerebro, si no recibe lo que necesita, como ya hemos visto, también pueden aparecer alteraciones en su desarrollo, tanto en la actividad de los núcleos cerebrales como en las conexiones entre ellos. Vamos a conocer algunas de esas alteraciones que pueden ocurrir:[93]

- En la regulación emocional, el sistema nervioso estará más alerta, más vigilante a lo que pueda suceder, las amígdalas se harán «más fuertes» y aparecerán más «secuestros emocionales», que no dejarán de ser respuestas defensivas automáticas debidas al entorno en el que les ha tocado vivir junto a la falta de un cuidado regulador. En estos casos, habrá más impulsos agresivos, reacciones muy intensas y poca tolerancia a la frustración en una edad en la que ya podría haberla. Es posible que, debido a estas reacciones en diferentes contextos, sean etiquetados como niños que «se portan mal». Es posible que sean niños que reciban más castigos, rechazo o incluso sentimientos de enfado o irritación por parte de los adultos, cuando lo que ocurre en realidad es que su neurodesarrollo fue dañado.

- Su tono vagal ventral, el de la conexión social, ese que les permite estar relajados, conectados y en calma, será menor.
- Como el cuerpo y el cerebro son una unidad, pueden aparecer problemas de salud como desajustes neuroendocrinos, inmunes, hipertensión, obesidad, así como problemas conductuales y mentales que afectan a la calidad de vida e incluso a su longevidad.[94]
- Pueden desarrollar una «neurocepción defectuosa»: debido a ese estado de alerta constante, pueden llegar a detectar señales de peligro donde no había intención en el entorno de hacerles daño.[95]
- Debido a la falta de integración horizontal para la que es necesario el acompañamiento de la figura de referencia, pueden mostrar dificultad para simbolizar y, por lo tanto, también para dar sentido y nombrar lo que les ocurre, así como para jugar y, más adelante, para el aprendizaje escolar.
- Pueden tener dificultades para describir sus emociones y las de los demás, porque dicha aptitud depende de la ayuda del adulto.
- Carecerán de una narrativa para integrar la experiencia traumática porque lo habitual es no nombrarla o enviarles mensajes confusos: «No seas exagerado», «Es imposible que te haya dolido», «Me has provocado», «Lo he hecho por tu bien», «Si no te portaras así, no me harías hacerlo»... Quedando la experiencia en la memoria implícita, de forma fragmentada, sin resolverse.

- Establecer relaciones con otros niños también puede resultarles complicado, debido a que las relaciones con iguales, como veremos más adelante, también parten de la base de los vínculos tempranos.
- Dificultad para desarrollar conductas de autocuidado porque faltan las experiencias de cuidados de la infancia.
- Y la capacidad de amar, confiar y desarrollarse se verá afectada.[96]

De esta manera, aquellos eventos traumáticos a los que son expuestos pueden influir en muchos aspectos de su vida y tener repercusiones también más adelante.

Lo que no sucede
Sin embargo, a veces no se trata solo de las situaciones que suceden, sino que los niños también pueden verse dañados por aquellas que no suceden, por lo que necesitan recibir y no les llega. En estos casos no hay un empujón, un zarandeo o unas malas palabras, por lo que cuesta más verlo e identificarlo.

Lo que hay es una falta de lo que el cuidador debe ofrecer, una falta de mirada, de sintonía o de respuesta empática. Cuando esto sucede durante los primeros años, en una etapa en la que el cerebro se moldea por las interacciones, estas ausencias dejan un «agujero», una sensación de vacío.

¿Mejor no hablar del tema?

A lo largo de su infancia, los niños viven cosas más o menos intensas, aunque, por suerte, lo habitual es que no sean tan intensas como las que acabamos de conocer. Puede que fallezca un familiar, una mascota, ocurra un accidente en casa, una hospitalización, se pierdan en el súper, sufran la ausencia de un ser querido... y nos podemos ver tentados a no sacar el tema, a evitarlo, a hacer como si no hubiera ocurrido, incluso si lo sacan ellos podemos decirles que «no le den más vueltas» o que «no piensen en eso»; es natural querer protegerles y evitarles el dolor.

Sin embargo, como acabamos de conocer, es importante que puedan darle un sentido a lo que les ocurre para que lo puedan integrar. Porque no se trata solo de lo que les sucede en una edad en la que dependen de los adultos que les protegen, sino que, lo que convierte ese suceso también en traumático, es la ausencia de reconocimiento de lo que ocurre por parte del entorno junto al intento activo de los adultos por negar su dolor, por intentar que no lo expresen, incluso por hacerles dudar de su experiencia y de lo que pasó.[97]

Necesitan una narrativa

Para poder integrar un suceso, necesitan que se valide su experiencia, poder hablar del tema, que respondamos a sus preguntas; necesitan jugarla, dibujarla... porque todo eso es lo que les permitirá pensarla, darle un sentido, diferentes finales, adquirir herramientas de control, y así, finalmente, poder integrarla como parte de su historia, de su memoria autobiográfica.

Si no se habla, no tendrán palabras para darle sentido y quedará en su memoria implícita, corporal, sin integrar en su memoria consciente, llevándolos a reaccionar de manera intensa, a expresar emociones que ni ellos ni nosotros podemos comprender.

Vivencias sutiles que dejan huella

Por otro lado, cuando los niños son algo más mayores, también pueden vivir muchas situaciones cotidianas en las que no reciben lo que necesitan a nivel emocional, y eso también deja una huella.

Estas situaciones son aquellas en las que el niño expresa su malestar, necesita que le ayudemos a regular sus emociones, que le ofrezcamos calma y seguridad; pero los adultos no podemos o no sabemos ofrecer esa respuesta ante sus necesidades emocionales. Posiblemente los adultos argumenten y justifiquen su forma de actuar, el porqué lo hacen de esa manera;[98] incluso puede que encuentren a otros adultos en las mismas condiciones que ellos que reafirmen sus teorías, teorías muy normalizadas en nuestra sociedad pero que impiden que la infancia sea acompañada como necesita: «Es cuento», «Así se acostumbra», «Llora por nada», «Tiene que aprender a calmarse», «Es muy mayor para ir en brazos»; o en el otro extremo: «Aún es muy pequeño para...», eludiendo en ambos casos nuestra responsabilidad como adultos para su desarrollo adecuado.

Cuando no podemos acompañar emocionalmente

Puede que ante la emoción intensa del niño nos pongamos nerviosos, nos enfademos, nos desbordemos, reaccionemos intensamente o, en el extremo contrario, nos burlemos. La cuestión es que el niño se queda solo con su emoción, a lo que se une el temor ante la reacción del adulto, y todo ello puede hacer que crezcan con miedo a hacernos enfadar, que estén en alerta constante ante nuestras señales y que sientan vergüenza por no sentirse adecuados.

Cuando estamos físicamente, pero falta presencia real

Estar es importante, porque si no estamos difícilmente les podemos cuidar, aunque también podemos estar, realizar cuidados físicos, pero puede faltar esa presencia real que ofrece conexión, atención y amor.

Si lo ignoramos, no lo tomamos en cuenta, minimizamos lo que le ocurre a nivel emocional, se sentirá solo,[99] y la soledad emocional es tan dolorosa como una lesión física porque activa la misma parte del cerebro.[100]

En estos casos, el niño crecerá sintiendo que no puede contar con nosotros ni pedir ayuda, aunque escuche que «todo lo hacen por él» o «todo lo que se han sacrificado por él», lo que añadirá más confusión interna debido a la falta de correspondencia entre lo que escucha y lo que siente.

También puede ocurrir que seamos controladores y el ambiente que se cree sea crítico y exigente. En estos casos, el niño crecerá sintiendo que no está a la altura, incluso puede que dude de si es querido.

Cuando somos impredecibles

A veces somos cuidadosos, amorosos y estamos disponibles, pero, de forma impredecible para el niño, en otros momentos, no estamos disponibles y resultamos distantes. Esa inestabilidad e impredecibilidad, esa atención intermitente, hará que el niño crezca sin saber cuándo puede contar contigo y cuándo no, y es probable que tenga que estar en alerta constante para intentar adivinar cuándo recibirá lo que necesita.

Cuando se invierten los papeles

En ocasiones, los adultos esperamos que los hijos nos entiendan, nos consuelen, nos elogien, comprendan nuestras emociones y estén pendientes de nosotros.[101] A veces compartimos con ellos situaciones que no les corresponden, les contamos nuestros problemas de pareja, les cargamos de responsabilidades que no les tocan, como dejarlos al cuidado de sus hermanos menores, o para evitar nuestro miedo a equivocarnos o a los conflictos o a que se enfaden con nosotros les hacemos tomar decisiones que no les corresponden, disfrazando de autonomía nuestra falta de responsabilidad.

En todas estas situaciones invertimos los papeles de la crianza y les llega la sensación de que no hay un adulto que se haga cargo de la situación, que les cuide y les proteja, por lo que crecerán sintiéndose solos.

Todas estas situaciones dejan una huella, puede que sea una sensación de vacío, de soledad, de sentirse invisible, ignorado, rechazado o de ser una carga... También emociones de ansiedad, incertidumbre, miedo, donde tendría que haber seguridad y tranquilidad. Como estas sensaciones son desagradables en un momento vital en el que necesitan ser acompañadas, puede que se activen los mecanismos de defensa emocional.

Los mecanismos de defensa emocional[102]

Cuando los sentimientos vulnerables sobrepasan lo que el cerebro del niño puede tolerar, se activan sus defensas de una forma inconsciente para inhibir esas emociones, protegerlos del daño y, así, poder seguir adelante a pesar de que el entorno sea hiriente.

Lo que ocurre con las defensas es que, aunque inicialmente les protejan, cuando se mantienen activas de forma continua, pueden generar problemas en su desarrollo, porque necesitamos sentir y expresar todas las emociones para que este sea el adecuado.

Si crecen inhibiendo una parte de ellas, aquellas que les hacen sentir más vulnerables o que les causan dolor, su maduración como seres sociales puede verse afectada, ya que, sin conectar con todas las emociones, es muy difícil que aparezca la empatía, el cuidado a los demás o la responsabilidad.

Por otro lado, la energía interna que les permite desarrollarse se destinará a «defenderse» e intentar no sentir para no sufrir, porque, como hemos visto, para desarrollarse los niños necesitan sentirse seguros y en calma para así poder madurar y centrarse en explorar, conocer y relacionarse.

Sin embargo, como siguen siendo niños que necesitan a los adultos de diferentes maneras para sobrevivir, generarán «estrategias de supervivencia» para adaptarse al entorno en el que les ha tocado crecer, intentar mantener el control de la situación y recibir, aunque sea en parte, cierta satisfacción de sus necesidades vinculares.[103] La alta exigencia, la rumiación, la hipervigilancia, la alta responsabilidad, las conductas de chequeo o las explosiones de ira son algunas formas de intentar obtener cierto control sobre las situaciones que pueden mostrar los niños, pero que no se van a quedar solo en la infancia.[104]

El apego adulto

Las heridas y las estrategias que se crean durante la infancia pueden acompañarnos incluso durante la vida adulta, porque el vínculo que se creó en la infancia pervive y las relaciones iniciales marcan nuestra forma de ser.

De esta manera, el apego adulto es el resultado de todo aquello que se entabló durante la infancia y de las vivencias posteriores que pueden haber potenciado o no los mapas creados de niños. Sin embargo, la influencia no es la misma.

El vínculo que se creó durante la infancia es el factor que más influye: alrededor de un 70 o incluso un 75 por ciento.[105] Este vínculo va a repercutir en cómo los adultos nos relacionamos con nosotros mismos, la imagen que tenemos de nosotros mismos, cómo nos hablamos —«Puedes hacer más», «No te estás esforzando lo suficiente», «Eres una decepción»,

«Eres tonto», «No vales nada», «No estás a la altura»—, qué pensamos, la forma en la que vemos la realidad, así como en la manera en la que regulamos las emociones, nos relacionamos con los demás o percibimos la intimidad. Lo que se estableciera en este vínculo inicial va a condicionar las decisiones que se tomen en las relaciones o en la forma de afrontar los conflictos, como hemos ido viendo.

Sin embargo, por otro lado, el apego adulto también depende, aunque en un porcentaje menor, de todo lo que ocurre después a lo largo de la historia de cada uno, de las vivencias que experimentemos y de las nuevas relaciones que establezcamos, pudiendo estas últimas permitirnos avanzar hacia la seguridad o hacia la inseguridad.

El resultado de ambos factores será el apego adulto. Veamos unos ejemplos para comprenderlo mejor:[106]

- Si durante la infancia, el adulto que cuidaba no era sensible a las necesidades emocionales, las ignoraba, las minimizaba o no era capaz de responderlas, el niño aprendió que era mejor no atender a las señales del cuerpo para no sufrir, que era preferible no mostrar el mundo emocional y que había que arreglárselas solo.
    - De adulto, puede que esté poco conectado a las señales de su cuerpo, que tenga una imagen de sí mismo como autosuficiente e independiente, puede que sienta que la proximidad de los demás es una molestia, o puede que, aunque la necesite, no pida ayuda.
- Si durante la infancia, el adulto que cuidaba respondía de forma impredecible e incoherente, el niño aprendió a vivir en un mundo de incertidumbre; como no sabía cuándo el adulto respondería, se esforzó mucho para conseguir el afecto y la protección, y lo hizo aprendiendo a estar vigilante y pendiente de las reacciones del adulto, para detectar cuándo sí que estaba receptivo, pero también vivió la soledad cuando no lo estaba.

- ○ De adulto, puede que tenga una imagen de sí mismo como necesitado, dependiente, rechazado o indigno; que esté alerta ante las señales que le indican un posible rechazo por parte de los demás; que tenga miedo a confiar en las personas porque considera que es habitual que le fallen; puede que haga grandes esfuerzos por evitar la separación de aquellos con los que tiene un vínculo y que utilice técnicas que aprendió durante la infancia para obtener el amor como la vigilancia o el control.

Ahora imaginemos todo lo invisible que se pone en marcha cuando se forman parejas y nuevas relaciones, cada uno con su propia historia de vida y sus vínculos primarios. Imaginemos si el adulto del primer ejemplo, que se define como autosuficiente, que está poco conectado a sus emociones, se enamora de la persona del segundo ejemplo, que necesita estar cerca y vive alerta de las señales de un posible abandono, ¿cómo vivirán la relación, su espacio, la intimidad...? Ahora imaginemos que tienen un hijo, ¿cómo lo acompañará cada uno de ellos?

Es un tema en el que se puede reflexionar en profundidad. Esto son solo unos ejemplos, pero resulta evidente que las interacciones tempranas dejan una huella en cada uno de nosotros que nos acompaña en quienes somos. En estos casos, conocer nuestra propia historia y saber en qué nos influye no solo puede ayudarnos a conocernos mejor, sino que también puede sentar las bases para mejorar nuestro acompañamiento y el vínculo que establezcamos con los pequeños a nuestro cargo.

«Para poder integrar un suceso, necesitan
que se valide su experiencia, poder hablar
del tema, que respondamos a sus preguntas;
necesitan jugarla, dibujarla... porque todo eso
es lo que les permitirá pensarla, darle un sentido,
diferentes finales, adquirir herramientas de control,
y así, finalmente, poder integrarla como parte
de su historia, de su memoria autobiográfica.»

9

La autonomía

Modelo Operativo Interno

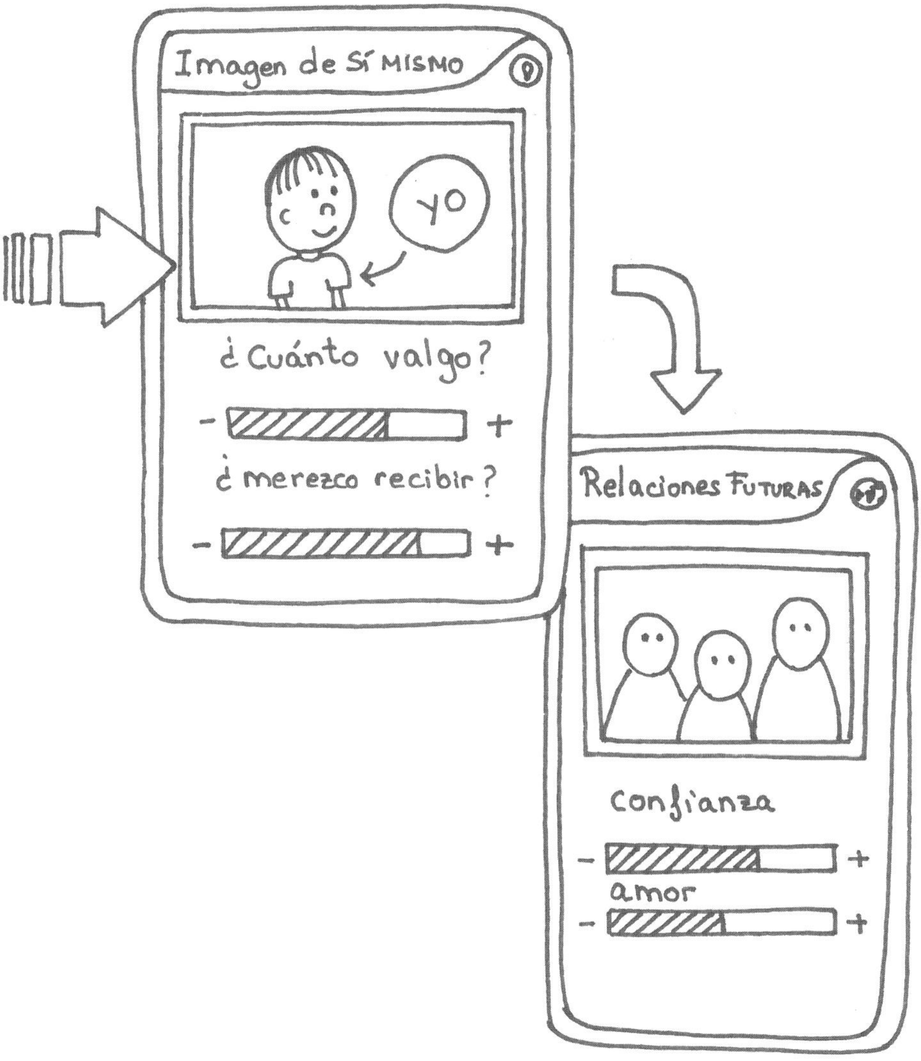
Imagen de Sí MISMO
YO
¿Cuánto valgo?
- +
¿merezco recibir?
- +
Relaciones FUTURAS
confianza
- +
amor
- +

¿Recordáis aquellos juegos de cartas, habitualmente coleccionables, en los que cada carta representaba a un personaje y en ella venían escritos diferentes parámetros de fuerza, resistencia para que pudieran competir contra otras cartas? Hoy en día esta idea también está presente en los cromos de fútbol, por ejemplo, que muchos ya no son cromos como los de mi infancia que eran adhesivos y pegabas en un álbum hasta completarlo, sino que son de cartulina y guardas en un álbum con fundas, pero la base es la misma.

Y os preguntaréis qué hago hablando de cromos en este libro y qué tiene que ver esto con la autonomía. La verdad es que no tienen nada que ver, pero esta idea de cartas con personajes y diferentes valores es lo que me viene a la cabeza cuando pienso en el concepto abstracto del modelo operativo interno.

Qué es el modelo operativo interno

Este concepto que también se conoce como modelo mental de relación o modelo representativo, que es como lo denominó el psicoanalista inglés John Bowlby por primera vez,[1] hace referencia a esa representación mental que tenemos cada uno de nosotros sobre el apego, pero no como un concepto abstracto y teórico, como si ahora alguien nos preguntara qué es el apego, sino como aquello que cada uno atribuimos a esas relaciones que, para nosotros, han sido y son importantes en función de nuestras experiencias particulares. Es decir, que cada persona tenemos nuestro propio modelo interno de las relaciones y este no es del todo consciente ni objetivo, sino que está compuesto de esos mapas de las relaciones que conocimos al inicio de este libro, y que asimilamos de manera inconsciente.

Lo interesante de este modelo en cuanto al tema que nos

ocupa es cuándo se forma y cómo va a repercutir en nuestro día a día incluso cuando somos adultos. Una vez más, al poner conciencia en este asunto, volvemos a ver la importancia de un cuidado respetuoso cuando son pequeños, los podremos comprender cuando son algo mayores y así los podremos acompañar de una forma más adecuada.

Cuándo se forma

Nuestro mundo es complejo y el mundo relacional lo es todavía más, ya que ni todas las personas respondemos de la misma forma a una misma situación, ni siendo la misma persona respondemos siempre de la misma manera: influye nuestro humor, nuestro cansancio, el nivel de estrés y cientos de factores que nos pueden hacer reaccionar de manera diferente ante un mismo suceso.

Sin embargo, los niños necesitan que su mundo sea lo más predecible posible y, por ello, desde que son muy pequeños, van a intentar simplificarlo todo lo más posible para hacerlo comprensible. De esta manera, de forma inconsciente, crearán esquemas con las situaciones que se repiten para así poder anticipar lo que sucederá en otros momentos, en especial la forma en la que pueden responder las personas. Esto les permite adaptarse al contexto y, en definitiva, sentir mayor seguridad.

Y cuando digo que se forma desde que son muy pequeños es porque este modelo interno relacionado con la figura principal de apego se construye durante el primer año de vida y nos va a acompañar incluso cuando somos adultos.

Cómo se forma

Una vez más, la influencia de los adultos es esencial, pues el modelo operativo interno se forma según cómo la persona adulta responde habitualmente a las necesidades del bebé —si estas son satisfechas o no, o el nivel de sensibilidad que muestra—, quedando así registrado qué es lo que la criatura puede esperar de esta figura de referencia.

Esto quiere decir que todas esas situaciones cotidianas en las que hemos hecho hincapié a lo largo de estas páginas y que se viven con los bebés desde sus inicios, como un cambio de pañal, la forma de tomarlos en brazos, de interpretar que se han cansado de jugar o que no están cómodos, algo que en nuestra sociedad es apreciado muchas veces como algo meramente asistencial, en realidad tiene un peso importantísimo en la construcción psíquica de una persona.

Y ahí es cuando yo me imagino esa carta que mencionaba al inicio de la figura de referencia, en este caso hecha por el bebé de forma inconsciente en la que incluye en qué grado encuentra respuesta a preguntas como:

- ¿Quién es esa persona que me cuida?
- ¿Dónde puedo encontrarla?
- ¿Cómo puedo esperar que responda?
- ¿Estará disponible para mí?
- ¿Me siento seguro?
- ¿Siento confianza?
- ¿Es sensible a mis necesidades?

Evidentemente, esto no es algo que responda el bebé como tal, pues él aún no es capaz de hacer un proceso reflexivo como haríamos los adultos al respecto. En realidad, como estamos refiriéndonos a algo que se construye antes del primer año de vida, se trata de un registro no verbal, a través de los actos del adulto, de las experiencias en relación o de la forma de tocarlo o de moverlo, de todos esos actos del lenguaje no verbal que el niño recopila en su memoria implícita.

Será más adelante, pasado el primer año, cuando el discurso verbal de las personas que le cuidan cobrará importancia en la formación de los nuevos modelos operativos internos, por eso, nuestras palabras y la narrativa que utilicemos también influyen en la formación de la persona.

No se queda aquí

La importancia de este esquema mental va mucho más allá de la creación de una imagen de la persona de referencia, pues según cómo sea esa imagen de sus figuras de apego —su disponibilidad, su forma de regular, las emociones asociadas a todo ello, los recuerdos o el significado que tiene para él—, el niño también construirá un modelo de sí mismo.

Este modelo incluye las expectativas y creencias hacia uno mismo que, si reflexionamos sobre ellas, se construyen en las relaciones con otras personas durante las experiencias tempranas de la vida.

Si imaginamos una vez más esas cartas de personajes, sería como si el niño respondiera en qué grado encuentra respuesta a las siguientes preguntas:

- ¿Cuánto valgo?
- ¿Soy querible?
- ¿Mis necesidades importan?

Sus respuestas se basarán en toda esa información inconsciente que recopilan a través de su relación con sus figuras de referencia, en gran medida porque es la única fuente de información de la que disponen en ese momento, y en función de las respuestas que el niño puede darles a esas preguntas se construirá el autoconcepto, la autoestima, el grado de dependencia de los demás, la empatía o la competencia interpersonal.

Así, una vez más, resulta evidente que el trato que reciben los niños pequeños influye más de lo que inicialmente nos imaginamos y de una forma muy profunda.

Su relación con la autonomía

Puede que llegados a este punto os preguntéis qué tiene que ver todo esto con la autonomía, que es el tema que nos ocupa en este capítulo: la respuesta es que mucho, pues el modelo operativo interno va todavía un paso más allá.

Este esquema mental con los recuerdos de cómo nos cuidaban nuestras primeras figuras de apego y que queda registrado en la persona de una forma tan profunda que influye en cómo esta se ve a sí misma y se valora,[2] también va a filtrar la información que recibe del entorno, dirigiendo incluso la atención hacia unos estímulos y no a otros.[3]

Además, en él se incluyen también las creencias y expectativas que el niño tiene con relación a otras personas. Esto quiere decir que el modelo creado por las figuras de referencia va a condicionar las relaciones posteriores porque va a servir de molde de lo que esa persona cree que puede esperar de las relaciones interpersonales.

Volviendo a esa idea ficticia de las cartas, es como si el niño respondiera en qué grado encuentra respuesta a preguntas como:

- ¿Puedo confiar en alguien?
- ¿La gente me abandona?
- ¿Los demás pueden darme amor?
- ¿Estarán disponibles?
- ¿El mundo es un lugar seguro?
- ¿Merece la pena explorarlo?

Por todo ello, la forma en la que elabore ese modelo operativo interno es lo que influirá también en el interés que muestre un niño por el entorno, por explorarlo, por alejarse de su figura de referencia para conocer cosas nuevas, por relacionarse con nuevas personas, por hacer las cosas por sí mismo o por sentirse capaz... Y esto es así porque las necesidades emocionales están en la base del bienestar y la seguridad de una persona, que son esenciales para un correcto desarrollo.

De lo corporal a lo mental

En definitiva, el apego es algo que empieza como una necesidad biológica.[4] El bebé necesita que respondan a sus necesidades y, en función de la calidad de la respuesta que obtengan por parte de los adultos, acabará registrando una cosa u otra como representaciones mentales.

Este registro continuará influyendo en la persona más adelante tanto en su forma personal de concebir y registrar sus experiencias subjetivas como en su forma de modular la conducta, aunque las figuras de apego que propiciaron todo esto ya no estén presentes.

Somos puerto
sistema de apego

sistema
de exploración

Hasta ahora nos hemos centrado principalmente en un niño al que hay que cuidar y proteger, aunque también es importante darle la oportunidad de descubrir el mundo por sus propios medios.

Pero ¿cómo comenzará a explorar, a hacer las cosas por sí mismo? ¿Cómo se irá separando del adulto que le cuida para ser y sentirse una persona diferente?

Dos caras de la misma moneda

Hemos dedicado muchas páginas a hablar sobre los cuidados y la dependencia inicial, porque el vínculo es la base que permite un desarrollo saludable. Sin embargo, el sistema de apego tiene dos caras: una que nos acoge y otra que nos invita a volar.

El sistema de apego

El sistema de apego, como hemos estado viendo, es lo que nos proporciona una sensación de calma, consuelo y protección. Nos da la consciencia de saber que existen personas que nos ayudan si lo necesitamos, a las que podemos recurrir y a las que siempre podemos volver, porque hacerlo nos aporta pertenencia. Una base desde la que salir a explorar el mundo.

Y si bien es cierto que necesitamos los dos sistemas, este, que está relacionado con el vínculo y con la conexión social, necesita ser asegurado en primer lugar para que el otro pueda desplegarse.

El sistema de exploración

Con un sistema de apego establecido, se despliega entonces el sistema de exploración, que es aquel que nos empuja a salir al mundo, a separarnos de aquellos que nos cuidan para vivir nuevas experiencias, descubrir nuevas habilidades y diferenciarnos del adulto de referencia.

Esto forma parte del proceso evolutivo de los niños y es esencial en su desarrollo. Necesitan descubrir que son alguien con iniciativa propia, una persona única que puede hacer las cosas por sí misma. Esta separación, complementaria a los momentos de cercanía y conexión, es algo que inician los propios niños: cuando los bebés exploran su cuerpo o los objetos que les rodean, cuando descubren sus propios movimientos o cuando se alejan del adulto para descubrir cosas nuevas. Sin embargo, para que esto suceda, tendremos que permitir que existan tiempos propios, momentos de encuentro con uno mismo.

Con las pilas cargadas

El desarrollo se da por excedente, es decir, que solo cuando las necesidades fisiológicas y emocionales están cubiertas, los niños pueden dedicar su energía a jugar, a explorar y, por lo tanto, al aprendizaje.[5] Si las necesidades emocionales no están cubiertas, su energía se destinará a lo más básico y necesario para su supervivencia, que es encontrar o conectar con un adulto que le cuide y le proteja, mientras las otras partes de su desarrollo quedan en pausa, pospuestas.

Piensa en el caso extremo que conocimos de aquellos orfanatos en los que las necesidades fisiológicas estaban cubiertas, pero no las emocionales, lo que dificultaba en gran medida el desarrollo de los pequeños. O en los casos, no tan extremos y más comunes, en los que los vínculos son inseguros y los niños no pueden seguir su camino del desarrollo de la misma forma. Lo importante, en estos y en todos los casos, es que para salir a explorar, a conocer el mundo y, por lo tanto, para poder desarrollarse por sí mismos, en primer lugar es necesario que se encuentren «con las pilas cargadas» a nivel emocional, sabiendo a dónde pueden regresar cuando estas se vayan descargando.

Un puerto seguro

Para comprender mejor está cuestión, hay una bonita metáfora que representa con claridad el equilibrio del sistema de apego y de exploración: se trata de la metáfora del puerto seguro.[6]

Cuando el niño se encuentra con «las pilas cargadas» y tiene la seguridad de que estaremos cuando lo necesite, puede dedicar su energía a alejarse del adulto y, así, a explorar y descubrir por su cuenta. Este «alejamiento» será diferente según el momento evolutivo en el que se encuentre el niño. Para un bebé de ocho meses puede significar jugar tumbado en el suelo mientras explora con sus manos y su boca una anilla de madera, mientras el adulto permanece en la misma habitación; para el de dos años y medio, puede significar estar en el comedor construyendo una torre de piezas de construcción mientras el adulto está en otra sala realizando otra tarea, mientras que, para el de cuatro años, puede significar estar jugando en el tobogán del parque junto a otros niños sabiendo en qué banco está sentado el adulto que le cuida.

Sin embargo, durante la exploración, pueden suceder cosas que les asusten, como un ruido fuerte, o que sienta que lleva mucho rato alejado de la figura de referencia y que ha dejado de escuchar su voz, o que otro niño le empuje y se desequilibre en lo alto del tobogán. En estos casos se activará el miedo y, cuando esto sucede, también se activa el sistema de apego, inhibiéndose la exploración.[7] Esto significa que deja de jugar o de explorar y busca la cercanía de quien le cuida para que lo calme y, así, cargar las pilas de nuevo.

Existen una serie de situaciones que, de forma general, detienen la exploración y activan el sistema de apego de los niños y esa necesidad de volver cerca de su figura de referencia. Estas son:

- El ruido intenso o la oscuridad repentina.
- El dolor físico o emocional, o cuando tienen una necesidad fisiológica no cubierta como el hambre o el sueño.[8]
- Cuando aparece un peligro o algo que les resulta extraño.[9]
- El miedo al abandono, a perder a su figura de referencia, es el miedo más profundo.[10] Así que, cuando aumente la distancia de la persona que les cuida o la separación se vaya prolongando, sentirán la necesidad de volver a «recargar las pilas».[11] Como ya vimos anteriormente, este miedo al abandono y cómo activa el sistema de apego es lo que nos explica por qué funcionan esas «amenazas con irte» para que nos hagan caso, aunque ya conocimos que hacían daño a la infancia y resentían la relación.

Poco a poco, conforme maduran, van tolerando mejor las separaciones e incrementando las distancias y los tiempos. Sin embargo, incluso los adultos, ante momentos difíciles, necesitamos regresar junto a los nuestros. Esto es así porque, ante todo, somos seres sociales, por eso, cuando recibimos una mala noticia necesitamos compartirla con nuestros seres queridos, y cuando estamos enfermos o tenemos un accidente, buscamos alguien que nos acompañe. Ante todas estas situaciones, nuestras o de los niños, «las pilas se han descargado». Por eso, se busca a la figura de referencia, porque es aquella a la que podemos volver, que sabemos dónde o cómo encontrarla, y si nos sucede a nosotros siendo adultos, imagina a los niños que son más vulnerables; es volver a nuestro «puerto» seguro.

Cuando el niño recupera la proximidad, que puede ser física o emocional, el sistema de apego se calma y la conducta se desactiva. Así, con las pilas cargadas, vuelve a activarse el sistema de exploración y a estar preparado para una nueva experiencia.

Esto quiere decir que, gracias a la presencia y a la disponibilidad de la figura de apego, se favorece la exploración. Atender sus necesidades no crea dependencia ni los acostumbra a estar pegados, sino que existe un motor interno, un sistema que los invita a alejarse, a ser ellos mismos, a vivir su historia, pero, para ello, necesitan contar con personas a las que volver y que estarán si surgen problemas en su camino.

Pero no siempre se tiene en cuenta

Queremos que sean ellos mismos, que exploren, que adquieran nuevas experiencias, que hagan cosas, que conozcan a otras personas, otros contextos, que no dependan de nosotros, que sean autónomos... Pero, por desconocimiento sobre cómo se da este proceso, por miedo a que se vuelvan dependientes, por nuestra lógica adulta que ya hemos visto que no siempre coincide con la lógica del desarrollo infantil, por desconocimiento de cuál es nuestro rol durante los primeros años o por estar rodeados de modelos que no son los adecuados —«conmigo lo hicieron así», «así lo consiguió la vecina»—, este equilibrio entre el vínculo y la exploración no siempre se tiene en cuenta. En realidad, muchas veces, en ese afán por que no se vuelvan dependientes, se hacen cosas que no ayudan a que haya un proceso de separación saludable.

Un ejemplo de esto es cuando los dejamos al cuidado de muchas personas «para que se acostumbren». Sin embargo, durante los primeros años, especialmente durante los tres primeros, no es lo que necesitan, porque de forma natural lo que se activará será el sistema de apego y más si se realiza sin sensibilidad, de repente o sin estar nosotros presentes en esa transición. Y es posible que, con el tiempo, dejen de mostrar esa necesidad de estar con nosotros, pero no de necesitarnos.

Cuando en lugar de que salga de ellos, les forzamos, les «invitamos» a que se alejen de nosotros, a que exploren más allá, a que hagan cosas por sí mismos, aunque sea de una forma muy amable, si esta necesidad de exploración no sale de ellos, lo pueden vivir como un rechazo por nuestra parte, que enciende sus alarmas y genera el efecto contrario al que esperábamos. Como cuando ese niño de cuatro años al que, en los entornos nuevos, le cuesta separarse del adulto y explorar, y este, ya cansado de la situación, se aleja sutilmente cuando ve al niño entretenerse con algo. En estos casos, en cuanto el niño se da cuenta, se activa su sistema de apego, deja de jugar y busca al adulto para sentirse seguro de nuevo, ahora con la idea añadida de que el adulto se va en cuanto se distrae, por lo que aumentará su vigilancia y la necesidad de estar alerta y cerca, lo que inhibirá todavía más su exploración, creándose un círculo vicioso.[12]

Otro ejemplo es cuando pensamos que sin nosotros estará mejor o que jugará menos si nosotros estamos. ¿Realmente sabemos cómo está cuando no estamos?, ¿juega realmente?, ¿hay disfrute y exploración?, ¿o lo que hay es contención emocional? A veces, no verlos o que no lloren no significa que estén mejor. Quizá contigo puede mostrar su miedo, su necesidad de estar cerca, de observar lo que ocurre desde un lugar de seguridad y por eso llegamos a creer que, si estamos nosotros, estará peor cuando, en realidad, no es que esté peor, sino que se siente más seguro y puede mostrarse tal y como es.

Ahora que conocemos cómo funciona el sistema de apego y el de exploración, podremos entender que, cuando un niño no se quiere separar o parece que no puede, lo que tenemos que hacer es favorecer el vínculo con él, porque esto hará que se sienta seguro y, desde la seguridad, podrá emerger esa necesidad de exploración. Por supuesto, cada niño tendrá su ritmo, sus propias diferencias individuales y su historia personal. Pero no debemos olvidar que la necesidad de cercanía no es sinónimo de dependencia ni algo que «esté mal».

Cuando la separación no la inician ellos y además no es por un cambio evolutivo, va a ser algo que les va a costar, por eso es común que los momentos en los que toca despedirse para ir a dormir, irnos a trabajar, entrar en el cole, o situaciones más complicadas como mudarse, un divorcio o el nacimiento de un hermano, sean momentos difíciles para ellos.

Entender nuestra función de «puerto seguro» nos ayuda a comprender nuestro rol como figuras de referencia, algo esencial para el buen acompañamiento de los niños en desarrollo. Muchas veces escucho frases que dejan al descubierto que no tenemos muy clara cuál es nuestra función y es importante analizarlas para ver qué podemos estar captando mal:

- «Cuando está entretenido no me necesita»: claro, esa es la idea, que pueda explorar por sí mismo, construir su propia historia.
- «Mira el caso que me hace, para esto, me voy»: no caemos en la cuenta de que el niño puede concentrarse en otras cosas porque sabe que estás ahí.
- «Me utiliza» o «Está con otros para jugar y a mí solo me busca para lo malo»: es verdad, te utiliza, pero de refugio: eres su puerto seguro; porque amigos, habrá muchos, pero refugio en los que sentirse seguro y en calma únicamente tú y unas pocas personas más.

La separación, el cómo separarse o el cómo explorar no es algo que se enseñe, sino que se facilita e, ilógicamente, facilitamos que se alejen estando cerca, probándoles que, sin importar lo lejos que se vayan, pueden volver y que, sin importar lo que pase, estamos ahí.[13]

«Cuando el niño se encuentra con
"las pilas cargadas" y tiene la seguridad
de que estaremos cuando lo necesite, puede
dedicar su energía a alejarse del adulto y, así,
a explorar y descubrir por su cuenta.»

Primero, la seguridad tiene que ser externa

para que se convierta
en seguridad interna

Todos hemos visto alguna vez a un niño pequeño, de menos de tres años, engancharse a su figura de referencia, asustado ante cualquier tipo de separación como si esta le fuera a causar un daño inmensurable, como hemos ido viendo hasta el momento, es una reacción normal que surge de sus conductas de apego.

Sin embargo, conforme crecen, estas separaciones resultan cada vez más fáciles, no porque ya no quieran estar cerca o no nos necesiten, seguimos siendo necesarios y queridos, pero, si bien puede que no las hagan felices y encantados, y que la tristeza aparezca, según se hacen mayores separarse ya no supone una gran perturbación como en sus primeros años.

De estar fuera a «estar dentro»

Esto es así porque han podido, gracias a su maduración psicológica, interiorizar a su figura de referencia, algo así como «llevarla en su interior» y desarrollar una seguridad interna que les permite sentirse seguros cuando están separados de ella.

De la permanencia externa...

Cuando un niño es muy pequeño, no sabe que es una persona separada de aquella que le cuida, no lo sabe porque aún no ha construido una imagen de sí mismo y porque necesita de la otra persona para que responda a sus necesidades.

Cuando «la siente» a través de sus sentidos, es decir, cuando la ve, la huele, la nota cerca, presente y tangible, en el aquí y en el ahora, se siente seguro; mientras que, en su ausencia o cuando no está disponible porque necesita algo y no llega, se siente inseguro. Por tanto, necesita su presencia, su disponibilidad y saber que le responderán para sentir seguridad. Además, cuando la respuesta que recibe y su entorno externo es estable, se vuelve predecible y eso, también les da seguridad.

De esta manera, al inicio, la «permanencia» es externa, porque la sensación de seguridad les viene desde afuera gracias a que hay un adulto presente que responde a sus necesidades.

Un paso intermedio

Sin embargo, los niños van madurando y adquiriendo nuevas capacidades. Si se sienten seguros y les damos la oportunidad, se alejan a explorar el mundo que les rodea, gateando, caminando, conforme son capaces de ello.

Entonces, nos damos cuenta de que ya saben buscarnos, reclamarnos, pedirnos cosas, y no es necesaria la satisfacción inmediata de sus necesidades ni estar tan alerta para que «no les falte de nada», porque ellos saben reclamarnos y, además, gracias a la maduración de su cerebro y del lenguaje, se van desarrollando nuevas capacidades.

La memoria evocativa[14]

Alrededor del año y medio, adquieren la capacidad de recuperar en su mente la imagen sensorial de quien les cuida, lo que les ayuda a tranquilizarse y regular su estado emocional de una forma muy rudimentaria, pues el camino hasta la regulación emocional madura es un proceso muy largo. Pero esta nueva capacidad, en este momento, les permite esperar a que el adulto llegue, y hace que la espera, para ellos, sea algo más asumible, siempre que esta sea corta, porque si se alarga, igualmente desespera.[15]

En este caso, lo que hace el niño gracias a su memoria evocativa es recurrir a sus recuerdos, a las experiencias que ha tenido en situaciones similares, para poder esperar; de ahí que surjan algunos gestos, como meterse la mano a la boca, que, aunque no es el pecho que espera, le recuerda a esa sensación y le consuela, para calmarse.[16] Es lo que podríamos considerar una forma inicial de autorregulación.

La permanencia del objeto

En esta etapa, comienza a desarrollar esta capacidad porque reconoce a la persona que le cuida, la recuerda y es capaz de crear una representación interna de la misma. En este paso intermedio, que sucede alrededor de los dos o tres años, están interiorizando a su figura de referencia al tiempo que están descubriendo quiénes son ellos.

Por eso, es habitual que muestren comportamientos territoriales y posesivos tanto hacia las personas como hacia las cosas y escuchemos frases como «Es mío» o «Mamá mía». Hay un deseo de poseer y de conservar a la persona cerca para evitar la separación. Como ya se ha mencionado en alguna ocasión, no querer compartir los juguetes, no ser generosos y mostrarse posesivos o celosos es lo normal en esta etapa, algo sano y necesario para seguir adelante siendo una persona propia.[17]

Para la psiquiatra María Velasco, la permanencia del objeto es un aprendizaje psíquico y emocional que significa que podemos separarnos de la figura de referencia porque la hemos interiorizado y la llevamos en el corazón, pudiendo estar solos sin sentirnos solos.[18]

Etapa del objeto transicional

El objeto transicional es ese objeto o peluche especial para el niño que le permite sentirse acompañado y consolarse. Es especial no porque nosotros se lo demos, sino porque lo elige él, y es un objeto propio, de casa, que utiliza especialmente en los momentos que siente la ausencia del adulto y la separación, aunque también puede mostrarse agresivo hacia ese objeto en otros momentos.

Este objeto «reemplaza» de alguna manera a su figura de referencia, «como si» la representara.[19] Simboliza para el niño su primera posesión y le ayuda a entender la continuidad de su propia existencia. Es decir, que, aunque él cambia de entorno y de contexto, o aunque cambien las personas que están a su alrededor, él y su objeto están de forma constante. Además, ayuda a procesar la separación y facilita el ingreso en otros grupos de personas diferentes al grupo familiar.[20]

Si entendemos la función que cumple este objeto, nos damos cuenta de que muchas de las prácticas que se suelen realizar con él carecen de sentido: como cuando no está permitido que los lleven a la escuela infantil o tienen que dejarlos fuera del aula, o cuando les decimos que tienen que compartirlos con los otros niños, o que tengan uno en casa y otro en la escuela. En cualquiera de estos casos, este objeto, que facilita el paso de una seguridad exterior a una interior, no se está permitiendo que cumpla su función.

Otras veces, son nuestros miedos los que dificultan que recorran este proceso, cuantas veces escuchamos frases del tipo: «Tan mayor y con ese juguete siempre»... A veces, es habitual recurrir a la crítica, a la burla o al enfado, pero nada de eso les ayudará en su evolución. Es posible que esto se deba a que tenemos miedo de que no lo dejen nunca, pero tenemos que ser conscientes de que están recorriendo su camino de interiorización y que, cuando se sientan seguros, lo dejarán. Si vemos que el proceso se alarga y no lo dejan, el foco tendremos que ponerlo en revisar los vínculos que se han establecido, en por qué no pueden hacerlo, antes que forzarlo quitando el objeto, escondiéndolo o «perdiéndolo», pues esto no les va a ayudar.

... A la permanencia interna

Sobre los tres años, gracias a la interiorización paulatina de su figura de referencia junto al proceso de separación del niño, propio del desarrollo, que los lleva a construir su identidad, conseguirán interiorizar a su figura de referencia.

Es como si, a partir de ese momento, la llevaran guardada dentro, lo que les permite distanciarse con menor preocupación, siendo más independientes de su presencia porque está con ellos, aunque no estén físicamente juntos. Ahora, su figura de referencia también tiene una representación interna.

Elementos que ayudan a interiorizar

Aunque estemos hablando de un proceso que requiere tiempo, acompañamiento y maduración, también hay situaciones y prácticas que pueden ayudarles en este camino. Algunas aparecen de forma natural en el juego de los niños, otras requieren que nuestro acompañamiento sea más consciente para ayudarles en este proceso. En estos casos, algunas de las cuestiones que podemos poner en práctica por nuestra parte para ayudarles son:

- Explicar lo que sucede durante las separaciones, lo que pasará o ya pasó; hacerlo les ofrece esa narrativa tan necesaria para integrar los hechos.
- Si les ofrecemos confianza y firmeza cuando nos separamos y mostramos alegría en los reencuentros, siempre que sean tolerables, les permitirá ir descubriendo que las breves separaciones «no les destruyen».[21]
- Respetar sus tiempos propios, de juego con ellos mismos.
- Las rutinas, el orden que sigue el día a día, de forma cotidiana y las situaciones que se realizan de la misma forma, les ayudará a que puedan anticipar y que emerjan las representaciones mentales, proporcionándoles mayor seguridad.
- Ofrecer elementos en los que apoyarse, como el objeto transicional, respetándolo y entendiendo su función.

- Favorecer el juego que, de forma natural, ayuda en este proceso.

Todas estas prácticas, realizadas de manera consciente, pueden apoyar su desarrollo y fomentar que, poco a poco, se sientan mucho más seguros soltando nuestra mano.

El juego y la interiorización

El juego no es un simple entretenimiento o una forma de pasar el tiempo, sino que es un factor que permite, entre otras cosas, «enfrentar e integrar las situaciones importantes de la vida».[22] Por eso, de forma natural en esta etapa emergen una serie de juegos de forma universal que ayudan a los niños en esta interiorización de la figura de referencia y a adquirir esa seguridad interior. Posteriormente, volverán a aparecer, pero con mayor complejidad en sus formas.

En esta primera etapa, existen juegos en los que el tema principal es la ausencia y la presencia de una persona o de una cosa, estos juegos les ayudan a entender la situación, a comprender que las cosas siguen existiendo, aunque dejes de verlas y que las cosas que se alejan y se separan pueden volver a estar juntas.

Es el caso de los juegos de coger algo y dejarlo ir, que son muy comunes cuando los niños son pequeños. Seguro que alguna vez habéis visto a un niño que está sentado en la trona o en el carro y tira algo desde allí esperando a que el adulto se lo devuelva, para volver a tirarlo de nuevo cuando lo recibe. Con estas acciones, el niño, realmente está jugando a tener algo, perderlo y recuperarlo, a entender que «las cosas que se van lejos pueden volver».[23] Pero este juego tiene muchas variantes y se sigue poniendo en práctica durante mucho tiempo, como cuando el niño se columpia frente al adulto y lo observa alejarse y acercarse o cuando juegan a pasarse una pelota.

Los juegos de aparecer y desaparecer también ayudan en esta interiorización. Se trata de juegos que se inician desde muy pronto, cuando el bebé se tapa o se esconde un poco y reaparece frente al rostro del adulto. Además, en estos casos, el niño es el que tiene el control de cuándo aparecer y desaparecer, siendo el dueño de la situación, que es justo lo contrario de lo que sucede en el día a día de un niño pequeño.

En estos juegos también se pone sobre la mesa ese miedo tan profundo que es el miedo al abandono, como cuando vuelves de trabajar y se esconden, y lo hacen siempre en el mismo sitio, no es un escondite en sí mismo porque sabemos dónde están y porque están viviendo con emoción cómo los buscamos. De esta manera, tiene la sensación de control de la situación porque nos ajustamos a sus tiempos, esperando hasta que sean ellos los que aparezcan, así como la alegría del reencuentro.

En definitiva, esta interiorización de la seguridad interior es una evolución en la que primero hay que estar, siendo una fuente exterior de consuelo y de seguridad para que, con el tiempo, pueda convertirse en esa sensación interior de seguridad que les permitirá seguir explorando y desarrollarse.

«Gracias a su maduración psicológica, interiorizan a su figura de referencia, algo así como "llevarla en su interior" y desarrollan una seguridad interna que les permite sentirse seguros cuando están separados de ella.»

Poder crecer
con la seguridad de saber

que puedes retroceder

Mucha gente piensa que el desarrollo infantil sigue un camino recto, hacia adelante, de una única dirección y que, cuando un niño consigue algo nuevo o adquiere una nueva habilidad, las anteriores se abandonan para siempre, siendo consistente en su camino hacia delante.

Sin embargo, si tienes niños a tu alrededor, te habrás dado cuenta de que esto no es del todo así.

El desarrollo está lleno de duelos

Los niños tienen un motor interno que les permite avanzar, desarrollarse, hacer cosas nuevas, separarse progresivamente del adulto, crear su propia identidad, explorar y aprender. Están preparados para ello y, si cuentan con las condiciones necesarias, se sienten seguros y tienen energía «de sobra», abordarán todas y cada una de estas cuestiones sin dudar.

Están preparados para interesarse por cosas nuevas y por hacer las cosas por sí mismos, también por lo que hacen los adultos, ya que quieren parecerse a nosotros y por eso quieren imitarnos continuamente. Esto es, incluso, lo que los lleva a querer seguir las normas sociales y a interesarse por la cultura poco a poco.

Sin embargo, al mismo tiempo, desarrollarse implica cambios, y mientras que lo conocido nos da seguridad, lo desconocido que trae consigo los cambios genera incertidumbre y miedos, porque no sabemos cómo será, si es peligroso o si nos hará daño.

Por eso, crecer implica también vivir una serie de duelos por la pérdida de lo conocido, por dejar de tenerlo, de usarlo o de hacerlo como hasta ahora. Puede que os estéis preguntando cómo es posible que, durante los primeros años, atraviesen duelos, pero si nos detenemos a pensar sobre los cambios a los que se enfrentan durante los tres primeros años, nos podremos hacer una idea sobre este asunto.

- Cambios respecto a la comida: de comer de un pecho o un biberón en forma líquida a poder tomar comida triturada o acabar comiendo comida sólida y con cubiertos.
- Cambios a la hora de dormir, respecto al lugar y cómo duermen: la cuna, la cama de los padres, la habitación propia, una cama propia o en la escuela.
- Cambios respecto a las personas con las que interactúa: la figura de referencia, la escuela, las diferentes educadoras, la familia extensa u otros posibles cuidadores.
- Cambios a la hora del baño: de una bañera pequeña a una más grande y de otro material, a la ducha.
- Cambios al hacer caca: del pañal al orinal, y al váter.
- Cambios en la forma de regular las emociones: el cuerpo del adulto, el pecho, el chupete, la mantita y otros adultos que le cuidan.
- Cambios a la hora de desplazarse: los brazos del adulto, el carro, porteo, caminar o el coche.
- Cambios en el lugar donde come: del regazo a la trona, una silla alta o una silla baja. Así como cambios acerca de quién realiza la acción, de que le den de comer a hacerlo solo; y sobre los cubiertos con los que come, con las manos, recipientes de plástico, de loza...

Como vemos, la lista es muy larga y podría serlo mucho más. Además, muchos de estos cambios implican la desaparición de lo anterior, que a veces se hace de forma brusca y repentina, sin mirar al niño. En muchas ocasiones, se realizan tan solo guiándonos por una fecha en el calendario o porque nos lo sugiere alguien externo, sin reflexionar sobre en qué le ayuda ese elemento al niño en cuestión, para qué lo utiliza y qué herramientas nuevas tiene para que decidamos el cambio.

Miedos adultos

En nuestra sociedad competitiva y con prisas se «premia» la precocidad: «Mi hijo ya hace...», «El mío ya no usa pañal», «El mío ya come solo», «¿Aún no camina?», «El mío ya lee», «Pues el mío se sabe el abecedario», como si hacerlo antes fuera a ser significativo para su desarrollo posterior.

Si además no conocemos el desarrollo infantil, ni sabemos que no es lineal, y desconocemos cómo se dan los procesos, es habitual que aparezcan miedos y cierta desconfianza en que el desarrollo se dé realmente de manera natural si están cubiertas las condiciones para que así sea.

Es por ello por lo que tendemos a precipitarnos y a ofrecerles ayuda en procesos que no lo necesitan, como al intentar enseñarles a moverse cuando son bebés o a controlar sus esfínteres, o cuando tratamos de precipitar los contenidos escolares cuando lo que necesitan desarrollar es su base a través del juego.

Luego, además, cuando ya han adquirido algo y nos piden ayuda de nuevo, aparecen nuestras dudas y miedos una vez más: «Si me pide que le dé de comer, pero ya sabe hacerlo, ¿está retrocediendo?», «Si le ayudo a vestirse cuando ya sabe hacerlo ¿se costumbrará y se lo tendré que hacer siempre?». Y dudamos, porque tememos que esa ayuda interferirá en su autonomía.

Crecer sabiendo que puedes volver

Nuestro acompañamiento va a ir evolucionando al tiempo que ellos crecen, por la sencilla razón de que las necesidades de los niños van cambiando en este tiempo. Por eso, si queremos favorecer su desarrollo, nuestra forma de acompañar con dos años no puede, o no debe, ser la misma que cuando tenían dos meses.

Es importante ofrecerles experiencias nuevas, opciones, y favorecer la exploración y su evolución, pero también lo es respetar su tiempo, sus «dudas» en el camino y sus «retrocesos», que también son parte del camino. Aunque sean ellos los que inician los cambios, estos irán acompañados de emociones, de inseguridad y de la incertidumbre que conlleva enfrentarse a la novedad. Si saben que, cuando se presenta algo nuevo, desaparece lo viejo, se van a aferrar más a lo conocido y se van a resistir más al cambio. Ideas como «si se deja, se deja»; que el objeto —como un chupete o el biberón—, desaparezca para siempre de sus vidas de forma repentina; o que se espere de él que, por aprender una nueva habilidad, la aplique siempre —«Como ya camina, que camine, ¡fuera el carro!», «Si ya sabe vestirse, que lo haga cada mañana»—, harán que los cambios sean más complicados.

Durante su desarrollo, habrá momentos de idas y venidas, especialmente en aquellos momentos que supongan cambios emocionales muy grandes como puede ser el inicio del curso escolar, los cambios en el colegio o el nacimiento de un hermano. A veces puede que incluso se presenten varios de ellos al mismo tiempo, con el impacto emocional que eso supone, por lo que es muy probable que, en esos momentos, vuelvan a pedirnos ayuda en cosas que ya hacían por sí mismos.

Si en estas situaciones, los criticamos o nos oponemos, pensando que, si les ayudamos, estamos restándoles autonomía, haciendo que retrocedan o pensando que nos están «tomando el pelo», es posible que dejen de pedirlo, pero no de necesitarlo.

Sin embargo, si entendemos que esta es en realidad su forma de decir: «Necesito recordar qué se sentía cuando era más pequeño y ver si merece la pena», «Estoy pasando por un momento difícil», «Me gustaría que las cosas fueran como antes», «¿He perdido para siempre lo que me daba seguridad o sigue estando?», seguro que comprendemos un poco mejor sus necesidades y nuestra forma de acompañarlos cambia.

Otras veces, la demanda que nos hacen no es directa, sino que aparece en forma de juego. Son los llamados juegos de regresión,[24] que suelen ser habituales entre los tres y los seis años, y en los que los niños, por iniciativa propia, muestran comportamientos que se pueden percibir como regresivos: actúan como si volvieran a ser bebés, hablan de forma infantilizada, hacen de cachorritos que se ponen en nuestro regazo para ser acariciados... A veces, estos juegos nos irritan y nos desorientan, por eso les pedimos que hablen con su voz normal o que no se comporten de esa manera.

Sin embargo, es importante comprender que se trata de una forma de regresar de manera simbólica a su infancia, a una etapa en la que se sentían seguros y amados, intentan, de la manera que saben, volver a pedir esa atención que tenían cuando eran más pequeños. Por eso, cuando les seguimos el juego, no los estamos invitando a que retrocedan o eviten madurar, sino que les estamos dando ese impulso que necesitan para desarrollarse y avanzar con más fuerza en su camino, porque les estamos haciendo ver que son queridos y cuidados, lo que les aporta seguridad.

Tenemos que comprender que estas situaciones no son un retroceso, sino un alto en el camino en el que se vuelven para mirar hacia atrás y apreciar su camino recorrido. Por ello, si les hacemos ver que este no ha desaparecido y lo respetamos, les llega el mensaje de que es seguro seguir avanzando, de que estaremos ahí y de que los aceptamos tal y como son.[25]

Como dice la psicoanalista Mariela Michelena, ¿cuántas veces los adultos, aunque ya sabemos hacer todas esas cosas, necesitamos que nos traten como a bebés, nos mimen, nos consuelen, nos ayuden a elegir o nos preparen la comida? Ya sabemos hacerlo, pero nos reconforta que nos ayuden, nos consuelen y nos cuiden, y a los niños les sucede igual.[26]

«Los niños tienen un motor interno
que les permite avanzar, desarrollarse,
hacer cosas nuevas, separarse progresivamente
del adulto, crear su propia identidad,
explorar y aprender.»

Pensamos que esto es ser autónomo

cuando se parece más a esto

La pseudoautonomía[27]

Si bien en este capítulo estamos conociendo el camino que permite al niño desarrollar poco a poco su autonomía, cuando se trata de la infancia, la palabra «autonomía» puede entenderse coloquialmente de una forma diferente a como la estamos viendo aquí.

Es posible que en nuestra mente la asociemos a cuando los niños alrededor de los dos o tres años comienzan a hacer ciertas acciones como ponerse sus zapatos, la chaqueta, recoger los juguetes, llevar el plato al fregadero o al lavavajillas, aprender a subirse y bajarse los pantalones, a comer sin ayuda o a entrar solo a la escuela. La relacionamos con todas esas cosas que antes les hacíamos y que van aprendiendo a hacer por sí mismos. Son momento que los adultos vivimos con orgullo, pero ¿es esto la autonomía? No exactamente. Por eso, en las siguientes páginas, vamos a desarrollar un poco más este concepto.

Qué es la autonomía[28]

Hasta ahora, hemos hablado de las necesidades de apego y de exploración de los niños y cómo la exploración nacía de ese deseo del pequeño por alejarse. La autonomía, que estaría muy relacionada con esta necesidad, sería esa capacidad de ser alguien separado, con ideas propias y propósitos, que hace cosas por sí mismo y puede tomar sus propias decisiones. Esto es algo muy necesario en la vida adulta y, por eso, es normal que como cuidadores anhelemos que nuestros pequeños lo desarrollen en un futuro. Sin embargo, también es algo que no nos suele gustar tanto cuando son pequeños y su autonomía entra en conflicto con nuestras ideas.

Todos esos ejemplos que mencionábamos anteriormente, como ponerse los zapatos o comer sin ayuda, podrían ser una muestra de autonomía, siempre y cuando esa iniciativa hubiera nacido del deseo interno del niño. Es decir, siempre y cuando el niño quiera hacerlo, sepa hacerlo —o esté en ello— y pueda hacerlo —cuente con las condiciones para ello.[29]

Por tanto, cuando hablamos de autonomía a lo que estamos haciendo referencia es a la capacidad que tiene un niño para proponerse una actividad o acción por sí mismo, de planificarla, ejecutarla, autoevaluarla, decidir cuándo parar, cambiar y empezar con una nueva idea.[30]

Cuándo empieza

Si entendemos la autonomía según lo indicado en el apartado anterior, descubrimos que los niños son autónomos desde que nacen.[31] Son dependientes, pero autónomos porque ya desde el principio muestran su manera única y personal de comer, su ritmo. Un bebé ejerce su autonomía cuando está mamando y se aparta porque ya está saciado; estas situaciones cotidianas que pueden parecer tan nimias le van creando la sensación de ser alguien por sí mismo. Para la psicoanalista Mariela Michelena, la alimentación es uno de los campos que más suele preocupar a los adultos y en el que con más frecuencia muestran los infantes su autonomía.[32]

A los pocos meses, los bebés son capaces de girar su cabeza cuando quieren detener la interacción con los adultos, aceptando o rechazando sus gestos o contactos, esto también muestra su capacidad de iniciativa y decisión. Cuando observamos al bebé y descubrimos sus diferencias individuales, cuando en los momentos de cuidados aprendemos a leer lo que nos comunica a través del lenguaje no verbal, descubriendo su ritmo o sus preferencias, estamos favoreciendo su autonomía.

Por lo tanto, esta capacidad es algo que se va desarrollando poco a poco, durante toda la vida con los medios de los que dispone en cada momento durante su crecimiento.

Una verdadera autonomía

Cuando un niño realiza una actividad que se propone él mismo, debido a una motivación interna, esta actividad estará ajustada al momento del desarrollo en el que se encuentra, así como a sus recursos e intereses. Lograr llevarla a cabo hará que se sienta orgulloso, competente y eficaz, y esto favorecerá el desarrollo de su identidad, su consciencia de sí mismo y la confianza en sus capacidades.

En estos casos, lo más probable es que quiera compartir su logro con las personas que le cuidan, no porque busque un premio o un reconocimiento, pues, en esta situación, para el niño no hay más premio que el haberlo logrado, sino por el deseo de compartir propio de los seres sociales.

Sin embargo, también puede darse la situación de que no logre lo que se ha propuesto, pero, al ser un plan iniciado por sí mismo, aprenderá a realizar nuevos, desarrollará otras estrategias o volverá a los que ya son conocidos. Lo más importante es que no lo vivirá como un fracaso, sino como un aprendizaje.

Un duelo por su autonomía

La autonomía no es, por tanto, algo que venga de fuera ni que tenga que enseñarse, sino que ya está presente en los niños de forma natural.[33] Por eso, nuestra función será permitir su desarrollo, mantenerla y protegerla para que no se inhiba.[34]

Es una capacidad relacionada con tomar decisiones, elaborar proyectos, expresar ideas o hacer cosas por uno mismo, entre otras cosas, por lo que el terreno fundamental para poder desarrollarla será el movimiento y el juego libre. Sin embargo, proteger y favorecer esta autonomía natural no siempre es fácil para nosotros como adultos.

A veces, aunque la dependencia de los niños pequeños puede agobiarnos y resultar agotadora, de forma inconsciente «necesitamos que sigan siendo bebés», porque nos permite sentirnos necesarios, indispensables e importantes.[35] O es posible que, según nuestra historia previa, su autonomía despierte en nosotros una sensación de abandono difícil de soportar.

Una mala gestión de nuestro acompañamiento en el desarrollo de la autonomía puede desembocar en dos caminos. Por un lado, puede ocurrir que los vínculos no evolucionen conforme los niños crecen y los sobreprotejamos, aferrándonos a ellos sin dejarles marchar, que no alternemos los momentos de presencia y de ausencia y que, por lo tanto, inhibamos su autonomía al no facilitar las condiciones para que esta se desarrolle.

O, por otro, puede que nos vayamos al extremo contrario, que les presionemos para que sean independientes demasiado pronto, intentando que maduren rápido, sin respetar sus deseos ni sus ritmos; en este caso, hablamos de pseudoautonomía.

La pseudoautonomía[36]

El concepto de la pseudoautonomía, concebido por la pediatra Judit Falk, hace referencia a todas estas capacidades que se fuerzan en los pequeños que pueden tener apariencia de autonomía, pero que, en realidad, no surgen de su iniciativa, ni están ajustadas a sus recursos e intereses.

Como hemos visto anteriormente, muchos procesos en el desarrollo infantil no se parecen al resultado final. Esto se puede apreciar en casos como cuando necesitan poseer para más adelante llegar a compartir o cuando necesitan movimiento para aprender a parar. Sin embargo, nosotros, como adultos que ya hemos vivido ese proceso, tenemos muy claro el resultado final, lo que nos gustaría que hicieran, por eso, con frecuencia, les intentamos enseñar desde fuera cómo ser autónomos, sin tener en cuenta que esto puede no ser lo que necesitan.

Parece autónomo, pero no lo es

Les sentamos cuando son bebés en el suelo antes de que su cuerpo esté preparado y lo hayan adquirido por sí mismos; les quitamos el pañal, obligándolos a sentarse cada hora en el orinal porque si no el pis se les escapa al no tener aún control sobre sus esfínteres; les enseñamos a que pidan perdón después de golpear a alguien, aunque no entiendan lo que están diciendo; les forzamos a compartir sus cosas cuando desearían aferrarse a ellas; les enseñamos a que digan los números de carrerilla sin entender qué es eso que dicen; les enseñamos a que hagan multitud de cosas por sí mismos sin que sea el momento, y así con cientos de cosas.

Sin embargo, si el niño no ha podido desarrollar realmente los procesos que le llevan a hacer esas cosas, puede parecer autónomo desde fuera, pero no lo será por dentro.[37] Se habrá construido toda una fachada que, más tarde o más temprano, caerá y dejará al descubierto una mayor fragilidad, porque en realidad se trataba de un niño disfrazado de mayor, que gastó su energía en parecerlo y no en desarrollar el proceso como tocaba.[38]

Para la experta en psicomotricidad Myrtha Chokler, lo que se aprende con unas bases que no están maduras son conductas fragmentadas, deformadas, inseguras, precarias y disociadas, que tendrán efectos en el conjunto de su personalidad.

Cuando no es autonomía

Cuando el deseo no nace del interior del niño ni tiene la madurez suficiente para ello, sino que parte del deseo del adulto, el pequeño lo vivirá de una forma diferente a cuando es realmente una actividad autónoma.

Aunque podamos tener muy buenas intenciones, cuando la idea parte de nosotros, es el adulto el que se convierte en el protagonista de la acción del niño, el niño hace o explora porque se lo pedimos y, para ello, le invitamos, le impulsamos, le exigimos o le seducimos para que haga algo para lo que no está preparado.

Ya no es el niño el que vive la situación como «¡Yo solo!», sino que es el adulto el que impulsa: «¡Tú solo!», «¡Tú puedes!».[39] Y aunque esto puede parecer motivador, también hace que el niño lo viva como una exigencia debido a esa necesidad innata que tiene de no querer defraudarnos.

Si consigue lo que el adulto le propone, el aprendizaje estará disgregado porque no será el resultado de algo a lo que el niño haya llegado por sus medios. Si, por el contrario, no le sale, se sentirá incapaz y, además, culpable por defraudar al adulto, que es posible que insista con un: «Venga, inténtalo otra vez».

Otra posibilidad es que el niño no se vea capaz de realizar la demanda del adulto y le pida ayuda, pero es más que probable que el adulto se la niegue y, entonces, el pequeño se sienta solo y rechazado, cuestionándose incluso si es querido tal y como es. Estas situaciones, aunque se hagan con muy buenas intenciones, dejan una huella en forma de sentimientos de incapacidad, inseguridad o de dependencia hacia los demás y sus opiniones, por no hablar de lo que ocurre con la iniciativa del niño, que queda relegada a un rol pasivo, esperando a la próxima propuesta por parte de otra persona.

Cuando años más tarde, nos encontramos frente a esa persona que consideramos que «le falta iniciativa», que «es dependiente de los demás», me pregunto: ¿contó con un entorno que favoreció su autonomía?, ¿contó con un entorno que le escuchó, le permitió ser y hacer? Porque aunque puede ser difícil verlo en un principio, la manera en la que les tratamos en estos primeros años deja una huella en ellos que les puede acompañar incluso en su vida adulta.

10

Descubriendo quién eres

los niños
no pueden verse
a sí mismos
de forma directa

Los demás
hacen de espejos
que moldean su autoimagen

Una de las conquistas que considero más importantes de los primeros años es la construcción del sí mismo que tiene que hacer cada niño en esta etapa. Se trata de la concepción de su identidad, de esa sensación de ser quienes somos,[1] alguien particular diferente al resto de las personas,[2] esa conciencia de que, aunque pase el tiempo y experimentemos cambios externos, existe algo dentro de nosotros que siempre estará ahí y forma una parte inalterable de nuestro ser.

Los niños no nacen con esa identidad desarrollada, sino que es una construcción que se lleva a cabo durante los primeros años. Piensa que, al inicio, un bebé es una criatura dependiente de los cuidados del adulto que está en un estado de fusión; es después que, poco a poco, va creando una autoimagen, descubriendo que es una persona diferente de aquella que le cuida, que tiene pensamientos y deseos propios, un nombre que le diferencia, y la capacidad de elegir, opinar... Y todo esto sucede en apenas tres años.

Después, descubrirá que vive en un contexto donde se valoran unos aspectos y se rechazan otros, por lo que comenzará a darle un valor a esa imagen que tiene de sí mismo, creándose la autoestima y el autorrespeto, y demostrándonos una vez más que el origen de algunos aspectos que nos preocupan más adelante en el desarrollo, incluso en la edad adulta, ya está en los primeros años.

Esta etapa hasta los cinco años es el periodo más crítico para la construcción de quienes somos porque en ella se establece la imagen que tenemos de nosotros mismos y de los demás, así como el lugar que creemos ocupar en el mundo.[3]

No puede verse a sí mismo

Aunque en varias ocasiones hemos hecho referencia a la construcción de la autoimagen, la realidad es que ningún niño puede verse de forma directa, por lo que esta imagen que genera de sí mismo no es un reflejo objetivo de lo que realmente es, sino que depende del reflejo que recibe de diferentes fuentes que, llegados a este punto, ya podréis intuir.[4]

El trato de los demás

Por un lado, depende del trato que el niño recibe de los demás. Como abordamos al hablar del modelo operativo interno, en función de si se satisfacen las necesidades que tiene o no y la calidad con la que esto se haga, el niño recibirá un reflejo interno sobre su valor. Y no podemos olvidar que, al hablar de necesidades, no solo hacemos referencia a las fisiológicas como que esté alimentado, limpio y tenga un techo bajo el que dormir, sino que estamos viendo la importancia que tiene responder también a las necesidades emocionales de la forma adecuada al momento evolutivo en el que se encuentran, algo que muchas veces se ignora.

Por lo tanto, no es solo responder sino cómo lo hacemos, y todo aquello que les decimos, en especial a través del lenguaje no verbal: cómo los tocamos, los tratamos, si tenemos en cuenta sus iniciativas, su individualidad, su ritmo o las oportunidades que les ofrecemos. También todo aquello que decimos, cómo juzgamos una acción del niño, qué nombre ponemos a una conducta o qué etiquetas expresamos, pues, como ya sabréis, utilizarlas puede ser muy dañino, porque según cómo juzguemos la acción de un niño, él construirá su identidad, ya que, debido a esa incapacidad que tienen para cuestionarnos en estos momentos y a su necesidad de agradarnos, inconscientemente acabará desempeñando el papel que le hayamos asignado.[5]

Los niños necesitan pertenecer y los adultos continuamente les devolvemos una imagen de ellos según lo que decimos, esperamos, deseamos, queremos evitar o tememos que sean. De esta manera, ellos creerán que esa imagen es lo que son, la interiorizarán y se convertirá en los cimientos sobre los que irán construyendo su identidad.[6]

Como las narrativas y los diálogos reflexivos son esenciales para que adquieran conciencia de sí mismos, será importante reflexionar sobre nuestras palabras, qué lenguaje utilizamos y no confundir una conducta concreta con la totalidad de la persona. Esto es importante siempre, pero en esta etapa de formación de su autoconcepto resulta esencial, por lo que debemos recordar, además, que estas etiquetas no son objetivas, sino que cada adulto las expresará en función de sus expectativas.

El dominio físico

Otra cuestión que influye en la autoimagen que tiene el niño es el dominio físico que percibe tanto sobre sí mismo como sobre el entorno que le rodea, es decir, sus habilidades, aptitudes o potencialidades, por eso es tan importante darle la oportunidad de desarrollarlas. ¿Cómo podemos favorecerlo? Principalmente permitiéndoles moverse y jugar de manera libre.[7] Este tema lo desarrollé en profundidad en mi libro *Déjalos ser niños*, pero, en esta ocasión, vamos a ver los aspectos que debemos tener en cuenta para que puedan construir una autoimagen positiva.[8]

Por ejemplo, si ponemos atención en el espacio en el que se encuentra el bebé o el niño pequeño, ya sea la zona de juego que hemos preparado para el pequeño en el hogar o el aula si somos maestros, podemos crear espacios acordes al momento evolutivo en el que se encuentran, es decir, espacios en los que los retos que se encuentren sean alcanzables. Esta misma idea se puede aplicar cuando los llevemos al parque o a otros lugares en los que tengamos opción de elegir y cuya finalidad sea que los niños disfruten. Voy a exponerte un ejemplo concreto para que puedas hacerte una idea de a qué me estoy refiriendo: imagina a una niña que hace poco tiempo que camina, por lo que su marcha no es del todo estable; quizá se nos ocurra la idea de subirla en una cama elástica, pero ¿cuál crees que será su sensación durante la experiencia? ¿Crees que se sentirá competente?

También podemos poner la atención en los objetos que dejamos a su alcance para que jueguen, y utilizo la palabra «objetos» porque en estas primeras edades no necesitan de manera específica juguetes para jugar y es muy común que les atraigan más los objetos cotidianos, que muchos de los juguetes comerciales, por lo que muchas veces puede que lo que dejemos a su alcance para que manipulen no sean juguetes al uso, y eso es positivo, siempre que sean seguros. Lo importante es que nos preguntemos si estos objetos les permiten alcanzar las metas que se proponen o si, en cambio, generan frustración porque no son acordes al momento de desarrollo en el que se encuentran.

Imagina que ofrecemos unas pelotas de goma a un bebé que se mantiene en el suelo boca arriba, voltea y se coloca boca abajo, pero no se desplaza, posiblemente en cuanto roce alguna pelota esta se alejará rodando demasiado lejos y no la podrá alcanzar por mucho que lo intente, lo que puede desembocar en cierta frustración

Otra forma de ayudarles a construir una autoimagen positiva es que mantengamos un orden en los juguetes o materiales para el juego, por ejemplo, que recojamos siempre las pelotas en el mismo cesto que se ubica en un lugar concreto; de esta forma, podrán encontrar ese material cuando tengan un plan.

Si ofrecemos una variedad rica de materiales, podrán elegir qué objetos utilizar, cómo, durante cuánto tiempo, en combinación con qué, etc. Podrán tomar decisiones, experimentar opciones diferentes o crear unas nuevas según quieran, lo que repercutirá en su sensación de competencia.

Sin embargo, por otro lado, también podemos realizar acciones y prácticas con relación al dominio físico que favorezcan la construcción una autoimagen negativa.[9] Un ejemplo de ello sería cuando los colocamos en situaciones para las que no están preparados ni física ni emocionalmente, como cuando sentamos a un bebé antes de que haya logrado esa postura por sí mismo, le damos las manitas para caminar o lo subimos al tobogán y hacemos que se deslice sin comprender lo que está ocurriendo. En todas estas ocasiones, será incapaz de controlar la situación y su cuerpo, y, por lo tanto, se sentirá incompetente. Otra situación que le pondría en una situación para la que no está preparado es cuando le animamos para que se aleje de nosotros y se acerque a otras personas o a cosas que le dan miedo.

Cuando en lugar de favorecer un juego libre en el que ellos tomen la iniciativa y decidan qué utilizar y de qué forma, aunque a simple vista a los adultos nos parezca que lo que hacen no es relevante o están perdiendo el tiempo, y les hacemos copiar nuestros modelos o una forma de jugar o de utilizar los objetos de forma concreta, lo que estamos haciendo es interrumpir su iniciativa, su autonomía y su capacidad para crear e inventar.

Aunque nosotros creemos que estamos aportando experiencias cuando, por ejemplo, vemos que están utilizando las construcciones para verterlas de una cesta a otra y, en lugar de permitirles ese juego que están haciendo, les indicamos cómo construir y hacer torres, o cuando están utilizando las tazas de juguete para colocarlas alineadas boca abajo una tras otra, e interrumpimos lo que hacen para enseñarles la forma de imitar como se toma el té; en realidad lo que estamos haciendo es no respetar el momento del desarrollo en el que están, porque esas acciones, como construir torres o el juego de imitación y roles, llegarán, pero cuando sea el momento y gracias a permitir que, en primer lugar, realicen todo eso que para nosotros no tiene lógica del todo. Por eso es importante conocer el proceso, para no dejarse llevar por el resultado final.

Congruencia entre fuentes

Hemos visto que los juicios negativos dañan a la persona, pero ¿y si usáramos la estrategia contraria? Si solo les dijéramos cosas maravillosas, aunque no fueran ciertas, ¿crearían un autoconcepto positivo? Sin embargo, como ya hemos visto, en esta etapa la autoimagen se construye atendiendo a dos fuentes diferentes que le envían reflejos: el trato recibido por los demás y el dominio físico propio del niño.

Cuanto más se aproxime la visión que la persona tiene de sí misma con sus habilidades, aptitudes y potencialidades, más probable es que ese niño se considere adecuado, por lo que alentarlo no consiste en reflejar una imagen desajustada, sino en aceptar al niño que tenemos delante, tratarlo con respeto y cuidar nuestro lenguaje para que no le dañe, al tiempo que ofrecemos las condiciones para que pueda desarrollarse y madure, y las oportunidades para que pueda conocer y controlar su cuerpo y el entorno.[10]

Son competentes

si favorecemos las condiciones

Llegados a este punto, es posible que nos preguntemos cómo emergerá esa sensación de ser una persona separada de aquella que le ha cuidado, la conciencia de que es diferente, único, con una mente propia, con deseos, intenciones, pensamientos, un ser que toma decisiones, hace cosas e influye en los demás con sus actos. En definitiva, un ser autónomo.

En las primeras partes de este libro, analizamos la importancia del sistema del apego, el vínculo y los cuidados, después descubrimos la otra cara de la moneda, que era la necesidad de explorar. Y si hablamos de explorar, de hacer, de aprender y de descubrir todo lo que son capaces de hacer durante los primeros años, tenemos que hablar de movimiento y juego.

Que descubra su competencia

Según el diccionario de la Real Academia Española, la segunda acepción de «competencia», es «pericia, aptitud o idoneidad para hacer algo o intervenir en un asunto determinado».[11]

Es a esta definición a la que nos vamos a referir aquí, a que los niños puedan descubrir todo lo que son capaces de hacer porque, de forma innata, ese germen está, pero tenemos que ofrecer experiencias para que se despliegue, no a base de ejercicios, actividades o cosas muy complicadas, sino favoreciendo su desarrollo natural y confiando en ellos.

Un cambio de mirada desde el inicio

Ayudarles en el sentido de favorecer el movimiento y el juego libres no significa enseñarles, estimularles, dirigirles, hacerles cosas, ni manipular objetos en sus manos o «llenarlos» de contenidos, palabras o aprendizajes para que parezcan más adultos.

Significa confiar. Confiar en que los niños son capaces, desde que son pequeños, de realizar tareas, descubrimientos, aprendizajes por sí mismos, siguiendo su propia iniciativa, sin ayuda externa. Porque en cada momento lo harán en el nivel de desarrollo en el que están y con las capacidades de que disponen. ¡Están preparados para ello!

Conocer el desarrollo es algo que nos ayuda porque nos permite tener unas expectativas ajustadas. En mis anteriores libros, *Déjalos ser niños* y *Criar con apego seguro*, profundicé en este tema, por lo que no lo haremos aquí, pero podéis consultarlos para completar la información que estamos viendo.

Aunque pueda parecer que al acompañar su juego y su movimiento de esta forma «no estamos haciendo nada», nuestro rol, aunque indirecto, es muy necesario. Por un lado, aportaremos una base de seguridad para que puedan explorar, que ya es mucho: es necesario que sus necesidades estén cubiertas, incluidas las emocionales, para que el niño tenga la confianza de que responderemos si lo necesita y pueda dedicar su energía a explorar. Por otro lado, tendremos que favorecer tiempos y espacios propios para que pueda conocerse y conocer el entorno. Porque el vínculo cambia, evoluciona, se transforma y se interioriza, y nosotros tenemos la tarea de dejarles ser para que puedan convertirse en la persona que cada uno de ellos son.

La actividad autónoma

No se puede hablar de actividad autónoma sin mencionar a Emmi Pikler, una pediatra húngara del siglo XX que es todo un referente, cuyas observaciones, reflexiones e investigaciones, que aúnan teoría y práctica, han aportado y siguen aportando muchísimo conocimiento sobre los primeros años en la vida de los niños. En mi caso, la mirada pikleriana marcó un antes y un después en la forma de comprender el desarrollo infantil. Conceptos como el movimiento libre y la actividad autónoma derivan directamente de esta mirada, que, en este apartado, uniremos con las aportaciones de la psicología y la psicomotricidad de los últimos años.

Entendemos por actividad autónoma esa actividad espontánea, voluntaria, libre, creativa y por propia iniciativa que podemos resumir como jugar, ya que, si hablamos de los primeros años, jugar implica, al mismo tiempo, moverse. Un niño, desde muy pequeño, alrededor de los tres meses, va a comenzar a disfrutar de estos momentos de juego tanto para conocerse como para conocer el mundo que le rodea y que tiene sus propias leyes.

Podrá conocer todo lo externo desde su propio cuerpo, desde el movimiento, porque el bebé está preparado para descubrir por sí mismo las diferentes posturas que forman parte de nuestra especie y la forma de moverse. Recuerda que, en el desarrollo humano, hay trazado un plan, una dirección que nos lleva desde estar tumbados sobre nuestra espalda a girar, descubrir la postura de boca abajo, desplazarnos arrastrándonos, volteando o reptando, gatear, sentarnos, ponernos de rodillas, descubrir cómo mantenernos de pie, caminar, trepar, saltar, deslizarnos, dar vueltas...

Y leyendo esto es posible que penséis en todas esas excepciones, en aquellas personas que no han pasado por este plan que viene marcado por el propio desarrollo, pero tenemos que tomar conciencia de que no solo hace falta un cuerpo que esté preparado para ello —y que no haya ninguna dificultad física o neurológica que lo impida— sino que también tiene que haber un ambiente que lo facilite.

Puede que las experiencias que ofrezca el ambiente, aunque sea con muy buenas intenciones, no permitan que este plan se desarrolle. Emmi Pikler, en este sentido, proponía a las familias dos ideas clave para favorecerlo, por un lado, no colocar a los niños en posturas a las que no eran capaces de llegar por sus propios medios y, por otro, no enseñarles movimientos.[12] Llevar a la práctica estas ideas no es fácil porque muchos de los elementos y aparatos que venden no lo respetan y hay muchas prácticas normalizadas que lo impiden.

Si creamos las condiciones, estos patrones motores innatos y preprogramados, que compartimos por ser parte de una misma especie, se irán desplegando, y debemos confiar en que esto sucederá de la misma forma que confiamos en que, en una determinada edad, se les caerán los dientes de leche o confiamos en que comenzarán su pubertad.[13]

El espacio

Una de las condiciones para que el juego y el movimiento se despliegue es crear un entorno interesante y adaptado al momento en el que está el niño. No es lo mismo el espacio de juego de un bebé de tres meses que necesita más contención y unos límites físicos más claros —piensa en el mundo tan grande que se despliega ante él—, y no necesitará apenas elementos para jugar porque su interés en ese momento está en descubrir su cuerpo; que el espacio de juego que necesita un bebé con ocho meses, momento en el que es posible que ya gire, explore boca abajo, agarre juguetes con precisión durante unos segundos y vuelva a la postura de boca arriba. En este segundo caso necesitará más cantidad de objetos.

Con un año, cuando acaba de descubrir su verticalidad, necesitará más puntos de apoyo para observar todo desde una nueva perspectiva y poder tanto alejarse del adulto como regresar. Con dos años, requerirá más superficies para investigar, pues es el momento en el que necesita poner su cuerpo a prueba y subir a alturas, observar desde ahí, deslizarse y combinar objetos, por lo que necesitará que haya en más cantidad; mientras que, con cuatro años, necesita trepar, saltar, desequilibrarse y girar hasta perder sus referencias visoespaciales que ya ha conquistado, así como objetos que le sirvan de complementos a sus juegos en los que interviene todo el cuerpo y adquiere diferentes roles.

Por lo tanto, necesitarán un entorno adaptado en el que haya objetos que puedan tocar, manipular, mover y explorar para así aprender de manera acorde al momento de desarrollo en el que están. Un entorno que sea seguro para evitar tanto riesgos —pues ellos no pueden medir las consecuencias de sus acciones y somos nosotros los encargados de garantizar las condiciones para que puedan explorar de forma segura—, como tener que imponer prohibiciones, pues estas, durante los primeros años, no van a ser muy efectivas al transmitirse por el lenguaje oral y es preferible adaptar el entorno.

Durante el primer año, por ejemplo, el suelo firme será la superficie más segura porque siempre se comporta igual, lo que les permite orientarse y les posibilita la organización del movimiento y la marcha.[14]

Los tiempos

Otra condición será organizar el día a día para que exista tiempo para jugar, porque son importantes los momentos que compartimos juntos, pero no lo son menos para la construcción de sí mismos los tiempos que pasa descubriendo por sus propios medios. De hecho, cuanto más crezcan, más tiempo necesitarán.

Cuando son pequeños, estos tiempos de juego deben darse siempre priorizando que sus necesidades estén cubiertas y se encuentren de buen humor, pues, como ya se ha mencionado en varias ocasiones, el sistema de exploración aparece «con las pilas cargadas».

Los objetos

Será necesario ofrecerles elementos que les atraigan, que sean interesantes, variados, sencillos, que puedan manipular libremente y que no hagan cosas por los niños. Elementos cotidianos, seguros y adaptados en peso y tamaño al momento en el que están, que les permitan conocer y comprobar cómo funciona el mundo siendo ellos los que crean esos movimientos, sonidos y cambios, y no unas pilas y unos cables en su interior.

El acompañamiento

Al inicio nos necesitarán cerca físicamente, pero, poco a poco, podremos ir tomando más distancia. Como se ha comentado, es importante que haya tiempos de cuidado y disfrute que sean en compañía, pero también que tengan sus propios tiempos de juego.

Esta distancia se ve favorecida por el desarrollo de procesos y capacidades que ya hemos ido conociendo, el bebé va adquiriendo herramientas para reclamar al adulto cuando lo necesita, aparecen las imágenes mentales y los pensamientos que los tranquilizan y que les permiten soportar esperas breves si han sido atendidos con anterioridad.

Debemos tener en cuenta también que el hecho de que el juego sea libre no implica que debamos rechazarlos si nos invitan a participar. En ocasiones, nos buscarán para sus juegos, como los de construir y destruir, o los de esconderse y ser encontrado, y es natural que acudamos, pero es importante que seamos nosotros los que nos ajustemos a su juego y no al revés, pues si bien es posible que, como somos mayores y tenemos más bagaje, nuestras ideas sean más creativas y «mejores», no serán las suyas, y no debemos olvidar que es su juego... y su desarrollo.

Es por todo esto que acompañar la actividad autónoma es

una labor muy compleja, porque implica estar presente, pero dejar espacio; encontrar ese punto en el que el niño sienta, al mismo tiempo, atención y libertad.[15]

Lo psíquico y lo motor

Como ya hemos visto, el cuerpo y el movimiento está en la base del desarrollo de nuestra mente.[16] Por ello, aunque pueda no parecernos obvio en un primer momento, moverse y jugar de forma autónoma está profundamente relacionado con el desarrollo de la conciencia de sí mismo.

Ya desde que nace, desde antes en realidad, todo lo que vive en su cuerpo se queda grabado, viven cada postura en la que es colocado, cómo se le mueve, cómo es manipulado por la otra persona, si el sostén es firme y seguro o inseguro, etc. Experimenta sensaciones de incomodidad internas cuando sus necesidades no están cubiertas y siente hambre, sueño, frío, necesidad de atención o dolor. También de placer cuando el adulto le calma, o los ritmos externos, como la serenidad del ambiente, dejando todo ello un poso de placer o de displacer.

Poco a poco, su movimiento involuntario, debido a la maduración, va dando paso a uno más voluntario, influyendo el uno en el otro. Cada vez hacen más cosas por sí mismos con un objetivo y también son más conscientes de toda la actividad espontánea que viene de su interior: sus órganos funcionando, sus necesidades... Si este desarrollo se respeta, comenzarán a distinguir los movimientos que ellos mismos generan de los que provienen del exterior, diferenciando de esta manera entre quién es él y quién no.

El arrastre, el reptado y el gateo serán pasos importantes en la separación de la persona que le cuida, porque le permitirá alejarse, ir hacia su objetivo y volver por sí mismo, reafirmando así que es diferente del adulto. Se considera también que ponerse de pie y conquistar la verticalidad coincide con el inicio de la diferenciación de uno mismo como individuo.[17]

Cuando alcanzan por sí mismos las diferentes posturas y desplazamientos:

- Lo hacen con una buena integración tónico-postural, sin tensiones ni compensaciones por haber sido colocados en posiciones por encima de sus posibilidades.[18]
- Atraviesan todas las posturas necesarias que enlazan unas con otras, observándose armonía en sus movimientos.[19]
- Organizan su esquema corporal, construido por ellos mismos.
- Organizan una imagen de sí mismos.[20]
- Lo hacen desde la seguridad, desde el placer de sentir su cuerpo, pues están en diálogo y escucha de los mensajes que este les envía.[21] Un cuerpo que, con los años, conocerá y aceptará cada vez mejor.
- Les permite conocer y aceptar sus capacidades y límites corporales, experiencias que no puede lograr si se les coloca en aparatos como un tacataca o cuando es el adulto el que les sujeta de las manos para caminar.[22]
- Descubren que hay un «yo» responsable de las cosas que ocurren con relación a su cuerpo, un «yo» que inicia los movimientos y que tiene un efecto en el entorno.

Para el psicomotricista Luis Siguero, adquirir las posturas y los movimientos tiene una gran importancia en la construcción de su identidad durante los primeros dieciséis o dieciocho meses, porque les va a ayudar a entender quiénes son.[23] Estas cuestiones, entender quién eres y que puedes causar efectos con tus actos en lo que te rodea, son un requisito previo para más adelante:

- Valorar quién eres, es decir, desarrollar la autoestima.
- Poder participar como un miembro de la comunidad.[24]
- Poder sentirte responsable de tus decisiones y sentir culpa si afecta a otros.[25, 26]

Una vez más vemos como la forma en la que se desarrolla puede no tener ningún parecido con el resultado final, pero no por ello resulta menos esencial. En esta etapa, lo psíquico y lo motor se unen para construir la base de nuestra identidad.

Qué favorece la actividad autónoma

La actividad autónoma también favorece el desarrollo de otros aspectos más allá de la construcción de su identidad, como son:

- La prudencia y la confianza en las propias percepciones.[27] Cuando los niños descubren por sí mismos los movimientos no van «como locos», sino que les permite tener una imagen ajustada.
- Los sentimientos de competencia, que desarrollan desde un locus de control interno, sabiendo que son ellos los que generan los actos.[28]
- La realidad y la frustración. Inicialmente, en el pensamiento infantil, todo es posible, es lo que se conoce como el pensamiento mágico, pero conforme se encuentra con los límites de la realidad este pensamiento va cambiando.[29] La actividad autónoma los confronta con sus posibilidades y limitaciones, con las consecuencias de sus actos y con la aceptación de la realidad, que permitirá un desarrollo emocional y psicológico necesario en su evolución.
- El sentimiento de capacidad y orgullo por lograr lo que se proponen, lo que permitirá desarrollar la confianza en sí mismos y, más adelante, su autoestima.

- La escucha de su propio cuerpo, que aprenden alternando momentos de actividad con momentos de paradas y reposo, una forma muy inicial de autorregulación que, aunque todavía no es posible en lo emocional, sí que pueden realizarlo en el movimiento y el juego.[30]
- La creatividad y la curiosidad. La actividad autónoma les permite ser creativos, aprender por sí mismos, adaptarse al medio de forma activa, ser curiosos, probar cosas nuevas y pensar por sí mismos.[31]

Todas estas experiencias son muy diferentes a las que reciben cuando no respetamos su proceso: cuando les colocamos en posturas que no han alcanzado por sus medios o los atamos en aparatos que los mantienen inmovilizados —como hamacas, asientos, carros o tronas...—, o que les hacen moverse por encima de sus posibilidades —como andadores o saltadores—, en las que reciben experiencias marcadas por la dependencia de ser colocado o sacado del aparato, o por una postura rígida y fijada; y también por el desequilibrio, que compensarán con tensión en su cuerpo. Todas estas experiencias que nos pueden parecer cotidianas, en realidad limitan su capacidad de aprender y de desarrollar su propia iniciativa.

No termina al caminar

Quizá pensáis que esta relación entre el juego y la conciencia de sí mismo termina una vez que ya saben caminar, pero no es así, porque la actividad autónoma, al permitirles vivenciar que son ellos los que inician los proyectos, también les permite descubrir que las cosas no siempre nos salen como nos gustaría. Les permite volver a intentarlo, persistir, aprender de los errores, trazar nuevos planes y darse cuenta de que hay cosas que no logramos y a las que nos tenemos que adaptar, y que podemos sobrevivir a pesar de ello. En definitiva, les ayuda a vivir el mundo tal y como es, con sus grandes logros pero también con sus desilusiones en ocasiones.[32]

Un gran aprendizaje que no solo es importante, sino diría que esencial, porque les permitirá, más adelante, poder convivir en sociedad. Algo muy diferente a la experiencia que tienen cuando intentamos evitar sus enfados y frustraciones.

Como puedes ver, el proceso de tomar conciencia de quienes son, y de entender y comprender los propios deseos, decisiones u objetivos, comienza a desarrollarse desde que son bebés a través de las vivencias de su cuerpo y el juego, aunque es un proceso largo y complejo que implica mucho tiempo.

«Significa confiar. Confiar en que los niños son capaces, desde que son pequeños, de realizar tareas, descubrimientos, aprendizajes por sí mismos, siguiendo su propia iniciativa, sin ayuda externa.»

Evolución de la conciencia de sí mismo

2 años, conciencia de sí mismo
¡yo solo! ¡yo lo hago!
NO
¡en la playa!
sí, fuimos a la playa y te divertiste jugando con la arena
memoria autobiográfica
diálogos reflexivos
¡llora!
juego simbólico
3 años, descubre quién es
aunque cambie por fuera soy el mismo por dentro
5/7 años, descentración
me apetece hacerlo... pero no les va a gustar
para poder convivir con los demás

Descubrir que eres una persona propia, separada del otro y de lo que te rodea, que tú eres tú, en definitiva, no es algo sencillo. Se trata de todo un proceso, con sus diversos pasos en el camino que hay que recorrer.

En este apartado vamos a conocer cada una de sus etapas para comprender no solo lo que están experimentando los niños en cada momento de su desarrollo, sino también para saber cómo debe ajustarse el acompañamiento adulto y cómo el juego les ayuda en este proceso.

Un camino

Si bien vamos a conocer este camino dividiéndolo en distintas etapas, como en otras ocasiones, las edades que aquí se mencionan son orientativas. Sin embargo, mencionarlas nos sirve para hacernos una idea y que nuestras expectativas sean ajustadas. Aun así, no debemos obsesionarnos con el número, sino que lo interesante es atender a la secuencia que se va dando más que a los meses exactos que se mencionan.

Al nacer

Llegamos a este mundo en un estado fusional, de no diferenciación, en el que nos consideramos una unidad con los adultos que nos cuidan, porque son los que atienden nuestras necesidades como recién nacidos incapaces de sobrevivir por nuestra cuenta.

En esta etapa, el bebé, a través de sus sentidos, va registrando sensaciones tanto de placer como de displacer, en gran medida a través de estos cuidados.

Entre seis y ocho meses

Durante esta etapa, si le ofrecemos la oportunidad de moverse, el niño comenzará a sentirse separado corporalmente, diferenciando los movimientos que provienen de él cuando se mueve voluntariamente, de los que provienen del exterior, como cuando es mecido, llevado en brazos o cuando le cuidan.

Descubrirá que puede hacer cosas como agarrar objetos, y llevárselos a la boca para explorarlos y conocerlos, en gran medida gracias a que, en los meses previos, ha tenido la oportunidad de conocer sus manos, aprender cómo se mueven y descubrir que son su instrumento para aprender.

En este momento, ya no necesitará estar pegado físicamente al adulto para sentir calma y seguridad, podrá hacer uso de los mediadores corporales, como la voz o la vista, para sentirse acompañado y, además, comenzará a alejarse del adulto porque su cuerpo se lo permite, y volver o reclamarle cuando lo necesite.

En este periodo, aparecen de forma natural ciertos juegos que le permiten descubrir la diferencia entre el yo y el no yo. Algunos ejemplos de ello son el juego del cucú, en el que el adulto se tapa la cara, o la esconde detrás de una tela o con sus manos, y disfrutan la alegría del reencuentro; o cuando el propio niño es el que se esconde tras los barrotes y se asoma. Estos juegos le ayudan también a integrar la «permanencia del objeto», el saber que las cosas existen, aunque no las vea.

Alrededor del año

En este momento, aparece la referenciación conjunta, es decir, el bebé comienza a señalar cosas, un tercer elemento que no es ni el propio niño ni el adulto. Esto puede parecer algo muy simple, pero implica darse cuenta de que la otra persona tiene intenciones. Además, es una muestra de que ya diferencian con claridad a las personas de las cosas y a las cosas animadas de las inanimadas.

Cuando comienzan a caminar, supone una gran separación del adulto, es la forma de vivir su propio equilibrio y su propia identidad. Descubre también los límites de su «yo corporal», y las coordenadas espaciales y temporales que mide desde su cuerpo.

En esta etapa, entre el año y los dos años, se vinculan con los adultos a través de la similitud, imitando a aquellos con los que está vinculado. Es por eso por lo que se pone los zapatos del adulto, o sus gafas de sol, o su bolso. Todas estas acciones les ayudan a ir formando una identidad rudimentaria.[33]

Sobre los dieciocho meses

Adquieren una imagen y una sensación más compleja de sí mismos, y ya reconocen su imagen en un espejo, por eso, si llevan algo fuera de lo habitual en su cuerpo, en lugar de tocar la imagen del espejo, se tocan a sí mismos.

Descubren que tienen un nombre, y eso es un símbolo, es decir, una cosa que representa a otra, esto les permite pensar en sí mismos como algo separado de los demás y asociarse cualidades.[34]

Juegan a las caídas, pues, como ya han conquistado una representación de sí mismos, son capaces de jugar a «perderla». Y también aparecen los juegos que ayudan al desarrollo de la representación de sí mismos: ellos dispersan, vacían, derriban o lanzan lo que el adulto guarda, llena, construye o devuelve. Es por ello por lo que, en esta etapa, es muy común escuchar por parte de los adultos: «¡Lo hace para fastidiarme!», «¡No paro de recoger y lo tira todo!», cuando en realidad lo que ocurre es que está ensayando para comprender que es un ser diferente a nosotros.

Alrededor de los dos años

Cuando alcanzan esta etapa, tienen una conciencia plena de que son una persona separada de los demás. Gracias a la maduración cerebral y del lenguaje desarrollan la memoria explícita, tanto semántica —lo que les permite tener más conceptos o palabras—, como autobiográfica —lo que les permite comenzar a recordar dónde estuvieron, que hicieron...[35]

En este momento, desarrollan también una sensación de secuenciación espacial y temporal, lo que les permite tener un sentido del tiempo y de la secuencia de las cosas —aún de una manera muy particular, pues el proceso es muy largo—, y localizar las cosas en el mundo, lo que les permite orientarse en los espacios y encontrar los objetos.

Todas estas capacidades les ayudan a tener una sensación de sí mismos y se enriquecen en esta etapa con la función narrativa por parte del adulto. Los niños comienzan a contar cosas de su vida, aunque no tienen claro cuándo ocurrieron, por lo que puede que nos estén contando cosas que sucedieron hace un rato o hace un mes. Además, son biógrafos antes que autobiógrafos, es decir, hablan de los demás más que de sí mismos.[36] Esto, a veces, sorprende e incluso enfada a los adultos, que pueden decir frases como: «No seas chivato», «Y tú ¿qué?, ¿no has hecho nada?» o «Métete en tus cosas». Sin embargo, si nos paramos a pensar, tiene su lógica, pues los niños están conociendo quiénes son ellos mismos, ven desde su punto de vista y les resulta más fácil ver lo que hacen otras personas, que hacer una reflexión interna sobre su conducta o sus motivos. Además, comienzan a conocer los límites de la vida social y es más fácil ver si otros los cumplen que hacer una autorreflexión sobre lo propio.

La capacidad de narrarse y de autoconocimiento es extremadamente dependiente de la experiencia junto a los adultos, es decir, que es importante construir relatos junto a ellos ayudándoles a recordar eventos, reflexionar sobre la mente de los personajes de los cuentos, qué los llevó a hacer tal cosa, cómo se sintió...[37] Estos diálogos reflexivos junto al acompañamiento emocional cotidiano es lo que los lleva más adelante a desarrollar su voz interior, esa con la que cada uno de nosotros nos hablamos.

A través del juego siguen desarrollando la conciencia de sí mismos. Esta es una etapa de llenar y vaciar, pues desde esta acción descubren que hay cosas dentro de otras, cosas que salen y que no se pierden, sino que solo cambian de lugar; toda una metáfora del proceso de control de esfínteres. Porque si no hay conciencia sobre sí mismo, ¿cómo va a tener conciencia de que puede haber cosas internas que tiene que expulsar?

En esta etapa aparece también el juego simbólico, en el que unas cosas representan a otras. Ahora pueden representar escenas vividas para entenderlas, darles diferentes finales e integrarlas. Comienzan a descubrir que hay otras mentes con intenciones y les atribuyen a los objetos inanimados respuestas emocionales, por eso juegan con muñecas o peluches.

Cuando comienzan a decir expresiones como: «Yo solo», «Yo lo hago» o «Yo soy», hablando en primera persona, se trata de un reflejo de la llegada psicológica a la propia persona.[38]

En esta etapa aparecen también las respuestas de contravoluntad, con expresiones como: «¡No quiero!» o «¡No!», que son frases fuertes pero pasajeras que les permiten formar sus límites y proteger su identidad emergente de las ideas de otros.[39]

Entre los tres y los cinco años

Es una etapa de entender plenamente quienes son en un proceso de integración creciente de pensamientos y sentimientos para formar su yo.

Descubren que siguen siendo ellos mismos, aunque se les vea diferentes por fuera, por eso en esta etapa se disfrazan y son capaces de adquirir diferentes roles en los juegos, ya que la representación que tienen de ellos mismos es lo suficientemente fuerte como para representar otros roles sin perder quienes son en realidad. Además, adquirir otros roles en el juego les va ayudando en el camino de entender el punto de vista de los demás.

Sin embargo, este concepto de integridad de su cuerpo todavía es frágil, por eso necesitan ponerse a prueba para conocerlo más: saltando, deslizándose o girando, y si se hacen heridas y les sale sangre, pueden vivirlo con miedo.

Alrededor de los cinco años, realizan una primera estimación de su autoestima, porque ya tienen una opinión formada de ellos mismos, como si se estuvieran preguntando si, eso que identifican que son, le gusta o se valora en su entorno.

Entre los cinco y los siete años

En esta etapa aparece la descentración y, con ella, un gran cambio a nivel madurativo.[40] Aumenta la conciencia sobre ellos mismos y lo que hacen, descubren que son uno más en el mundo, ya no interpretan las situaciones desde su único punto de vista, ahora pueden comenzar a pensar en la mente y la percepción de los demás.

Sus emociones se vuelven menos intensas, más reguladas y mediadas por el pensamiento, siendo capaces de pensar antes de actuar, ya no necesitan tocar ni implicarse en todo para entenderlo, ahora pueden hacerlo desde la mente.

Su conciencia corporal también cambia, aprenden a modular el tono, a seguir diferentes ritmos y a parar.

Como vemos, en este camino, primero deben conocerse a sí mismos, saber quiénes son, y que son alguien diferenciado de las personas que le rodean, para, después, poder entender a los demás, respetarlos y convivir con ellos.

Este proceso continuará durante toda la vida, apareciendo un nuevo gran cambio en la adolescencia, pero no podemos negar el peso que tiene el cómo los acompañemos durante los primeros años.

El juego y el desarrollo de la conciencia de sí mismo

De forma natural, los niños saben moverse y jugar. Sin necesidad de que un adulto les diga lo que tienen que hacer, van a ir surgiendo una serie de juegos de forma universal en todos los niños, siempre que les demos la oportunidad. Son juegos que aparecen sin importar la época o la cultura, y que esto sea así no es casualidad, sino que se debe a que surgen siguiendo ese plan interno del desarrollo que todos tenemos como especie y que les ayuda a tomar conciencia de su identidad.

Estos juegos, aunque a veces no los entendemos, creemos que son poco útiles, o incluso nos desesperan y quisiéramos que fueran diferentes, en realidad les ayudan a adquirir y a dominar una representación interna de sí mismos. Por eso, es importante que conozcamos el valor que tienen para su desarrollo, porque así comenzaremos a verlos con otros ojos.

Además, estos juegos vuelven a aparecer una y otra vez a lo largo de su desarrollo, aunque, conforme van creciendo, estos adquieren una forma más compleja y sofisticada y pueden presentarse en medio de relatos.

Juegos sensoriomotores

Estos juegos aúnan movimiento y sensaciones internas corporales. Estas sensaciones que ellos crean provienen de sí mismos y no en relación con el otro, no es otra persona la que los mueve. Algunos de estos juegos son:

- Jugar a caerse. Cuando ya son capaces de caminar con seguridad, comienzan a jugar a caerse de forma controlada y repetida, algo que aparece alrededor de los dieciocho meses. Es un juego que consiste en perder la verticalidad y recuperarla, porque ya están seguros de haber conquistado una representación de sí mismos.[41]
- Saltar desde la altura. Esto implica perder las referencias y recuperarlas, y, además de contar con un cuerpo preparado para ello, es necesario sentirse seguro internamente para poder hacerlo.
- Girar. Ya sea sobre sí mismo, en el columpio o en algún medio similar, es una estimulación laberíntica y una toma de conciencia de su unidad corporal porque, mientras gira, pierde momentáneamente los referentes visoespaciales que recuperan al parar.

Como vemos, estos juegos que implican movimiento, aunque parezcan repetitivos, implican algo más allá que el simple movimiento del cuerpo.

Juegos para comprender la representación de sí mismo

Son aquellos que les permiten entender quiénes son ellos de manera diferenciada de los demás.

Juegos de unir y separar
Los juegos de entrar y salir en un espacio, de meter y sacar cosas, de agarrar y soltar, de juntar y dispersar, o de llenar y vaciar son una metáfora del complejo proceso de individuación que están experimentando en esta etapa y les ayudan a elaborar la separación de la persona que les cuida.[42]

En primer lugar, los realizan desde roles complementarios, el niño hace una cosa y el adulto la contraria. Es más, muchas veces ni siquiera somos conscientes de que estamos participando en estos juegos, como cuando recogemos sus juguetes, guardamos todo en cestos, lo dejamos ordenado y, acto seguido, el niño lo vuelca y dispersa; o cuando le llenamos el vaso con agua y vierte el contenido; o cuando tira un juguete desde el carro y se lo devolvemos pensando que se le ha caído, para acto seguido repetir la acción.

Otras veces, somos más conscientes de que estamos participando en su juego, como cuando apilamos y construimos una torre con piezas de construcción y ellos la destruyen con una carcajada.

En estos juegos, el niño realiza el rol contrario al del adulto, e incluso podemos ver en muchas ocasiones el goce que le produce la oposición, como si dijera: «¡Soy diferente!», pues en estos juegos está ensayando tanto la diferenciación como la separación del otro.

Más adelante, observamos que juega los dos roles, lo que le permite asumir diferentes puntos de vista. Ahora es el niño el que, jugando solo, entra y sale con su cuerpo de un recipiente, ya sea una caja o un cesto grande, o el que se cubre con telas, acciones que le permiten tomar conciencia de los límites de su cuerpo. También abre y cierra el cajón o una puerta, mete y saca cosas de unos cestos o cajas, intercambia los contenidos de dichos cestos, o une y separa piezas de construcción, con las que también es capaz de construir, destruir y volver a construir, lo que le permite ir comprendiendo que se destruye en la forma pero la esencia se conserva, del mismo modo que nos ocurre a nosotros cuando cambiamos externamente, pero seguimos siendo los mismos por dentro.

Después, estos juegos los realizarán con otros niños añadiendo múltiples variaciones.

Juegos de trasvasar
Estos juegos basados en la acción de llenar y vaciar les permiten tomar conciencia de la percepción del interior de su cuerpo, y de la relación entre un continente y un contenido.

Sentirse lleno y vacío es algo que los acompaña desde el inicio de la vida en relación con la alimentación, la digestión y la expulsión. Sin embargo, suele ser alrededor de los dos años y medio cuando este juego aparece de forma natural llenando y vaciando recipientes: lo hacen jugando en la bañera con cuencos, en el arenero con cubos y camiones o vertiendo todo el contenido de unos cestos a otros.

Estas acciones en las que unos objetos funcionan como continentes de otros anuncian cierta conciencia de sí mismos y suelen coincidir con el inicio del control de esfínteres, pero ¡ojo!, porque el juego expresa lo que ya está desarrollado de forma interna.[43] Por tanto, esto no significa que nosotros los pongamos a llenar y a vaciar recipientes para que los niños controlen esfínteres, sino que, cuando de forma natural y sin que nadie les enseñe, empiezan a trasvasar entre recipientes como parte de su forma de jugar, es porque han adquirido la relación entre continente y contenido. Recuerda que es importante que lo descubran de manera autónoma y no forzados por nosotros, que ya sabemos el resultado final.

El juego simbólico

El juego simbólico, que aparece sobre los dos años, también les ayuda a construir la conciencia tanto de sí mismos como de los demás.

El juego de roles
Cuando comienzan a adquirir roles en sus juegos, nos están indicando de manera inconsciente que ya tienen la suficiente conciencia de sí mismos como para representar persona-

jes diferentes que expresan diferentes deseos, sentimientos e intereses.

Entre los tres y los seis años, el juego sigue siendo esencial para continuar en la elaboración de este proceso.

Jugar a ser el héroe

Los juegos de «omnipotencia mágica» en los que se tiene poder o se es el héroe que siempre gana aparecen en una etapa en la que, una vez que han construido una conciencia de sí mismos, se enfrentan a un mundo real en el que hay muchas cosas que no les salen, descubren sus límites y empiezan a tomar conciencia de su fragilidad y vulnerabilidad.[44]

Por eso, en el juego se muestran invencibles e indestructibles, son los que pueden con todo y siempre triunfan, pues, de esta forma, pueden vivenciar todas estas sensaciones en el plano simbólico, sabiendo que están jugando y que eso no es la realidad, pero les permite elaborarlo, integrarlo y entenderlo.

La destrucción simbólica del adulto

En esta etapa aparecen juegos en los que el niño se acerca al adulto con una serpiente de juguete, un dinosaurio, un monstruo o un dragón... con intención de asustarle, incluso de «matarle».

Para comprender este juego, tienes que pensar que, en el día a día, es el adulto el que organiza, el que dirige, el que tiene el control de las situaciones y es a través del juego como, de forma natural, aparece esta necesidad de oponerse y de invertir los papeles. De hecho, estos juegos también se denominan de inversión de poder y es el niño (o la serpiente, el dinosaurio...) el que tiene que vencer como una afirmación de sí mismo.[45] Si entendemos la función de estos juegos como una forma de superar el sentimiento de impotencia que sienten en esta etapa, entenderemos que en ellos el niño debe triunfar y ganar para poder continuar desarrollándose.

Jugar a la muerte
En esta etapa, también empiezan a preocuparse por la muerte y, por ello, estará presente en sus juegos, pues es su manera de poder integrarla. Aparecerán personajes con poderes sobrenaturales que luchan con valentía, dan muerte al adversario y tienen la capacidad de resucitarlo. También necesitarán matar al lobo u otro personaje malvado, como representante de las cosas malas y, en este caso, no lo resucitarán porque para ellos supone un alivio que desaparezca el peligro.

Es importante tener en cuenta que el hecho de que jueguen a estos juegos, que aparecen de forma natural, no fomenta la violencia, ni significa que no sepan perder, sino que forma parte del desarrollo de la etapa.

El juego sensoriomotor continúa
El juego sensoriomotor también continúa en esta etapa y más adelante, pero más unido a proponerse desafíos, a ponerse a prueba, a desequilibrarse, deslizarse, caer, trepar, girar o correr, unido en muchas ocasiones a los roles del juego simbólico. Estas acciones les permiten incrementar la conciencia en sí mismos, su autoimagen y autoestima.[46]

En definitiva, podemos ver como el juego durante los primeros años tiene un papel relevante para adquirir la conciencia de uno mismo, por lo que no puede ser relegado a una actividad del «tiempo que sobra», a las extraescolares o para momentos puntuales, porque entonces estaremos dificultando su desarrollo natural.

Tengo pilares estables

que me permiten orientarme

Unida a la conciencia de uno mismo, aparece la sensación de estabilidad, aquella por la que sentimos que somos la misma persona a lo largo del tiempo y experimentamos una sensación de continuidad. Para la pediatra Judit Falk, esta sensación de estabilidad sería la de «este soy yo, al que le han pasado estas cosas», que permanece constante aunque haya cambios en el entorno.

A lo largo de las últimas páginas, hemos conocido el proceso que permite a los niños ir desarrollando esta sensación; ahora, para cerrar el capítulo, vamos a conocer brevemente cómo el apoyo externo, el que viene de fuera, puede resultar clave para que elaboren esa sensación de continuidad y estabilidad interna, como ya ocurría en otros procesos como la seguridad interior o la autorregulación emocional.

Puntos de referencia que les permiten orientarse

Las rutinas

Las cosas que se repiten de forma constante en un mismo orden les permiten orientarse. Para mí, hablar de rutina no significa que a una hora determinada haya que hacer una cosa concreta de forma rígida e inamovible, sino que se trata de entender que, a nuestro cerebro, le gusta anticipar para saber qué es lo que va a pasar y, así, tranquilizarse. Por lo que, para los niños, aquellas cosas que se repiten de forma constante se vuelven predecibles y eso los hace sentir seguridad, confianza y tranquilidad.[47] Además, no tener que estar alerta o preocuparse por qué pasara, les permite poder dedicar su energía a jugar, explorar y desarrollarse.

Hay que tener en cuenta también que las rutinas van a cambiar con la edad, con el momento del desarrollo en el que se encuentren y que no serán las mismas entre unos niños y otros, porque debido a las diferencias individuales unos serán más flexibles a los cambios y otros lo serán menos. Sin embargo, hacer las cosas aproximadamente de la misma forma y en el mismo orden puede ayudarles a orientarse. Y eso se puede hacer con pequeñas cosas como en qué sitio comer, a dónde ir por la tarde, cuándo es un momento tranquilo para jugar y cuándo hay que estar preparado para salir de casa, si primero nos vestimos o desayunamos... Estas rutinas les ayudan a organizarse, a tener noción de tiempo y a regular su vida.[48] Los entornos estructurados y ordenados les ofrecen seguridad y tranquilidad, evita que estén alerta por lo que pueda venir y evita conflictos innecesarios, aunque, como todo, deben contar siempre con cierta flexibilidad.

La constancia

Si la meta es que puedan construir una sensación de continuidad en su vida, los cambios constantes durante los primeros años, más a menor edad, van a dificultar que construyan su autoimagen.[49]

De personas

Durante los primeros años, se encuentran en pleno proceso de construir vínculos y, como ya hemos conocido, no pueden vincularse a muchas personas, del mismo modo que sienten angustia cuando se separan y miedo ante los desconocidos.

Además, cada persona que esté con el niño lo cuidará de una manera particular y lo verá de una forma diferente, lo que puede generar una cierta sensación de confusión en el niño pues, en esta etapa, está construyendo su identidad a raíz de los reflejos que le devuelven los demás, por lo que si cada persona le devuelve un reflejo distinto, ¿quién es él realmente?

Este aspecto es fundamental tenerlo en cuenta en la escuela infantil. En primer lugar, debe existir una constancia en los adultos que están al cargo de los niños. A veces, se piensa que el que haya diferentes adultos que estén al cargo es positivo «para que no se acostumbren», pero si tenemos en cuenta el valor del vínculo para el desarrollo, lo necesario es que se acostumbren.

Cada persona va a tener una forma particular de responder a los niños, lo que los va a desorientar ya que, si son pequeños, no pueden elaborar una estrategia diferente con cada adulto que les cuida. Los cambios continuos de cuidadores y la ruptura de los procesos de vinculación puede llevarlos a tener dificultad para interiorizar las normas y los límites.[50]

Durante los primeros años, es necesario que el número de adultos que están a cargo del niño sea restringido y estable.[51] También habrá que tener en cuenta la constancia de entornos, que su aula sea la misma, que no utilicen muchos espacios diferentes y cambiantes. Por otro lado, la constancia de compañeros, porque para un niño pequeño convivir con otros niños no es sencillo, por lo que es importante que, al menos, sean conocidos, sin mezclar grupos, tampoco en el patio o en festividades, porque los niños pequeños no socializan de esta manera.

Y, por último, hay que tener en cuenta la constancia y la estabilidad en las rutinas diarias. Si los niños tienen que poder anticipar lo que va a ocurrir para poder relajarse y sentirse más seguros, el hecho de que cada día se proponga una actividad distinta, que entren al aula otros profesionales o acudir a otras aulas o espacios es más posible que les desoriente a que les ayude.

De objetos

Cuando al hablar de los puntos de referencia externos que pueden ayudar a los niños pequeños a orientarse y a sentir una continuidad interior hacemos referencia a los objetos, de lo que estamos hablando es de los juguetes o materiales con los que juegan. En nuestra sociedad, es habitual que los niños tengan muchos juguetes y que nos preguntemos si será necesario rotarlos, guardar unos y sacar otros, cada cuánto tiempo hacerlo, cuáles retirar...

Ahora ya conocemos el valor del juego autónomo y la importancia de ofrecerles materiales sencillos para su desarrollo, por lo tanto, los niños no necesitan realmente muchos materiales ni que sean muy sofisticados, porque los mismos objetos, si son interesantes, los usarán de forma diferente según sus capacidades, habilidades, ideas o planes.

Pongamos el ejemplo de una tela. Un bebé de seis meses la utilizará para llevarla hasta su boca y chupar su punta; con un año, puede jugar a buscar más telas o utilizarla para taparse la cara de forma intencional escondiéndose del adulto; con dos años y medio, esa misma tela puede ser una toalla sobre la que se sienta, evocando lo que sucedió en la playa; con tres años, puede ser una manta con la que arropa a su peluche o muñeca; y con cinco, un techo junto a otras piezas de construcción en la casa que está fabricando.

Los niños tienen planes al jugar y sus juegos, si conocen los materiales con los que pueden contar, son cada vez más elaborados. Sin embargo, si los objetos desaparecen por arte de magia porque los guardamos, sus planes no podrán llevarse a acabo. Eso sí, esto supone hacer una selección de objetos adecuados que puedan acompañarlos a lo largo del tiempo.

En mi sala de psicomotricidad, el elemento principal con el que juegan los niños son los módulos de goma espuma con formas geométricas sencillas; estos materiales, que siempre están sesión tras sesión, son los mismos tanto para niños de tres años como de ocho, porque son ellos los que les dan vida en función de sus necesidades.

Es importante también que cada cosa tenga su lugar, porque eso les permite saber dónde encontrar lo que buscan, ahorrar tiempo en la búsqueda y orientarse.

De límites

Los límites les ofrecen seguridad y estructura, es necesario que haya pocos límites, que sean claros y que el adulto los acompañe. Así, aunque el día cambie, el contexto cambie y las personas que les cuidan cambien, los niños encuentran unos puntos estables a los que aferrarse.

Para la pediatra Judit Falk, es desde la continuidad y la estabilidad en sus vidas que los niños podrán sentirse seguros y abrirse a conocer el mundo y a formar una imagen tanto de sí mismos como de su lugar en él.[52]

11

La autoestima

Ahora vemos esto:

la autoestima no es algo que aparezca de repente - - -

pero años antes, sucedió esto muchas veces:

--> Se ha ido desarrollando durante toda la infancia

La autoestima es un proceso

Hablar de autoestima es algo que nos resulta familiar, porque los adultos nos referimos a ella de manera coloquial: «Tiene baja autoestima», «Podría valorarse más», «¡Tendrías que quererte más!», «Su autoestima es muy alta», aunque, por lo general, cuando la mencionamos así solemos referirnos a adultos o niños más mayores que de los que hablamos en este libro. Sin embargo, como ya se ha mencionado, las bases de la futura autoestima se forman mucho antes.

No es hasta alrededor de los cinco años que empezamos a tomar conciencia de nuestro propio valor, porque para ello primero hay que desarrollar la conciencia de uno mismo, el autoconcepto, la identidad, antes de entrar a valorarlo.[1] Es decir, primero hay que tener una idea de que somos un ser separado y, luego, ya podemos reflexionar sobre si eso que «somos» es aceptado o no, o qué valor tiene. Estos procesos tardan un poco más en suceder, porque exigen que zonas «superiores» del cerebro estén desarrolladas para poder reflexionar sobre tu individualidad, así como que exista un interés por las normas sociales o lo cultural.

Pero esto no es algo que surja de la nada, ni en un momento determinado del desarrollo, por eso vamos a abordar la autoestima en este capítulo, porque sus raíces comienzan a desarrollarse ya durante los primeros años.

Qué es

La autoestima es la valoración que sentimos por nosotros mismos, que exige tener conciencia de que eres un ser separado del resto para poder, después, valorarlo. Sin embargo, la verdadera cuestión es: ¿de qué depende está valoración?, ¿en base a qué se realiza? Esas son las preguntas que vamos a responder en este apartado.

Cómo se forma

Como hemos visto anteriormente, los niños no pueden verse a sí mismos, sino que dependen del reflejo que les enviamos los demás para desarrollar su autoimagen. Lo mismo sucede con la autoestima.

Para desarrollar una autoestima elevada, el niño tiene que percibirse como valioso, es decir, tiene que sentir que tiene algo que ofrecer y que es digno de amor, que importa.[2] Aunque necesite ambas, esta última es la más fundamental porque, si no se siente querido, las pruebas de lo que pueda hacer por sí mismo tienen poco valor.

De nuevo, según el trato que reciban por nuestra parte, de los mensajes que les emitamos, las palabras que utilicemos, las etiquetas o los juicios que les transmitamos, junto a los hechos, las acciones, el tono, la expresión, las caras que pongamos o los silencios, los niños irán interiorizando sensaciones y mensajes internos sobre su valía. Todo esto, unido a las oportunidades que les ofrezcamos para moverse, jugar y hacer cosas será lo que les permitirá conocerse y valorarse.

Una vez más se trata de un desarrollo influido por las relaciones interpersonales durante la primera infancia,[3] porque los mensajes internos sobre la valía de cada uno se construyen en relación,[4] al interiorizar los mensajes y los hechos que se reciben de las figuras de referencia.[5]

Lo que apreciamos cuando hablamos de la autoestima de los niños mayores, se formó mucho antes desde el trato cotidiano, las oportunidades que se le ofrecían y los mensajes que iban calando en una etapa en la que se estaba formando su identidad; si los adultos no apoyaban lo que hacía por sí mismo, no recibía señales que indicaran que sus ideas eran importantes; si el adulto que cuidaba se sentía defraudado o el niño sentía que lo que hacía no era suficiente; si sus emociones no se atendían, se ridiculizaban, se ponían en duda; si sus deseos se frustraban; si el adulto estaba tan ocupado que no podía prestar atención; si el niño se sentía solo; si recibía mensajes de que no era capaz, todo ello dejó una huella que influyó en su percepción de valor y aprecio.

En la actualidad, todas esas vivencias de la primera infancia se han convertido en las creencias sobre uno mismo, primero a través de esa valoración que hacíamos a través de aquellas «cartas» que conocimos —el modelo operativo interno—, de esos modelos mentales que nos orientaban y que, actualmente, influyen en lo que uno siente por sí mismo, lo que se utilizará de base para relacionarse con los demás.

Cuando es alta

Puede suceder que las vivencias recibidas durante los primeros años no se parezcan a los ejemplos anteriores y lo que acabemos sintiendo por nosotros mismos sea positivo. Cuando es así, sentimos que valemos; nos alegramos de ser quienes somos; nos sentimos importantes y merecedores de tiempo, atención y respeto;[6] sentimos confianza en nosotros mismos, sabemos que tenemos valor sin depender de lo que opinen los demás y no necesitamos tratar de impresionarlos; nos respetamos, defendemos nuestros derechos; somos fieles a nosotros mismos y nos expresamos sin miedo a perder las relaciones.[7]

A largo plazo, una autoestima fuerte, madura y estable nos permite reconocer nuestras fortalezas, virtudes, limitaciones y carencias, así como comprender hasta dónde llegan nuestros derechos y comienzan los de los demás, lo que nos permite vivir con mayor bienestar y convivir en sociedad.[8]

Teniendo en cuenta la importancia que tiene una autoestima así y todos los factores en los que puede influir, es comprensible que sea un tema que interese. Es una de las expectativas que solemos tener hacia nuestros niños: que tengan una autoestima sana que les permita relacionarse con libertad y quererse a sí mismos. Por eso, en estas páginas, vamos a analizar qué está en nuestra mano para ayudarles a desarrollarla.

«Lo que apreciamos cuando hablamos
de la autoestima de los niños mayores,
se formó mucho antes desde el trato cotidiano,
las oportunidades que se le ofrecían y
los mensajes que iban calando en una etapa
en la que se estaba formando su identidad.»

No es solo lo que les decimos

sino cómo les llega
a través del trato
y las acciones

Que les llegue

Si estamos en contacto con niños seguro que nos gustaría que pudieran desarrollar una autoestima sólida y elevada, sobre todo después de leer el apartado anterior. Sin embargo, y aunque tengamos muy buenas intenciones, puede que, con nuestras palabras o con nuestras acciones, no les llegue ese mensaje, en parte porque no consiste solo en decírselo, sino que es mucho más.

Un mensaje que llega de diferentes fuentes

Una idea en la que hemos insistido mucho en este libro es en el peso que tiene el lenguaje no verbal, que siempre comunica y, además, lo hace en «un tono más alto que las palabras».[9]

El mensaje que les llega a los niños está compuesto tanto de nuestras palabras, de lo que decimos, como de nuestra actitud, el trato, lo que hacemos o las oportunidades que damos. Cuando estos dos mensajes no son congruentes, como ocurre en la ilustración que abre este apartado, se sentirán confundidos, desorientados y desconfiados.

Porque podemos enviarles mensajes muy bonitos: «Sé tú misma», «No dejes que te digan eso», «Mereces que te traten bien», «Tú vales mucho», «Siempre puedes contar conmigo», «Estoy aquí para lo que necesites», «Puedes contarme lo que sea», «Eres lo más importante para mí», «No tiene que importarte lo que los demás piensen», «Tú puedes con todo».

Sin embargo, si con nuestras acciones les transmitimos todo lo contrario: criticamos lo que hacen, les tratamos mal cuando nos enfadamos, exigimos siempre un poco más, dirigimos su actividad y su juego, nunca parece que estemos conformes, no estamos presentes, cuando nos piden ayuda en un conflicto les decimos que son tonterías y que no hagan caso, cuando nos enfadamos les ignoramos un rato y les dejamos de hablar o nos mostramos distantes, cuando anteponemos constantemente otras actividades a estar con ellos, juzgamos sus decisiones, ponemos el foco en lo que los otros van a pensar para que hagan lo que nosotros queremos, o en lo felices que nos vamos a poner si hace X o Y, cuando no damos oportunidad para que intenten las cosas por sí mismos, les ayudamos de más, los sobreprotegemos o no les dejamos enfrentarse a retos... Entonces, ¿qué mensaje les llegará?

Seguramente, se encuentren confusos por esa incongruencia entre lo que les transmitimos por el lenguaje oral y todo lo que les hacemos llegar a través de nuestros gestos y actitudes.

Bases para una autoestima sólida

La autoestima es un tema al que debemos prestar atención, pues, como hemos visto, resulta esencial para su futuro desarrollo y la forma en la que se desenvolverán en la sociedad durante la vida adulta. Por eso, vamos a ir conociendo los puntos clave para ayudarles a construir una valoración positiva de sí mismos.

Contar con un vínculo seguro

Contar con un vínculo seguro es importante durante toda la vida, pero en la infancia es imprescindible, porque si sabemos que nos protegen y que somos importantes para alguien, nos sentiremos seguros y valiosos, es decir, la autoestima será alta.[10]

Pero, insisto, no es solo decirlo, sino que los niños deben sentirlo. ¿Y cómo lo puede llegar a sentir un niño? A través de nuestra atención, nuestros cuidados y nuestros gestos.

Cuando el adulto disfruta del tiempo compartido y se alegra de poder estar juntos, los niños tienen la sensación de ser importantes para nosotros.[11] También cuando estamos presentes, les prestamos atención y hay conexión emocional.

Incluso aunque respetemos los momentos de juego del niño, después podemos utilizar los diálogos reflexivos para hablar sobre lo que ellos estaban haciendo, lo que hemos visto en el juego: «Veo que te ha gustado jugar con los coches», transmitiendo el mensaje de que lo que hacen es importante. Es más, alrededor de los tres o cuatro años, los niños tienen una gran necesidad de hacer cosas por sí mismos mientras se sienten vistos, escuchados en todos los sentidos de la palabra, es la etapa en la que continuamente nos expresan: «¡Mírame!», «¡Mira lo que hago!».[12]

Y, por supuesto, ofreciendo amor incondicional, haciéndoles ver que nuestro cariño no depende de lo que hagan o de cómo se porten, sino que siempre pueden contar con nosotros.

Sin embargo, hay veces que nos puede la frustración, que no gestionamos bien las emociones, y lo que decimos duele: «No hay quien pueda contigo», «Ya no sé qué hacer contigo». Entonces les enviamos el mensaje de que son difíciles de tratar y esto repercutirá negativamente en el concepto de sí mismos.

Puede que, ante tanto: «¡Mira, mira lo que hago!», soltemos un: «¡Qué pesado!», «No me vengas con tus tonterías», sintiendo que son una carga. A veces, no nos salen estas palabras hirientes, pero, ante la misma situación, ponemos caras, los ojos en blanco o soltamos un resoplido, y no podemos olvidar que el lenguaje no verbal también transmite.

Y sí, ya hemos analizado que no podemos con todo y que, con frecuencia, tenemos un exceso de cargas, pero tenemos que tomar conciencia sobre ello para no hacerles daño.

Puede que soltemos un: «Qué ganas tengo de que vayas al cole», o que utilicemos el comedor, las extraescolares o el cole de verano para que «estén entretenidos», a veces incluso lo verbalizamos entre los adultos de forma explícita como si los niños no estuvieran delante: «¿Otra vez tienen fiesta?», «A ver qué hacemos todo el día», «Es que toda la tarde se hace muy larga»... Y aquí no estoy hablando de conciliar, sino de este «peso» que podemos sentir por tener que convivir con ellos y que les envía el mensaje de «eres una carga».

Apoyar quien es

Queremos que se sientan queridos, valorados y especiales por el mero hecho de existir, que sientan que los apreciamos tal y como son.[13] Pero esto ¿cómo podemos hacer que se sientan así?

Lo perciben desde nuestro trato respetuoso cuando los tocamos y los sostenemos. Desde el interés real que mostramos por conocerlos individualmente, saber cuáles son sus gustos, preferencias, ritmos o su forma de comunicar, y aceptándolos tal y como son, lo que favorece además el sentido de pertenencia. También respetando sus ritmos y sus tiempos en el desarrollo, siempre que no haya una dificultad de base, porque si es así necesitaremos ayuda profesional en el camino.

O cuando los queremos por lo que son y no por lo que hacen, pues si sienten que son valorados por lo que hacen, en una etapa en la que necesitan agradar al adulto, como lo es el momento entre los cuatro o cinco años, no podrán descansar intentado hacer siempre algo para agradar y, por lo tanto, no podrán dedicarse a sus asuntos que son los que le permitirán desarrollarse.[14]

De esta manera, haciendo hincapié en estos factores, podrán sentir que ocupan un lugar importante, que pertenecen a ese núcleo; podrán ser ellos mismos sin necesidad de «fingir», podrán desarrollar un criterio propio, porque lo conocen, sienten que es válido y confían en él, y podrán amarse a sí mismos porque antes han sido amados por completo.[15]

Sin embargo, una vez más, a veces, lo que decimos duele. Como cuando no se tiene en cuenta aquello que los hace únicos y especiales y solo vemos lo que «les falta», lo que podrían hacer de otra manera, en base a nuestras expectativas. Cuando les comparamos con otros o incluso les sugerimos que podría parecerse más a alguien por una cualidad concreta.

También cuando se les valora solo por lo que hacen, lo que generará en ellos un gran nivel de exigencia para no perder el amor del adulto. O cuando criticamos su manera de ser, de estar, de moverse, sus preferencias, sus gustos o su apariencia física: «Pero ¿eso tan feo te gusta?», «Deja ya de moverte tanto», «Deja de poner esa voz», «No sé cómo te puede gustar eso».

Apoyar lo que siente

Recuerda que se valorarán por cómo les han valorado y, si hablamos de emociones, ahora ya sabemos que son involuntarias, los niños no eligen lo que sienten, sino que las sienten y expresan de forma pura, porque no pueden regularlas solos.[16]

Pero cuando el entorno reprime, juzga o se burla de lo que sienten, les llega el mensaje de que «debe de ser malo sentir lo que sienten» o que «algo debe de estar mal dentro de ellos», y dejan de entenderlas como esa guía y orientación que son en realidad para conocerse, para conocer a los demás y relacionarse.

Por eso, debemos validar sus emociones. Pues, si no, nuestras acciones pueden doler. Como cuando juzgamos y ponemos etiquetas como: «Es malo», «Es muy vergonzoso», «Es muy sociable». Los niños crecerán creyendo que estas son cualidades que poseen porque se encuentran en una etapa en la que están construyendo su autoimagen y creerán que esas etiquetas forman parte de ellos, no será hasta más adelante que las valorarán, intentando averiguar si son positivas o negativas, componiendo su autoestima según las conclusiones a las que lleguen.

Por otro lado, cuando recurrimos al castigo o a la burla como medio para controlarlos o para que desaparezcan las conductas, haremos que se sientan avergonzados y culpables por las emociones que sienten, dañando a su autoestima.[17]

Apoyar lo que hace

Un punto clave para el desarrollo de una autoestima sólida era sentirse importantes y amados, lo cual componía la base; mientras que el otro punto era sentirse valiosos y que tienen algo que ofrecer. Para que puedan desarrollar este último factor, tendremos que crear las condiciones que se lo permitan.

Una vez más, el movimiento y el juego son claves para que vayan descubriendo que son capaces y competentes, que pueden tomar decisiones, hacer las cosas por sí mismos, proponerse retos, aprender de los errores y cambiar los planes. ¿Cómo les podemos ayudar? Ofreciendo tiempos, espacios y objetos acordes a su momento de desarrollo, para que sus objetivos sean alcanzables y puedan explorar, investigar o descubrir.

También mostrando con nuestra actitud que pueden contar con nosotros, pero que respetamos su espacio y sus iniciativas, que nos interesamos por lo que hacen, aunque no intervengamos, y transmitiendo que su curiosidad es importante.[18] Porque a través del movimiento y el juego, los niños refuerzan, en cualquier edad, la confianza en sí mismos y la autoestima.

Sin embargo, a veces lo que decimos puede doler o frenar todo este progreso. Como cuando dirigimos su juego y su movimiento: «Hazlo así», «Prueba de esta manera», «Tráeme un café», «¿De qué color es esto?», «¿Cómo se llama?», «¿Jugamos mejor a los puzles?», «Sube por aquí y baja por allá», «Haz un churro con la plastilina y luego un caracol». Al hacer esto, no dejamos que elijan, que conecten con su deseo, con su curiosidad o con sus tiempos, les impedimos que investiguen cómo funcionan las cosas desde la etapa de juego en la que están y que necesitan desarrollar.

O cuando pedimos siempre «un poco más», con la idea de que así estamos con ellos, compartimos tiempo y, de paso, les enseñamos y les motivamos, con lo que, en realidad, estamos creando en los niños una sensación de que siempre falta algo, dejando un poso de «no está bien tal y como soy», porque vamos continuamente un paso por delante de lo que ellos están haciendo: si sube hasta el segundo peldaño del tobogán, le pedimos que suba más alto; si salta desde el borde de la piscina, nos alejamos un paso más; si nos enseña el dibujo orgulloso, le decimos que se ha olvidado de dibujar la nariz, y así con todo.

También cuando nos centramos en los fallos, que estaría muy relacionado con lo anterior y con la idea de enseñarles y corregirles, estando pendientes de lo que no han hecho bien. O cuando, por el contrario, no les dejamos intentarlo: «Déjame a mí, que tú no sabes», sin comprender que en el aprendizaje hay un proceso hasta hacerlo de la forma más funcional, proceso que tienen que vivir y experimentar para poder aprender. Nosotros que somos los adultos, lo hacemos mejor, más rápido y manchando menos, pero si no lo prueban, se equivocan, aprenden de ese error y ajustan sus parámetros, ¿cómo aprenderán a realizarlo?, y, ¿qué mensaje les llega sobre su competencia?

No podemos olvidar que los niños se desarrollan cuando están tranquilos y pueden descansar; si se sienten insuficientes o en alerta por miedo a equivocarse, jamás lo harán y no podrán jugar.

Como vemos, la autoestima se va desarrollando desde situaciones cotidianas, tanto desde lo que decimos como desde lo que hacemos. Estos primeros años, con sus pequeños pasos, son el inicio de un camino que continuará durante toda su infancia, adolescencia e incluso adultez, y que se verá influido por lo que vaya ocurriendo en diferentes contextos, junto a la influencia de diversas personas significativas y los vínculos que establezca, todo ello enriquecido por las nuevas capacidades que puedan ir adquiriendo conforme se desarrollan, como la capacidad de reflexión, de autoconocimiento o la empatía.

Aun así, y aunque solo sea el comienzo, no podemos olvidarnos de la base, que se forma en las interacciones durante los primeros años, y que puede influir enormemente en todo el desarrollo posterior.

Si cuando expresan sus emociones y te necesitan no encuentran respuesta

Hacen lo que sea para adaptarse a su entorno y recibir aprobación

En la infancia, poder vincularse con adultos y establecer una conexión con ellos, la que sea, es una necesidad. Cuando esta conexión solo llega si los niños muestran ciertos comportamientos, realizan ciertas acciones, cumplen con unas expectativas, actúan según los mensajes que envían los adultos o, por el contrario, no muestran ciertas cosas, los pequeños pueden adaptarse a ello, integrar lo que pide o necesita el adulto, dejando de lado muchas veces sus propias necesidades, en pos de esa que les es esencial: el vínculo. Sin embargo, al hacerlo, se pone en riesgo su desarrollo y su bienestar personal.

La necesidad de conexión

Para los niños pequeños es tan necesaria la conexión que harán lo que haga falta para establecerla de algún modo con los adultos que los rodean. Durante la infancia, la soledad es dolorosa y no solo en el sentido de permanecer separados físicamente, porque se puede estar juntos, pero sin recibir una conexión real; cuando esto ocurre los niños sienten también una valoración negativa hacia sí mismos.

Según el tipo de vínculo

Como ya se expuso anteriormente, en función del trato y las respuestas que los niños reciben ante sus necesidades, son capaces de adaptarse al entorno y dejar de pedir o de expresar en caso de percibir que sus demandas no van a ser atendidas o serán recibidas de manera negativa. Sin embargo, esto no implica en ningún caso que dejen de necesitar.

Con dos años, ya han descubierto por experiencia que existen emociones que no pueden mostrar porque son castigadas o generan malas reacciones en las personas que le cuidan.[19] Alrededor de los tres o cuatro años, etapa en la que ya sienten que son personas separadas y diferentes a los demás, la forma de vincularse se enfoca en ser importante y significativo para sus figuras de referencia. Para ello, observan lo que es importante para los adultos, estando muy pendientes de las señales que muestran que son apreciados, y se esfuerzan por obtener aprobación, por complacer a sus cuidadores y por sentirse especiales.[20] Además, es una etapa en la que continuamente reclaman nuestra atención: «Mírame», «Mira lo que hago».

Por eso, es importante prestar atención a nuestras expectativas, a los mensajes silenciosos que les enviamos, a los elogios que hacemos, a esas emociones que, de alguna manera, censuramos o a esas cosas que tienen que pensar de determinada manera en parte por nuestra imposición, porque ellos intentarán cumplir cada uno de nuestros requisitos para convertirse en «buenos hijos».

Pero esta forma de actuar, de expresar y de pensar, cumpliendo nuestras expectativas, no proviene de su deseo interno, ni de sentirse seguros para mostrarse tal y como son, ni de confiar en el adulto y desear colaborar con él, sino del miedo a estar solos o a que los dejen de querer.[21] Todo ello son muestras de un esfuerzo para intentar ser importantes para el adulto.

Se pueden adaptar

Es posible que una parte de nosotros piense: «¿Y qué hay de malo si se da esta situación? Si ellos se adaptan de esta manera a vivir en sociedad siguiendo las ideas del adulto pues ¡todos contentos!».

Sin embargo, sí que hay un riesgo, porque durante los primeros años están construyendo su propia identidad y se están adentrando en el inicio del camino, relativamente largo, del desarrollo emocional y social. Un camino que es importante que recorran paso a paso para que puedan realizarlo desde una maduración real y no desde el «parecer que son maduros».

Por eso, estrategias que a corto plazo funcionan, a largo plazo generan dificultades, que por supuesto, más adelante, no relacionaremos con lo ocurrido en esta etapa, pero que tendrá mucho que ver.

Grandes esfuerzos

El tener que ocultar y no mostrar las emociones que no son deseadas por el contexto no es una tarea fácil; por tanto, este esfuerzo tendrá un coste para el niño, que destinará grandes dosis de energía y atención a este propósito.

Esto supone, además, dejarlos solos con sus emociones, porque no habrá un adulto que los calme, que les ayude a sentirse bien o que le enseñe a gestionar dichos sentimientos, algo que es esencial para el desarrollo emocional, pues, aunque dejen de mostrarlas externamente, por dentro seguirán sintiendo el miedo, la rabia, la soledad...

Además, cuando un niño reprime sus emociones no solo lo hace con aquellas que «no nos gustan», sino que también lo hace con el resto, por lo que pierde en este sentido parte de su vitalidad: pierde alegría, espontaneidad, los impulsos típicos de la etapa, la creatividad...[22]

Esto, a su vez, impide que otras funciones mentales superiores puedan desarrollarse, porque estas primeras, que son la base en la que se asientan las siguientes, no han podido desarrollarse. Por ejemplo, si el niño pequeño tiene la necesidad de poseer para más adelante poder compartir, si les obligamos a compartir, lo que hará internamente para «no sufrir» al ver el objeto en manos de otro o tener que desprenderse de él y tolerar que otros toquen sus cosas será dar poca importancia a los elementos con los que está vinculado, activándose los mecanismos de defensa.

Además, estar atento a las expectativas del adulto para recibir su cariño supone un esfuerzo y un estado de alerta que le impide descansar o estar tranquilo, que es un requisito para que pueda jugar y así el desarrollo siga su curso.[23]

Por todo esto, no es positivo que se adapten, pues si en un primer momento nos da la sensación de que puede ser beneficioso porque aparentan más madurez, en realidad es solo una apariencia que se acaba por derrumbar más adelante y, en el fondo, se sentirán muy solos.

Pérdida del «verdadero yo»

Por otro lado, los primeros años son esenciales para tomar conciencia de quién eres y construir una identidad primaria, pero ¿qué ocurre si impedimos ese proceso o si no dejamos que se siga desarrollando al tener que adaptarse a la forma de sentir, pensar o hacer que exijan los adultos para ser queridos y aceptados?

En este caso, aprenderán a no prestar atención a sus impulsos, a sus deseos, a sus sentimientos ni a sus emociones, que son una guía para conocerse a uno mismo, para entender lo que nos gusta y lo que no, y para poder poner límites en consonancia. No desarrollarán la confianza en sí mismos porque, al venir el control de fuera, no podrán confiar en sus posibilidades ni descubrirán qué son capaces de hacer y qué no, por lo que no se desarrollarán a nivel emocional. Además, no podrán mostrar sus luces y sombras porque solo expresarán aquello que al entorno le gusta y aprenderán a ocultar una parte de sí mismos.

Nuestro mundo emocional es complejo, con cosas que nos gustan más y otras menos, pero cuando el amor solo llega cuando muestran esa parte aceptada socialmente, también les llega el mensaje, aunque sea implícito, de que la otra parte de la persona no es válida, que no es aceptada, por lo que su autoestima descenderá, sobre todo porque cada vez, según crecen, los niños son más conscientes de esta parte oculta de sí mismos.[24]

Todo esto los llevará a mostrar dificultades para construir su propio criterio, porque crecerán acostumbrados a hacer, pensar y sentir según lo que opinan los demás, por lo que les será más difícil desarrollar su propia opinión. En el fondo crecerán con un sentimiento de que «algo está mal tal y como soy», dándose poco valor a sí mismos, lo que se traduce en una autoestima baja.

Porque, aunque se puedan adaptar a lo que esperamos de ellos, en realidad no les estamos permitiendo el desarrollo y la evolución que se origina desde esa etapa inicial egocéntrica, centrados en sí mismos, con emociones intensas, que les permiten conocerse y conocer lo que les rodea para después poder convivir con los demás desde la convicción de saber quién eres, con conciencia de tus propias emociones, valorándote, respetándote y aprendiendo a convivir con los demás sin perder tu esencia.

«El tener que ocultar y no mostrar
las emociones que no son deseadas por
el contexto no es una tarea fácil; por tanto,
este esfuerzo tendrá un coste para el niño,
que destinará grandes dosis de energía
y atención a este propósito.»

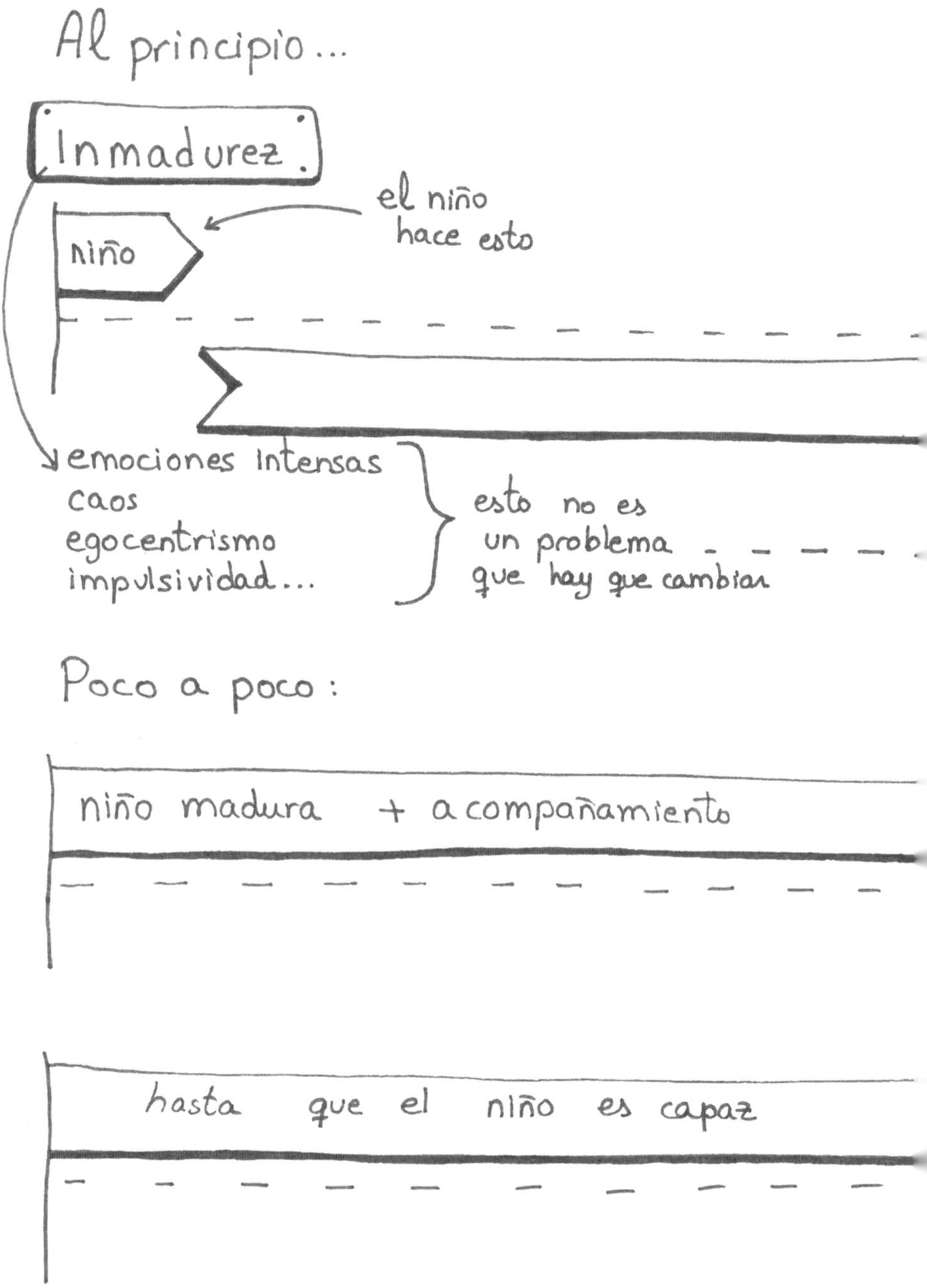

Basado en MacNamara (2021).

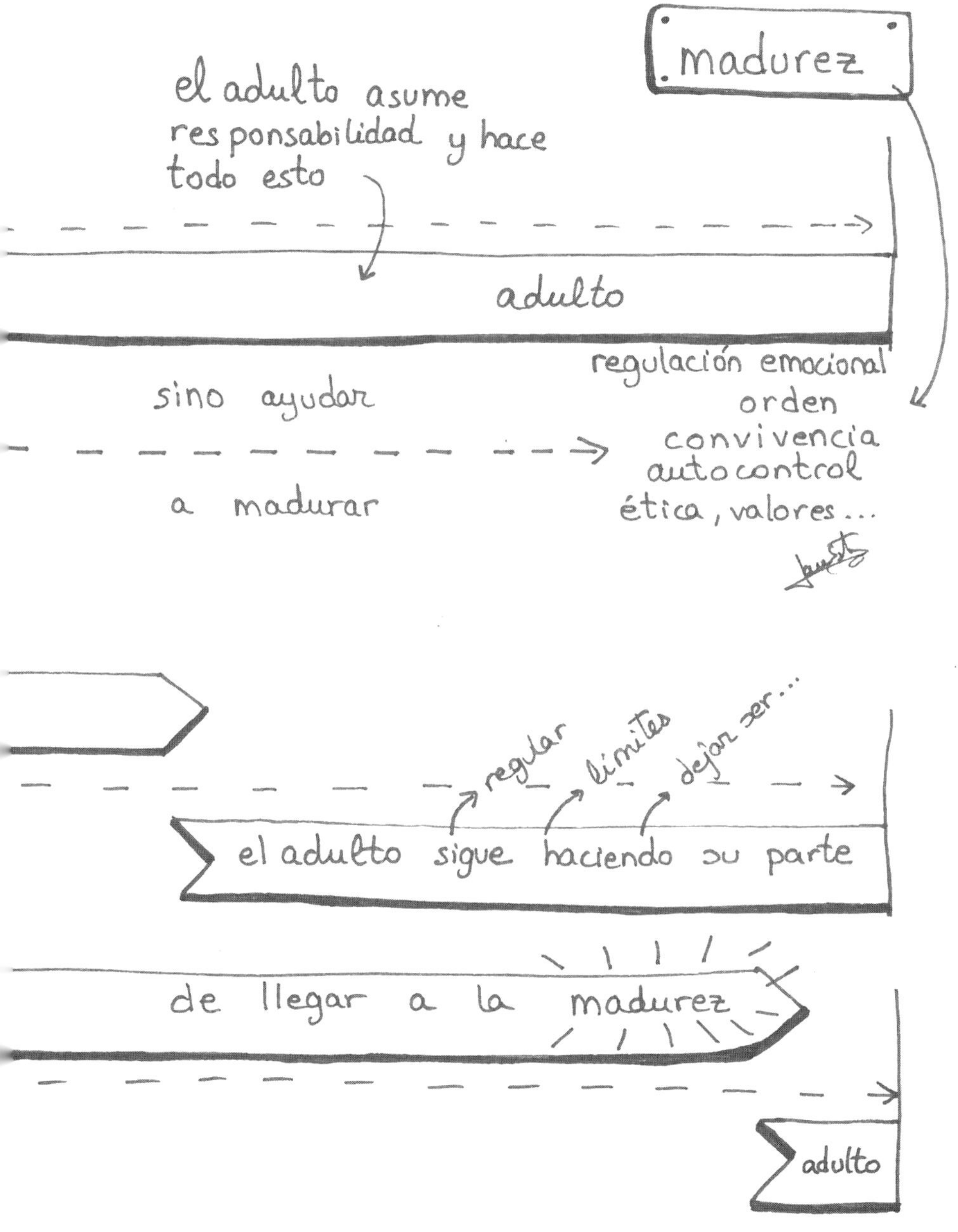

madurez
el adulto asume responsabilidad y hace todo esto
adulto
regulación emocional
orden
convivencia
autocontrol
ética, valores...
sino ayudar
a madurar
regular
límites
dejar ser...
el adulto sigue haciendo su parte
de llegar a la madurez
adulto

Hemos abordado la importancia de que sean ellos mismos, pero ¿eso implica que todo vale, que pueden hacer todo lo que quieran y como quieran? Evidentemente no.

Cuando abordamos el rol de la figura de apego ya conocimos que una de sus funciones era establecer límites, también tratamos este tema al hablar de la sensación de estabilidad y continuidad: durante los primeros años es nuestra responsabilidad guiarles para que aprendan a poder convivir con los demás, en un mundo social donde sus acciones pueden dañar a otros o afectar a las cosas que compartimos, así como protegerlos para que no se hagan daño a sí mismos, pero eso no implica dañarles a ellos.

Muchas de las prácticas comunes para conseguir que se adapten a la vida en sociedad se basan en el castigo, el elogio o la represión, formas que dañan el autoconcepto y la autoestima, pero es posible acompañarlos en este camino de otra manera, sin que desarrollen un mal concepto de sí mismos.

Diferenciar la persona de la conducta

Si queremos educar sin dañar, lo primero que tenemos que hacer es aprender a diferenciar entre la persona y la conducta.*

Es la acción, cómo lo expresa, si lo hace mordiendo, pegando, chillando, quitando las cosas de las manos, lanzando piedras o escapando lo que puede no ser adecuado y no tenemos por qué estar de acuerdo, pero nunca es la persona la inadecuada.

Sus emociones son involuntarias y siempre aparecen por-

* Encontraréis más información sobre este tema en mi libro *Criar con apego seguro* (2023).

que hay un motivo, sus deseos son suyos, aunque no tienen por qué cumplirse, y sus necesidades son válidas.

Al aprender a diferenciar la persona de la conducta, también cambia nuestro mensaje, porque no es lo mismo expresar «no quiero que me pegues» a «eres un pegón», pues en este segundo caso, le estamos dando una etiqueta; tampoco es lo mismo explicar lo que espero que haga que criticarle, ridiculizarle, castigarle o hacer que se sienta mal por haber hecho algo.

Los límites

Los límites son necesarios. Aunque en el inicio los niños tienen que encontrarse con un «entorno acogedor», que acoja sus necesidades y emociones, en el que encuentren escucha, sostén y seguridad afectiva, también es necesario que en ese entorno exista una estructura, alguien con más experiencia que tome decisiones y les proteja para que puedan desarrollarse seguros y tranquilos.

Pero, poco a poco, los niños se van encontrando con la realidad, que se comporta según sus propias leyes naturales, culturales o sociales, y van descubriendo que existen los demás y que no siempre se puede hacer lo que se desea.[25] Será, una vez más, desde el movimiento y el juego que irán integrando esta realidad: que no siempre se puede llegar a donde uno se propone, que el cuerpo no permite hacer ciertas cosas, que aunque quieras que la pelota flote la fuerza de la gravedad siempre la devuelve al suelo, que la pieza de madera no rueda como la pelota, que cuando haces pedacitos la hoja de un árbol luego ya no vuelve a su estado inicial, que se hace de noche y no se puede salir al parque, que llueve cuando queríamos bañarnos en la piscina...

Y esto unido a todos los límites que tienen que ver con convivir en un entorno social, pues, aunque todavía no entienda porque no le dejamos jugar con el cuchillo, ir en coche sin abrocharse el cinturón de seguridad o lanzar piedras al otro niño del parque por muy enfadado que esté, es algo que tenemos que expresarle.

Son límites que estableceremos desde la firmeza, la claridad, el respeto y comprendiendo que, para ellos, el entorno es nuevo y tienen muchas ganas de explorar y de hacer cosas, incluso tienen ideas muy creativas para ello, como pintar en el sofá en lugar de en el papel, que no entienden cómo se sienten los demás ni las consecuencias de sus acciones sobre los otros; que no es sencillo controlar los impulsos; que no reflexionan antes de actuar; que renunciar a sus deseos no es sencillo y que van a comprobar si el límite ha cambiado desde la vez anterior, sin que por ello nos estén provocando.

Porque tienen que ir comprendiendo que no todo es posible y que hay adultos al cargo ayudándoles en su camino.

Ayudarles en su maduración

Ayudarles no consiste simplemente en dejar pasar el tiempo hasta que su cerebro esté más maduro, sino que hay que tomar parte activa haciéndonos cargo en parte de todo aquello que el niño no ha desarrollado aún para acompañarlo en dichas situaciones.

En estos casos, si hay un vínculo seguro y se sienten respetados, es más fácil que nos hagan caso debido en gran medida precisamente a ese vínculo que nos une,[26] aunque no entiendan todavía el motivo para hacerlo. Por ejemplo, aunque no comprendan por qué necesitan ir atados en el coche, cuando se lo expliquemos, será su confianza en nosotros lo que hará que nos hagan caso, si bien tenemos que intentar expresarlo de una forma que lo entiendan.

Otras estrategias, como los premios, solo funcionan a corto plazo y no permiten un desarrollo adecuado a nivel emocional. Por otro lado, el castigo solo obedece a hacerles sentir mal por algo que no han hecho de una forma adecuada, pero el objetivo del acompañamiento que estamos abordando aquí debe ser ayudarles a que, poco a poco, entiendan las cosas que se pueden o no hacer y no hacerles sentir mal por ello; los castigos se quedan en la conducta, pero no les ayudan a madurar.

La función reflexiva también les ayudará en este proceso, pero debe utilizarse cuando ya no estén en el momento del conflicto, para poder hablar de las cosas que han sucedido o han vivido sin las emociones a flor de piel. Porque pensar en la mente, las intenciones, sus emociones y las de las personas que les rodean también es importante.[27]

La ética y determinados valores como la templanza, el compromiso, la honestidad, la gratitud, la humildad, la prudencia, el respeto, la responsabilidad, la lealtad, el altruismo, la colaboración o la tolerancia se aprenden pasados los siete años y se desarrollan a lo largo de toda la vida, aunque a veces nos empeñamos en transmitirlos durante los primeros años cuando lo que necesitan es la ayuda que hemos ido conociendo y que seamos modelos de todos esos valores.[28]

De esta manera, no consiste en no hacer nada, en dejarles hacer, en que se las arreglen solos o en que se «autogestionen», porque eso no ayuda en su maduración y, además, genera ese sentimiento de abandono que ya hemos conocido y que es doloroso, sino en guiarlos y acompañarlos de una manera respetuosa comprendiendo en qué momento de su desarrollo se encuentra.

Nuestro mundo es complejo, como también lo es aceptar ese camino con todos los pasos que te llevan desde un entorno donde todas tus necesidades son satisfechas hasta irse encontrando progresivamente con la realidad y con los límites de la vida. Sin embargo, hay que conocerlos para poder convivir en sociedad.

12

Aprendiendo a aprender

Si no les dejas probar, investigar, explorar...

y la aprobación llega cuando están quietos, pasivos...

¿Cómo su mente será activa?

Los niños pequeños son curiosos, tienen un gran interés por aprender lo que no conocen y, sobre todo durante los primeros años, son muchas las cosas que desconocen. Y si bien esa curiosidad es innata, como ya hemos conocido, las experiencias que van a permitir que se desarrolle no lo son.

Cuando llegan a la etapa de la educación primaria, que es el comienzo de la educación obligatoria, tienen que enfrentarse a los aprendizajes formales, que son los que les permiten abrirse a nuevos mundos, pero aquí llegan con varios años a sus espaldas de experiencias y aprendizajes, que van a influir muchísimo en su forma de aprender. Es por ello por lo que es tan importante preguntarse qué es lo que les hemos permitido hacer durante este tiempo anterior, qué experiencias han tenido, qué mensajes han recibido y si se ha respetado su desarrollo para que afronten esta nueva etapa con todas las herramientas necesarias.

Lamentablemente, por nuestras prisas, por el desconocimiento sobre el desarrollo infantil, por no tener clara la evolución de las primeras etapas, por rutina o por otros motivos, muchos niños llegan a la enseñanza obligatoria habiendo interiorizado el mensaje de que es mejor no hacer, no intentarlo, estar quietos, en silencio y no molestar, y, de esta forma, la curiosidad que venía de serie ha sido apagada.

Cuando no permitimos su actividad

Los niños tienen un deseo natural que nace de su interior por explorar, tocar, hacer, crear, imaginar e inventar para entender el mundo de forma activa, pero, aunque lo sabemos, a veces no lo permitimos.

Por miedo

En ocasiones no confiamos en sus capacidades y los sobreprotegemos, creemos que se van a golpear y a hacer daño. Sin embargo, si lo que les ofrecemos son elementos seguros y acordes al momento en el que están, esto no tiene por qué ocurrir. Es importante preparar el espacio y los materiales, valorar si los elementos que les ofrecemos son o no adecuados, y desde ahí permitirles ser y hacer. No hay nada mejor que observar para poder ajustarnos a lo que necesitan.

Los apresuramos

A veces, lo que pensamos es que, si nos les enseñamos las cosas, nunca las aprenderán por sí mismos. Nos falta confianza en el desarrollo, solo conocemos los grandes hitos, el resultado final, y desconocemos las etapas que atraviesan en el camino y su significado.

También existe la creencia de que es mejor si un niño hace las cosas antes, quizá por eso en muchas escuelas la etapa de infantil se parece tanto a la de primaria, reproduciendo un mismo modelo de escuela pero más simplificado. Sin embargo, los niños pequeños aprenden de forma diferente a como lo hacen los mayores; además aunque queramos que logren desarrollarse más rápido, no es posible: a pesar de todos los avances tecnológicos y lo que hoy en día sabemos sobre el desarrollo infantil, el cerebro de los niños consigue en la actualidad los mismos logros cognitivos que se alcanzaban hace cien años.[1] Estamos hablando de naturaleza y maduración, un proceso que necesita tiempo y que no se puede manipular.

Al apresurarlos, con frecuencia hacemos que se salten etapas necesarias en su desarrollo a través del movimiento, juego y los aprendizajes, impidiendo que recorran todo el camino. Puede que pensemos: «¿Para qué dejarle golpear con una cera el papel o hacer rayas de un lado al otro si le puedo enseñar a dibujar un sol o una letra?». Y la respuesta es sencilla: porque golpear el papel con la cera o hacer rayas de un lado al otro es una fase importante y necesaria.

Creer que no saben

«Así no se hace», les decimos una y otra vez, porque nosotros sí sabemos cómo utilizar las cosas y creemos que esa es la única manera de utilizarlas, para la que están fabricadas. Sin embargo, los niños son investigadores natos y, cuando hablamos de juegos y objetos adecuados para ellos, es necesario que descubran por sí mismos todas las posibilidades.

Necesitan que la torre de construcción se derrumbe y se caiga muchas veces para descubrir y llegar a entender que la base tiene que ser más amplia; necesitan experimentarlo, aprender de sus errores, integrarlo, que aparezca la frustración, sobrellevarla, cambiar de planes y estrategias para que, así, el aprendizaje sea real. Es más lento, sí, pero también más significativo.

No damos valor

No valoramos sus investigaciones, ni su curiosidad, ni su necesidad de experimentar con la realidad, que implica tocar elementos reales y naturales, descubrir cómo se comportan y mancharse. No te preocupes, ¡los niños son lavables!

Pensamos que hacer por hacer es perder el tiempo y le damos poca importancia, quizá pensamos que «no es educativo» y, por lo tanto, lo permitimos un ratito o lo dejamos para el tiempo que sobra después de otras actividades, pero el juego debería ser la actividad central de su día a día, no solo durante los tres primeros años, sino hasta que llegan a primaria. Después, en la etapa de primaria, aunque ya muestren interés por otros asuntos, el valor del juego no desaparece.

Dirigir su actividad

Es bastante común que asociemos aprender con permanecer quietos, en parte porque los adultos necesitamos que sea así en muchas ocasiones. Piensa que, cuando estudiábamos o estudiamos, cuando atendemos en una charla o cuando vemos con detenimiento un tutorial, nuestra mente está activa y nuestro cuerpo, más o menos, pasivo.

Sin embargo, los niños pequeños no aprenden de esta manera. Del mismo modo que su cerebro y su forma de expresar y regular las emociones son diferentes, su forma de aprender también lo es. Aun así, nos basamos en cómo lo hacemos nosotros y lo intentamos replicar en ellos, es más, consideramos que permanecer quietos y en silencio es «portarse bien». El silencio es necesario cuando alguien te explica algo, como cuando estamos en una charla, leyendo, en una clase magistral o atendiendo un vídeo, pero los niños pequeños no aprenden así.

Es muy frecuente, que, basándonos en nuestra forma de aprender y en el objetivo de lo que les queremos enseñar, dirijamos su actividad en mayor o menor medida, es decir, les damos órdenes, instrucciones, ideas o consignas para que los niños hagan las cosas según nosotros consideramos. Pero, como ya vimos al abordar la actividad autónoma, lo que ocurre en estas situaciones es totalmente diferente a cuando la actividad parte de ellos.

Cuando los adultos les dirigimos, el origen de la actividad cambia, ya no nace del niño o de su propia inquietud por descubrir o aprender, sino que parte del deseo del adulto, de nuestra idea.

Mientras le enseñamos, el niño tiene que observar de forma pasiva, como ocurre muy comúnmente en la escuela infantil y en la etapa de los tres a los seis años, cuando el adulto cuenta o muestra algo en grupo. La aprobación y el «portarse bien» implica entonces permanecer quietos y en silencio, algo muy difícil en esta etapa en la que aprender es hacer y moverse.[2]

Cuando le obligamos a realizar cosas siguiendo nuestras órdenes y consignas, por ejemplo, al dibujar, moldear con plastilina o hacer fichas, se considera un éxito si lo hace según lo que les hemos indicado. Sin embargo, si prueba a hacerlo según su deseo, si muestra su manera personal de realizarlo, no puede contener su impulso para hacerlo diferente, investiga y descubre otra manera de llevarlo a cabo, consideraremos que «no hace caso» o que lo ha «hecho mal».[3] Por ejemplo, si le da la vuelta al coche y le hace girar las ruedas, si sube por donde se baja del tobogán, si arruga la ficha, si lanza las piezas que le hemos dicho que apile, y cientos de casos más que se pueden dar en el día a día.

Incluso si centra su atención en otra cosa que le atraiga más que nuestra orden, como puede ser el pelo de su compañero o el velcro de su zapato, diremos que «no presta atención» o que «está distraído», pero, en realidad, atención sí que presta, solo que no a nosotros y a nuestra propuesta.[4]

Sabemos que, habitualmente y según la etapa en la que se encuentren, los niños nos intentarán agradar —aunque también habrá algunos que, según cómo sea su temperamento o cuánto los reprima el entorno, se rebelarán— y, ante estas guías y direcciones, desconectarán su parte creativa, su motor interno que les empuja a hacer, ese impulso innato, ese deseo de actividad y también su curiosidad, tan necesaria de mantener encendida.

Habrán desconectado de la alegría interna por el propio éxito o el descubrimiento y de ese deseo de quererlo compartir, así que buscarán el reconocimiento externo, la alegría del adulto, complacernos y que estemos contentos.

Y esta situación no solo sucede con esas actividades que

dirigimos y guiamos los adultos, también ocurre cuando ofrecemos juguetes que juegan por ellos, en los que meramente son observadores de lo que ocurre cuando aprietan un botón. O cuando les ofrecemos pantallas durante los primeros años con un aparto psíquico inmaduro, en una etapa de sus vidas en la que no pueden posponer la búsqueda de placer, en la que hay dificultades en la inhibición, es decir, para parar, pero, sobre todo, en la que necesitan un filtro, que hemos conocido que somos nosotros, ante los contenidos que les llegan de forma infinita y sobreestimulante, y en la que es necesaria la acción para aprender, procesar y elaborar lo que ocurre, pero la inhibimos.[5]

En todos estos casos, se impide el movimiento, el que ocurre de forma libre porque nace del interior del niño, e impedir el movimiento y la acción en esta etapa es impedir el pensamiento. Si durante los primeros años dirigimos continuamente sus actividades y la aprobación les llega cuando están quietos, no molestan y se conforman de forma pasiva, conformista,[6] ¿cómo será su mente activa?, ¿cómo desarrollarán estrategias que les permitan aprender?

Es importante que favorezcamos las condiciones para que no pierdan ese impulso natural por querer hacer, por querer conocer y, así, mantener encendida su curiosidad, porque es durante los primeros años cuando se desarrolla la actitud que tendrán hacia el aprendizaje.[7]

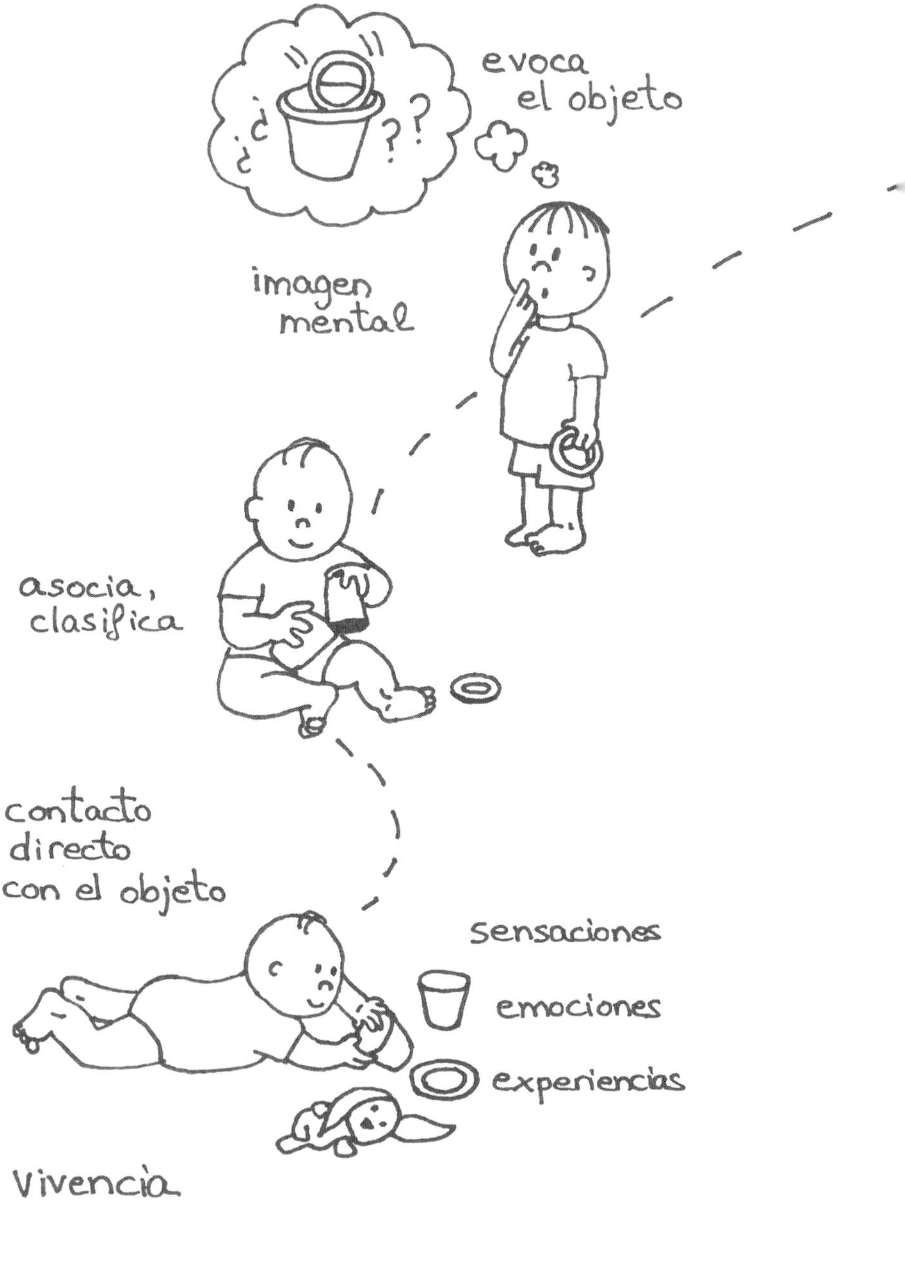

¿¿ ??
evoca
el objeto
imagen
mental
asocia,
clasifica
contacto
directo
con el objeto
sensaciones
emociones
experiencias
vivencia

Una cosa
representa a otra
simbolismo
fantasía
imaginación
pensar
sin hacer
pensamiento

Los niños saben cómo aprender, es algo innato en ellos. Si, además, durante sus primeros años facilitamos las condiciones adecuadas, estas les van a ayudar a desarrollar lo más importante de cara al aprendizaje formal, esas bases que no se enseñan, sino que se facilitan.

Sin embargo, ¿qué es eso tan importante y cómo podemos favorecerlo?

Lo más importante

Aprender a aprender

La capacidad de contar con recursos propios que te permiten aprender por ti mismo es algo que se desarrolla ya durante los primeros años. Es a través de la actividad autónoma, del movimiento y el juego en el que exploran, tocan y hacen como descubren los recursos que les permitirán comprender su cuerpo, el mundo físico en el que están y el mundo social;[8] aprender a dar la respuesta más adecuada a la situación y comenzar a pensar por sí mismos.

A través del juego, descubrirán cómo centrar la atención por periodos cada vez más largos, ignorando los estímulos irrelevantes, pues para aprender algo se necesita recordarlo y para recordarlo se requiere prestar atención, algo que solo es posible si se es capaz de filtrar los estímulos que llegan.[9] Por lo tanto, el inicio de todo este proceso se forja en esta etapa.

La actitud hacia el aprendizaje

En estos primeros años también se desarrolla la iniciativa, la confianza para investigar, el sentimiento de capacidad, de competencia, la capacidad de sentir control interno, de crear, de aprender de los errores, de volver a intentarlo o de cambiar de plan cuando no funciona. Es por todo ello que se trata de una etapa en la que debemos ofrecer las oportunidades necesarias para mantener «encendida» su curiosidad por conocer y hacer.[10]

Construir las bases reales

Cuando los llenamos de datos aislados al enfocarnos en que aprendan los colores, las formas, los sonidos de los animales, los números y las letras, o les mostramos contenidos de culturas alejadas y de mundos imaginarios antes de conocer el suyo,* el real y cercano, solo les estamos ofreciendo contenido irrelevante para este momento del desarrollo.

En esta etapa, los niños llegan al pensamiento desde la vivencia, el cuerpo y el movimiento. Al favorecer esta secuencia, se construyen los cimientos sobre los que los aprendizajes formales se sostendrán más adelante, pero, si los ofrecemos antes de tiempo, el aprendizaje será superfluo.

Respetar el ritmo propio

Los primeros años componen la etapa en la que más comparaciones hacemos los adultos entre los niños, sobre todo

* Desde hace unos años, en la escuela ha sido habitual organizar los contenidos alrededor de unidades didácticas o proyectos. Estos, en ocasiones, abordan temas que un niño de esta etapa no es capaz de comprender como «Las brujas», «Los piratas», «El antiguo Egipto», «El polo norte»...

cuanto menor es la edad. En este momento, llevamos la cuenta de los meses y semanas y, de manera continua, comparamos si ya hacen esto o lo otro, si lo logró con dos años o con dos y medio. Sin embargo, la realidad es que, aunque hay una secuencia común en el desarrollo, existe una gran variedad de ritmos y de diferencias individuales entre personas.

En el aula, se tiende a ofrecer a todos los niños lo mismo por tener una misma edad cronológica, pero, como cada uno es diferente, les hacemos llevar un ritmo que no es el propio y les forzamos de manera continua, intentamos acelerar, enseñar cosas para las que no están preparados y que no siguen su deseo interno, apagando esa conexión con su interior y, a veces, haciendo que sientan ese mensaje que les dice: «No eres válido tal y como eres».

Durante los primeros años, es importante que puedan desarrollar el placer de ser uno mismo, de seguir su ritmo y sus tiempos, de sentir seguridad interior y de ser capaces de contar con sus propios recursos.

Como puedes ver, lo más importante a desarrollar en estos primeros años en cuanto al aprendizaje no se puede enseñar de forma directa, ni en una asamblea, ni leyendo cuentos, ni a través de fichas o actividades concretas, sino que debemos centrarnos en favorecer que puedan desarrollar todas estas capacidades que los acompañarán en el presente y en el futuro. Capacidades que, una vez desarrolladas, les servirán de base para que, cuando estén preparados, les sea más fácil contar con estrategias para leer, aprender conceptos, sumar o multiplicar.

Sin embargo, si «gastamos» los primeros años en intentar enseñar esos contenidos más superfluos, como los nombres de algunas cosas que no son relevantes para el niño, que coloreen como les decimos, que hagan trazos según nuestras indicaciones, aspectos que además puede aprender más adelante sin dificultad, no habrán podido desarrollar aquello que sí era importante en esta etapa.

¿Etapa de jugar o de trabajar?

Como ya se ha mencionado, es habitual observar prácticas educativas de etapas posteriores en educación infantil, sin tener en cuenta que un niño de primaria no es el mismo que un niño de infantil. Por eso, cuando se propone que los niños se sienten en sus mesas y realicen actividades dirigidas, que «trabajen» o que hagan fichas, no se está teniendo en cuenta que estas acciones no les ayudan a abordar los conocimientos en esta etapa.

Por eso, en este apartado, vamos a conocer cómo «trabajar» y jugar van en direcciones opuestas y cómo la necesidad de los niños pequeños es la de jugar para que más adelante puedan «trabajar»,[11] no porque trabajar sea malo, sino porque en esta etapa aún no están emocionalmente preparados para ello.

Cuando hablamos de trabajar, estoy haciendo referencia a actividades o propuestas en las que hay un objetivo que cumplir y que este viene de forma externa, en el caso de la educación infantil puede ser colorear, copiar algo desde un patrón, hacer trazos, rellenar con bolitas de papel de seda, pegar pegatinas bajo una consigna, estampar huellas por una superficie, repasar letras, teñir sal con tiza para rellenar un bote, picar con punzón un contorno o meter macarrones en un cordel. Seguro que sabes de qué clase de actividades estoy hablando.

Actividades que requieren dirigir el comportamiento hacia un objetivo y, para llegar a este, es necesario posponer una gratificación inmediata durante el proceso, para poder llegar al resultado final. ¿Por qué esto no es recomendado en esta etapa? Porque durante los primeros años conseguir esto es muy difícil, ya que su cerebro no está preparado para ello. Para posponer una gratificación es necesario ser capaz de controlar los impulsos de hacer otras cosas que te apetecen más, por eso es tan habitual que estén coloreando según la orden dada y, de repente, rallen toda la hoja o la arruguen; también es necesario tener paciencia hasta terminarlo, así como pensar a largo plazo, enfocando la atención en el resultado final, inhibiendo los distractores; y, para todo ello, se necesita la integración de las áreas cerebrales prefrontales, áreas que no están desarrolladas tempranamente.

Es posible que se lo expliquemos, que les digamos que «así aprenderán», que «quedará muy bonito», es más que probable que sean capaces de seguir instrucciones, que tengan la habilidad para realizar la tarea, pero lo que no está desarrollado es la capacidad para reprimir lo que quieren hacer ahora por el beneficio que obtendrán en el futuro, porque supone entender el yo actual y el yo futuro; entender el nexo entre cómo se siente ahora e imaginar el orgullo que sentirá después cuando lo haya conseguido y haber desarrollado la memoria autobiográfica. Viéndolo así nos damos cuenta de que algo que nos parece tan simple implica mecanismos psicológicos complejos que no están desarrollados hasta los cuatro o cinco años de edad.[12]

Y no es un error que no estén desarrollados, sino que se trata de algo necesario porque permite que el cerebro sea más plástico en esta etapa y que, por lo tanto, los niños puedan aprender mucho más durante los primeros años.[13]

Esto es lo que les ofrece la oportunidad de aprender todo lo posible, de hacerlo con rapidez, cambiando las ideas y las leyes que generan cuando es necesario, prestando atención de forma incidental a los acontecimientos que ocurren en la periferia, ¿os suena eso de que parece que los niños pequeños no se enteran de las conversaciones de los adultos y luego nos damos cuenta de que han captado más de lo que creíamos? Esta capacidad les permite adaptarse mejor a la información nueva e inesperada de un mundo que están descubriendo de cero, gracias a esta atención pueden no concentrarse solo en una cosa y así ser más creativos.

Todo esto les permite adquirir conocimiento del mundo físico, el que es, el que tienen delante, y, al mismo tiempo, desarrollar un mundo imaginativo. Su forma de ser en esta etapa no es un defecto, sino que es una característica útil evolutivamente que les permite explorar tanto el mundo actual como los mundos posibles.

Muchas veces nos preocupamos por prepararlos para el futuro y viendo nuestro entorno cambiante nos preguntamos con qué futuro se encontrarán, qué profesiones existirán; de hecho, muchas de las que hoy existen no existían cuando nosotros mismos éramos pequeños. Sin embargo, no somos conscientes de que la mente de los niños pequeños ya está preparada desde temprana edad para explorar tanto este mundo como otros mundos posibles y lo hacen a través del juego.[14]

Y quizá, llegados a este punto te preguntes: ¿y el juego no tiene objetivos? La respuesta sería un sí, pero no. Porque los objetivos del juego son internos, siguiendo su momento del desarrollo, su interés, su deseo, su curiosidad, sus ideas y sus preferencias. Pero en el juego no hay gratificación en el resultado, sino durante todo el proceso. De hecho, durante el juego, no se pospone la gratificación como en el trabajo, sino que, en su desarrollo, si el objetivo que se ha autoimpuesto el niño es demasiado difícil, aunque inicialmente perseveran, cuando descubren que no es posible, se plantean objetivos más realistas, lo intentan de otras formas o desisten, descubriendo así el límite natural de las cosas. Que sea de esta forma favorece el desarrollo de una mente flexible, de la sensación de control y de conocer los propios límites.

Los niños pequeños se encuentran en una etapa de jugar. Según Deborah MacNamara, iniciarse demasiado temprano en el trabajo escolar produce frustración y resistencia, y lo que ayuda a que la etapa escolar sea exitosa será que estén maduros para alcanzarla y no la instrucción formal de forma temprana.[15]

Lo que ayuda a sentar las bases

Para terminar este apartado, vamos a conocer los aspectos clave que debemos favorecer para que estas bases puedan desarrollarse.

Un vínculo seguro

Como se ha dicho en múltiples ocasiones, un vínculo seguro es la base para que se sientan tranquilos y puedan dedicarse a explorar y jugar, y, por lo tanto, a aprender. Ya conocimos que desde muy temprano, en los momentos de cuidados y gracias a las interacciones interpersonales, los niños aprendían a fijar la atención y más adelante la permanencia del objeto, que es la base para el desarrollo simbólico necesario en tantos aprendizajes.

Es importante comprender que el desarrollo cognitivo, el de la inteligencia, depende del desarrollo emocional.[16]

Ofrecer experiencias

Los niños necesitan vivir experiencias reales, con los elementos de la vida real, los naturales, descubrir con todo su cuerpo y a través de sus sentidos, no a través de pantallas o lo que puede ofrecer un papel en dos dimensiones, porque ellos necesitan tocar, oler, escuchar, saborear; necesitan explorar, hacer y buscar sus propias soluciones.

Para Deborah MacNamara, jugar durante los primeros años es un acto creativo en sí mismo en el que se expresa el verdadero yo y a través del cual ocurre la maduración, el desarrollo del cerebro y se preserva la salud psicológica.[17]

Ofrecer tiempos

Es necesario que los niños cuenten con tiempo libre, que en su día a día encuentren momentos amplios para jugar, para hacer, para repetir y buscar los mismos resultados que en ocasiones anteriores, para perfeccionar sus actos, para estar atentos a los efectos de lo que hacen y, así, aprender a aprender.[18]

También lo es respetar su ritmo, que ya sabemos que es diferente al nuestro. Cuando salimos de paseo con un niño pequeño tenemos que comprender que, para ellos, con dos o tres años, el camino es un fin en sí mismo, como les ocurre al jugar, mientras que para nosotros el fin es el destino, como nos ocurre al «trabajar».

Podemos buscar momentos en los que respetar ese ritmo infantil, en los que disfrutar del camino con presencia y atención, sin dirigirles, que les llegue desde nuestra actitud que su curiosidad es importante. Después podemos hablar de lo que ha visto, lo que ha hecho, lo que sintió, pues no podemos olvidar la importancia de los diálogos reflexivos, lo que le ayudará en el desarrollo de la conciencia sobre sí mismo. Estas conversaciones son muy diferentes a cuando hablamos con ellos haciéndoles preguntas de las que ya nos sabemos la respuesta como cuando les planteamos: «¿De qué color es esta flor?».

En definitiva, durante los primeros años, jugar es la actividad central, para ellos es una necesidad, algo que sucede de forma natural si ofrecemos las condiciones, pero además es la base necesaria que no se puede enseñar para un desarrollo adecuado.

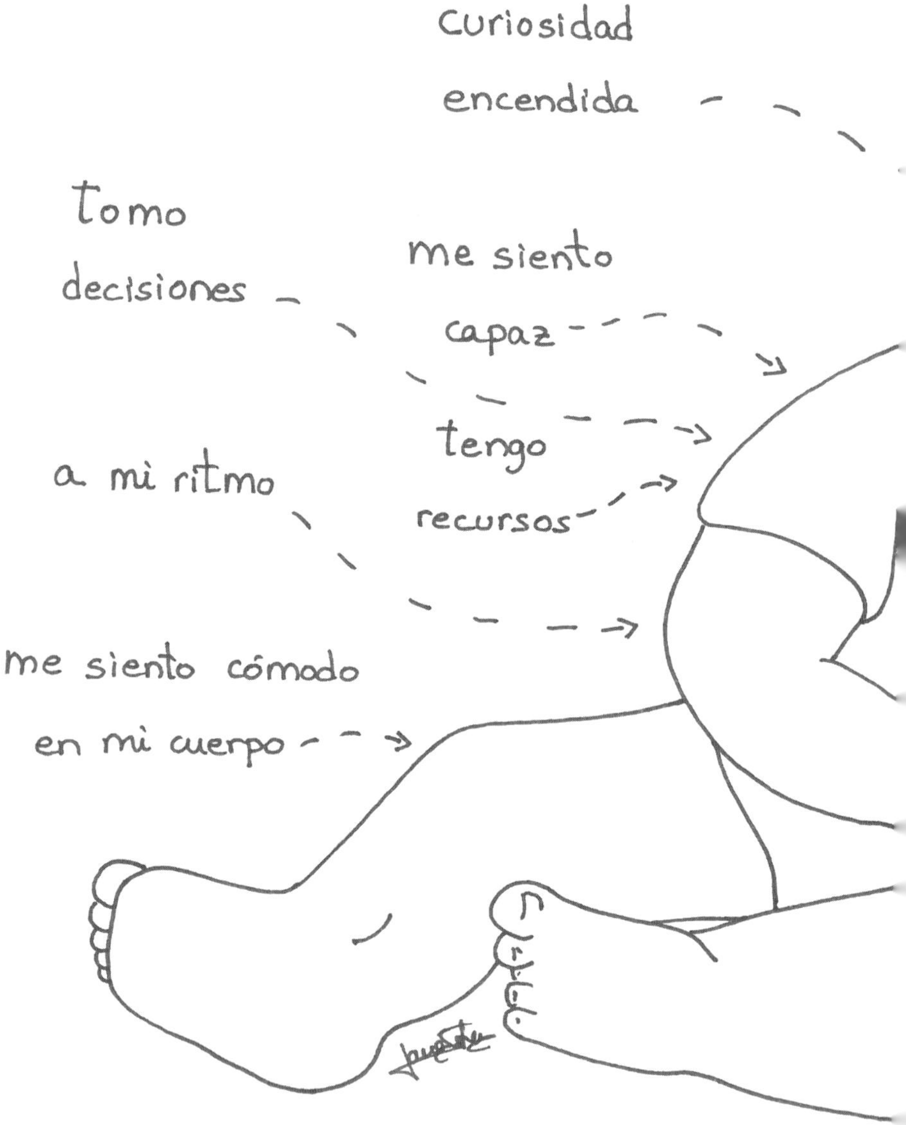
curiosidad encendida
tomo decisiones
me siento capaz
tengo recursos
a mi ritmo
me siento cómodo en mi cuerpo

tengo
un plan
imagino otros
modos posibles
desde la seguridad
aprendo del error
creo
nuevos planes

Durante los primeros años, la forma de aprender es diferente a la de años posteriores o la edad adulta. En esta primera etapa, aprenden y piensan desde el cuerpo, el movimiento y la acción, hacerlo así es un requisito para que puedan desarrollarse capacidades más abstractas que serán necesarias en otras etapas posteriores.

En este apartado vamos a conocer cómo sucede esto exactamente, cómo aprenden a través del cuerpo y el movimiento.

De pensar en movimiento...

Los adultos pensamos utilizando el lenguaje, nos hablamos interiormente cuando pensamos, reflexionamos o planificamos; aprendemos leyendo y escuchando una vocecilla interna, escuchando las palabras, el discurso de otros y estudiamos repitiéndonos las cosas... pero ¿qué ocurre cuando aún no hay palabras?, ¿no piensan entonces los más pequeños?, ¿no aprenden?

Los bebés y los niños experimentan, descubren y aprenden desde mucho antes de que adquieran las palabras. Desde antes de saber que las cosas tienen un nombre, ya organizan desde la acción y el movimiento, y lo hacen a través del juego.

Además, esta es la base para desarrollar su mente pues el desarrollo madurativo infantil sigue un orden que va de lo concreto, a lo abstracto; del movimiento y la acción, al pensamiento. Por lo tanto, el movimiento no es solo una forma de entretenerse, de disfrutar, de llegar hasta las cosas, sino que es una vía para conocerse a sí mismo —como ya vimos al hablar sobre autoconcepto y autoestima—, para conocer el mundo y a las personas que le rodean, y aprender a pensar.[19] Por ese motivo, es importante conocer este recorrido.

El recién nacido necesita contar con adultos que atiendan sus necesidades y así le ayuden a sobrevivir, necesita que le cuiden, un entorno seguro, cercanía, establecer ritmos, y al inicio sus movimientos son involuntarios, pero, como ya hemos conocido, no son seres pasivos.

Desde la acción

Pronto, más a menos alrededor de los tres meses, su movimiento involuntario pasa a ser cada vez más voluntario, comienza a interesarse por su cuerpo, en un principio por sus manos, las herramientas que le permitirán aprender y, desde ahí, comenzará a conocer las posibilidades que le ofrece su cuerpo y a interesarse por los objetos.

Su cuerpo le permite llegar a alcanzar los objetos, en cada momento con las posibilidades que tiene, reptando, arrastrándose, gateando, trepando... Y explorarlos con todos sus sentidos, agarrarlos, descubrir su textura, temperatura, chuparlos, morderlos, golpearlos, saborearlos, apretarlos, lanzarlos, sacudirlos, mirarlos desde todos los ángulos o encajarlos en otros. Necesitan conocerlos desde todas las formas posibles y descubrir cómo se comportan: si ruedan, rebotan, caen, se mantienen de pie, cambian de forma o se rompen... Descubrir las características de los materiales, de las formas, todo lo que puedan palpar y experimentar.

De esta manera, pueden comprender el mundo y sus reglas de funcionamiento desde la vivencia, desde lo concreto, pues es desde la acción como comienzan a organizar su mente. Por eso, repiten las acciones una y otra vez, porque desde la repetición es como incorporan la experiencia.[20] Repitiendo se dan cuenta de que una acción produce un resultado en el objeto y que la misma acción en condiciones parecidas produce resultados similares con materiales diferentes.[21]

Por ejemplo, descubren que si giran un recipiente lleno de algo se cae lo que hay dentro y que eso ocurre con el cesto lleno juguetes, con el cubo lleno de arena en el parque, con el vaso lleno de agua al jugar en la bañera y, también, con el plato lleno de puré a la hora de la comida. Es de esta forma, a través de la vivencia, que crean sus teorías sobre cómo funciona el mundo.[22]

Y con toda esa experiencia acumulada comienzan a ordenar los datos que adquieren del entorno,[23] descubriendo las constancias de forma, tamaño, color, siendo capaces de reconocer los objetos, aunque cambien de tamaño, de orientación, de distancia o la iluminación varíe. Y lo adquieren gracias a que, al jugar, pueden ver los objetos desde diferentes ángulos, cuando ellos están boca arriba, boca abajo o de pie, porque pueden girarlos, trasladarlos, trasladarse, llegar hasta ellos, observarlos desde la distancia... Algo que, por ejemplo, no puede hacerse cuando los juguetes se los ofrecemos colgados como ocurre en los gimnasios para bebés, cuando se los mostramos a través de una pantalla, en una imagen en dos dimensiones o apoyados sobre una mesa.

Al jugar, también pueden comparar unos materiales con otros, reconocer los que son iguales y los que son diferentes, agruparlos, coleccionarlos, como cuando tienen la oportunidad de poner todas las anillas de madera juntas, o una pieza de construcción sobre otra o de insertar un cubo dentro de otro. Porque es desde lo concreto, desde la acción y manipulando como se adquiere lo abstracto. Explorando y haciendo incorporan las nociones importantes que son la base de las futuras operaciones del pensamiento:[24]

- La noción de espacio, o conceptos como atrás, delante, arriba y abajo son cuestiones autorreferenciales que los niños experimentan mucho antes de saber que tienen un nombre.[25] Los niños pequeños se orientan desde su cuerpo,[26] según dónde estén ellos, las cosas estarán arriba, abajo, delante, detrás, fuera; y según lo lejos o cerca que otra cosa esté respecto a ellos descubrirán las distancias. Es desde la vivencia como más tarde podrán reflejar todas estas cuestiones en un papel de forma abstracta cuando dibujen o realicen trazos.

- La noción de tiempo, por otra parte, estará vinculada al concepto de sucesión, por eso son importantes las rutinas, y también unida a la orientación espacial. La idea de duración estará ligada al espacio recorrido, porque lo que está lejos, dura más; la de velocidad, estará relacionada con la acción, al ir más rápido o más lento; la de continuidad, a la sucesión de acontecimientos.
- La noción de causalidad también aparecerá al realizar la conexión entre la causa y el efecto, siendo las propias acciones realizadas en el juego sobre los materiales fundamentales para ello.
- La noción de permanencia del objeto supondrá saber que los objetos siguen existiendo aunque no los vean, y les permitirá evocar, buscar los objetos, encontrarlos o hacer planes.

Todas estas nociones, antes de ser conceptos abstractos y poder hablar sobre los mismos, ya son vividos y experimentados desde el cuerpo y la acción.[27] Será más adelante cuando adquirirá los conceptos para designarlas, pero solo si ya las ha integrado previamente como ideas abstractas.

Según Jean Piaget, la inteligencia durante los dos primeros años es sensoriomotora.[28] Se desarrolla explorando y actuando sobre el mundo, sobre lo concreto. Los niños en esta etapa hacen cosas con los objetos, pero no por azar, sino porque, mientras hacen, realizan planes, se plantean preguntas, crean hipótesis, las confirman o no;[29] porque en esta etapa hacer es pensar,[30] por eso decimos que es un modo corporal de pensar,[31] en el que todo su cuerpo está implicado.

Si detenemos esa acción espontánea, esas ganas de entender el mundo, y dirigimos sus acciones planteándoles que hagan cosas o dándoles órdenes, si les ofrecemos materiales con los que no pueden experimentar porque son pesados o no les permiten descubrir cómo funcionan porque su mecanismo depende de unas pilas y cables, si solo les permiten observar o escuchar, como ocurre con las pantallas o las explicaciones verbales o si no dejamos que se muevan y los mantenemos atados desde pequeños o hacemos que permanezcan sentados en mesas, entonces..., ¿cómo van a desarrollar su pensamiento?

Pueden evocar

Poco a poco van madurando y desarrollando su memoria, lo que permite que aparezca la capacidad de representación. Una vez esta aparece tienen la posibilidad de evocar objetos en su mente sin que estén físicamente presentes, también de recordar situaciones que han vivido y que han observado, y, gracias a la imitación diferida, pueden emular la situación más tarde, como cuando de repente comienzan a cantar el cumpleaños feliz recordando la celebración en la que estuvieron.

En esta etapa, ya no necesitan tocar y vivenciar con el objeto concreto, ahora pueden también recordarlo, imaginarlo o buscarlo, de la misma forma que ocurría con la figura de referencia, y este recuerdo va unido igualmente a sensaciones, emociones y vivencias.[32]

Esta nueva capacidad unida a haberlo experimentado previamente da paso a que puedan imaginar que una anilla pequeña no cabe por un tubo ancho sin necesidad de probarlo hasta darse por vencidos: esto es un gran logro para su desarrollo porque ya no hay que intentarlo todo una y otra vez.

La función simbólica

Pasados los dos años, aparece la función simbólica, que es la capacidad de que una cosa represente otra. Por ejemplo, una pieza de madera cilíndrica del set de construcciones puede recordarle a un biberón, porque es capaz de seleccionar un rasgo que representa un todo, no eligen para hacer de biberón un pañuelo o una cuerda, sino que hacen una abstracción por su forma, su dureza y representan mentalmente el objeto otorgándole cualidades imaginarias.[33]

Esto permite una gran flexibilidad de pensamiento, pues, si lo piensas, también son abstracciones la grafía de las letras en la que un trazo representa un sonido, los números que representan una cantidad o los símbolos matemáticos.

Además, este juego simbólico les permite crear otros mundos posibles. Tras meses conociendo las características de los objetos, las leyes del mundo real y de las cosas, entendiendo cómo es la realidad física, ahora pueden comenzar a conocer el mundo psicológico, el de las personas, el de la propia mente y, además, imaginar cómo podrían ser las cosas.[34]

Utilizan este juego como un medio para expresar su mundo interno y emocional, sus deseos, sus preocupaciones, sus miedos y sus fantasías y, así, integrarlas, elaborarlas, controlarlas dándoles incluso otros resultados posibles.

Esto también les permite crear escenarios que no existen, porque ahora que saben cómo funciona el mundo y la realidad, pueden alterarla y modificarla con su imaginación. Por eso, pueden jugar a ser el héroe que no muere, revivir una y otra vez, o en sus juegos los monstruos malos sí existen. Y lo hacen siendo conscientes de que juegan, diferenciando la realidad y la fantasía, aunque les produzca reacciones emocionales reales, siempre dentro de su ventana de tolerancia. De esta manera, el juego les permite estar preparados para escenarios posibles que no existen, una capacidad que se mantiene en el tiempo mientras siguen haciendo y actuando con todo el cuerpo.

El juego, además, se acompaña de lenguaje, que es una nueva manera de imaginar porque les permite hablar de lo que no está.[35] Además, les permite comprender códigos y signos culturales,[36] pues una vez que tienen una conciencia clara de sí mismos, comienzan a observar a otras personas, lo que hacen, dicen, cómo se mueven y lo trasladan a sus juegos, por eso juegan a ser la profesora que cuenta el cuento o la mamá que habla por teléfono. También representan escenas que no entienden o que les impactan en sus juegos, y ensayan diferentes roles: el de héroe, el de agresor haciendo de lobo, la bruja o el fantasma, que resultan esenciales para organizar su identidad y descubrir cómo funciona tanto su mente como la de los otros.

Cuando juegan, se integran las áreas del cerebro, motoras, perceptivas, cognitiva, emocionales y sociales.[37] En esta etapa, hasta aproximadamente antes de los seis años, en la que el juego es tan importante para su desarrollo, que exista una inmadurez en sus áreas prefrontales cerebrales es una ventaja,[38] porque les permite ser más flexibles y, por lo tanto, estar abiertos a cualquier cosa, así como tener más imaginación para crear muchas más posibilidades, lo que les permite aprender mucho más.

Después de esta etapa, con el inicio del desarrollo de la corteza prefrontal, habrá más inhibición y poda neuronal, por lo que el cerebro estará más centrado, funcionará más rápido y de una forma más eficiente, lo que les permitirá trabajar sobre todo lo adquirido en las etapas previas.

... Al pensamiento sin hacer[39]

Al acercarse a los seis años, este camino los llevará poco a poco hacia un mayor quietud, su cuerpo estará cada vez más quieto, pues empezaran a operar cada vez más desde la mente y el lenguaje, que desde la acción. Además, comenzarán a comprenderse mejor a sí mismos y tener mayor autocontrol y a adquirir la descentración, a pensar las cosas sin necesidad de hacerlas. Esto supondrá un cambio de etapa a una caracterizada por el pensamiento lógico y organizado.[40]

Sin embargo, es esencial comprender que este paso se

producirá desde toda la vivencia acumulada durante los primeros años, desde un desarrollo madurativo y emocional que les permita trabajar y desde una actitud positiva hacia el aprendizaje.

Como seres sociales que somos, esto nos lleva a querer aprender de los otros, de todo lo que han descubierto las generaciones anteriores, sin necesidad de empezar de cero y así acceder a la cultura, la literatura, la ciencia, la historia y la moral.[41]

Sin embargo, aunque a partir de esta etapa ya puedan «trabajar», eso no significa que dejen de jugar. El juego seguirá siendo fuente de grandes aprendizajes, sobre todo aquel que se produzca con otros niños, pues será un gran laboratorio de la vida social.

Espero que este capítulo te haya servido para comprender que el desarrollo infantil avanza desde el cuerpo al pensamiento y en especial a integrar la idea de que jugar no es perder el tiempo, sino la forma de favorecer su desarrollo.

Basado en MacNamara (2021).

maduro

A lo largo de este libro, hemos hablado del vínculo de apego y de la importancia de la figura de referencia en los primeros años, pero, aunque se han mencionado en diversos puntos las relaciones sociales, todavía no se ha abordado en profundidad cómo estas se desarrollan durante esta etapa.

Se trata de las relaciones con otros niños, con los compañeros de juego, con los hermanos, las amistades u otros adultos más allá de sus vínculos de referencia.

El desarrollo social depende del vínculo

Al inicio de estas páginas, descubrimos que las relaciones tempranas creaban unos «mapas» que nos ayudaban a guiarnos y relacionarnos en el día a día. Después, conocimos cómo el modelo operativo interno creaba una imagen mental de lo que podíamos esperar de los demás, o incluso lo que pensábamos de nosotros mismos. De esta manera, resulta evidente la gran influencia que tiene la relación de apego en el desarrollo social, pues de ella dependerá el cómo manejarán las relaciones con los otros niños, e incluso con sus futuras parejas.[42]

Tras conocer todo esto, no os sorprenderá saber que existe una relación entre cómo actúan los niños en edades tempranas y cómo piensan y hablan sobre el amor a los cinco o seis años.[43] Por todo ello, el vínculo de apego que se construye en los primeros años resulta esencial para el posterior desarrollo social del niño.

Un área con pocas experiencias

Si durante los primeros años hemos permitido que experimenten, exploren y jueguen, los niños habrán ido acumulando miles de experiencias que confirman cómo funciona el mundo físico.

Habrán podido comprobar y verificar cuestiones como que, cuando lanzas algo, se cae, excepto en ocasiones muy contadas como cuando se te escapa un globo, o sabrán que las cosas con forma esférica ruedan. Esto es así porque han acumulado un amplio conjunto de datos que lo confirman y les han permitido elaborar sus propias teorías. Pero ¿qué pasa con el amor, con las relaciones, con lo que esperan de los demás, con cómo responden los que les cuidan?

Para sacar conclusiones sobre este tema la muestra con la que cuentan es muy pequeña y,[44] además, muy poco definida, pues, a pesar de que conocen a pocas personas, ni siquiera todas actúan de la misma manera. No es igual estar con mamá que con papá, que con la profe especialista que entra al aula un ratito que con el abuelo, porque cada uno tiene su propia historia. Además, ni siquiera la misma persona actúa de la misma manera en todas las ocasiones, y según cómo les enseñemos a amar, ellos amarán y, como ya sabemos a estas alturas, esto no va de explicarles teorías, o al menos, no es así como lo asimilan.

Con expectativas ajustadas

No es casualidad que haya dejado este tema para el final. La relación con los iguales no es una necesidad muy presente en los primeros años, por eso me ha parecido más interesante enfocarnos en las relaciones con los adultos que cuidan, que sí son esenciales, para que más adelante pueda darse ese desarrollo social.

Pero nuestra sociedad tiene unas expectativas poco ajustadas sobre este asunto; como ya hemos visto, los niños pequeños no necesitan estar en contacto con muchos adultos cuidadores para que su desarrollo sea el adecuado; de hecho, cuanto menos mejor; pero ojo, que pocos no quiere decir tampoco uno: no somos Superwoman y no podemos con todo. Es más, ya vimos la importancia de poder contar con apoyo social.

Sin embargo, ¿qué sucede con las relaciones con otros niños? Pues lo cierto es que, hasta los tres años aproximadamente, no es una necesidad. Lo pueden pasar bien estando juntos, divertirse, imitar juegos, incluso emprender juegos conjuntos, pero no habrá ninguna necesidad no cubierta si en su día a día no se encuentran con otros niños durante esta etapa.[45] Esto es así porque todavía están en un momento en el que los adultos les cuidan, están explorando su cuerpo, y tienen que conocerse a sí mismos y al entorno, ¡que no es poco!

Teniendo en cuenta lo que ya hemos ido conociendo a lo largo del libro, cuando los niños menores de tres años tengan que compartir tiempo y espacio, como ocurre en la escuela infantil, porque así son las circunstancias de la vida actual, será importante garantizar que cuenten con un grupo de niños y de adultos que les cuiden lo más estable posible.[46]

Hacia el final de los tres años, ya con una relación de apego establecida y una noción más clara de quienes son ellos mismos, es cuando comenzarán a necesitar a otros niños para jugar. Si lo pensamos con detenimiento, todavía no serán amigos que ellos elijan, sino niños que la vida «les pone» en su camino:[47] son los niños que van a su clase, al parque, los hermanos pequeños de los amigos del hermano mayor o los hijos de amigos de sus padres. Y, al jugar, formaran principalmente parejas por intereses según prefieran un juego más calmado o de más movimiento.

Sin embargo, la vida importante para el niño todavía sigue siendo la que ocurre en su casa y con sus referentes, por eso será frecuente que, si les damos a elegir entre estar con la figura de referencia o ir a casa de un amigo, solo querrán ir si va el adulto.[48]

Más allá de los cinco años, en el inicio de ese cambio importante en su desarrollo a nivel emocional, social y cognitivo que hemos conocido en este libro, es cuando va a cobrar importancia el que puedan estar con otros niños para jugar.[49] Esto supondrá una manera de desarrollarse de forma independiente a sus figuras de referencia, convirtiéndose el juego compartido en un laboratorio social,[50] aprendiendo sobre diferentes roles, a cooperar, a tolerar que no siempre se haga lo que ellos quieren, eligiendo a sus compañeros de juego, y un largo etcétera.

Después de los siete años, manteniéndose durante toda la primaria y la adolescencia, es cuando empieza la verdadera relación entre iguales, esa que a veces esperamos que ocurra cuando son más pequeños. Es en esta etapa cuando aprenden a negociar, a tener «mejores amigos», entendiendo las relaciones cada uno desde los modelos que han construido en sus relaciones primarias; y se podrá apreciar entonces si aman desde la exclusividad y el control o desde la confianza, el respeto y la libertad.[51] Siendo también una etapa en la que se abren a nuevos referentes y modelos adultos diferentes a sus figuras de apego primarias.

Un recorrido

El punto final en la maduración tras el proceso que hemos recorrido en estos primeros años y que hemos abordado en el libro, es que puedan llegar a convertirse en seres sociales.[52]

Que se hayan desarrollado sabiendo que pueden contar con personas que les protegen y les cuidan, que desde esa seguridad hayan podido conocerse a sí mismos, descubrir que son personas únicas y, desde ahí, que hayan podido desarrollar la capacidad de convivir en grupo, respetándose a sí mismos y a los demás. Es decir, que sean individuos preparados para vivir en sociedad de una manera sana.

¿Qué está en nuestra mano?

Como padres y como cuidadores, queremos lo mejor para nuestros pequeños, y a una parte de nosotros nos gustaría protegerles de cualquier mal o preocupación, pero estas también forman parte de la vida y hay cosas que podemos controlar... y cosas que no.

No sabemos lo que pasará en el futuro

No podemos saber ni controlar qué experiencias o relaciones les deparará la vida, si se encontrarán con personas buenas o con otras que les causarán dolor. Qué mundo encontrarán conforme crezcan o qué trabajos existirán.

Ni siquiera podemos saber si el tiempo y la investigación nos dirá que algunas de las cosas que hemos conocido en el libro son diferentes. Es lo que tiene el avance y saber más sobre infancia.

Lo que sí sabemos es que la infancia forma parte de la historia de cada uno de nosotros.

Lo que sí podemos es hacer un bonito presente[53]

Podemos asegurarnos de que, en estos primeros años, encuentren adultos que les respetan, con los que construir relaciones sólidas y sentirse seguros, con los que puedan contar cuando lo necesiten, incluso que cambien las ideas que ya se han formado sobre el amor.

Está en nuestras manos garantizar un presente que les permita ser ellos mismos porque cuentan con la oportunidad de conocerse, y tiempo para dejarles ser y crecer tranquilos. Un presente que les brinda experiencias para conocer el mundo poco a poco, a su ritmo y con tiempo para jugar, protegiéndolos de una vida acelerada y llena de prisas.

Que les permita tener una buena conexión con su pasado, que siempre formará parte de ellos, y con su futuro, creando una idea clara de quienes son.

Así, cuando miren hacia atrás y recuerden su infancia, podrán tener la sensación de que contaron con nuestro apoyo, que se les respetó como personas y que se les ofrecieron las oportunidades que hoy les permiten ser quienes son.

Notas

1. Es importante... en la teoría

1. Briggs, Dorothy Corkille, *El niño feliz: Su clave psicológica*, Barcelona, Gedisa, 2006.
2. *Ibid.*
3. Estremera, Laura, *Déjalos ser niños: Una guía práctica para acompañar a los pequeños en una crianza respetuosa*, Barcelona, Booket, 2022.
4. Para ello vamos a seguir a MacNamara, Deborah, *Jugar, descansar, madurar: Lo que todo niño pequeño quisiera que supiéramos acerca de él*, Hara Press, 2021.
5. *Ibid.*
6. *Ibid.*
7. *Ibid.*
8. Término de Gibson, Lindsay, *Hijos adultos de padres emocionalmente inmaduros: Cómo recuperarse del distanciamiento, del rechazo o de los padres autoinvolucrados*, Málaga, Sirio, 2022.
9. Siguiendo a Gibson (2022).
10. *Ibid.*

2. La realidad de la infancia

1. Concepto de Jean Piaget (1896-1908), biólogo suizo que hizo grandes aportaciones a la psicología evolutiva.

2. MacNamara (2021).

3. *Ibid.*

4. Estremera, Laura, *Criar con apego seguro: cómo acompañar a los más pequeños en el día a día*, Barcelona, Ariel, 2023.

5. MacNamara (2021).

6. *Ibid.*

7. MacNamara (2021).

8. Pitillas (2025).

9. Velasco, María, *Criar con salud mental: Lo que tus hijos necesitan y solo tú les puedes dar*, Barcelona, Paidós, 2023.

10. *Ibid.*

11. Siegel, Daniel, *La mente en desarrollo: Cómo interactúan las relaciones y el cerebro para modelar nuestro ser*, Bilbao, Descleé De Brouwer, 2007.

12. Pitillas (2025).

13. Pitillas (2025), Velasco (2023).

14. Siegel (2007).

15. Siegel (2007), Pitillas (2025).

16. Pitillas (2025).

17. Velasco (2023).

18. Tonucci, Francesco, *Con ojos de niño*, Buenos Aires, Losada, 2013.

19. Fuente: Council for Early child Development (2010). Extraído de Benito, Rafael, *Cerebros moldeando otros cerebros: Cómo las relaciones interpersonales guían la evolución del cerebro infantil y adolescente desde el nacimiento*, Bilbao, Desclée De Brouwer, 2024.

20. Benito (2024).

21. *Ibid.*

22. *Fuente*: Council for Early child Development (2010).

23. Benito (2024).

24. Velasco (2023).

25. Basado en Pitillas (2025) y Guerrero, Rafa, *Educar en el vínculo: Crea un vínculo sano con tu hijo y favorece su autonomía, regulación emocional y autoestima*, Barcelona, Plataforma editorial, 2020.

26. John Bowlby (1907-1990) fue un psicoanalista inglés que desarrolló la teoría del apego.

27. Pitillas (2025).

3. Un cerebro en desarrollo

1. Castellanos, Nazareth, *Neurociencia del cuerpo: Cómo el organismo esculpe el cerebro*, Barcelona, Kairós, 2022.
2. Seguiremos a Benito (2024).
3. Benito (2024), Guerrero (2020), MacNamara (2021), Siegel (2007), Velasco (2023).
4. Benito (2024).
5. Para este apartado vamos a seguir a Benito (2024).
6. Siegel (2007).
7. *Ibid.*
8. Benito (2024).
9. MacNamara (2021).
10. Velasco (2023).
11. Wolfberg, Elsa y Marrone, Mario: *Parentalidad y Teoría del apego: Aspectos teóricos, roles y funciones*, vol. I, Madrid, Prismática, 2021.
12. Benito (2024).
13. Velasco (2023).
14. Siegel (2007).
15. Wolfberg y Marrone (2021).
16. Benito (2024).
17. *Ibid.*

4. El adulto en esta historia

1. Basado en la publicación de Instagram de Irene Lozano. Lozano, Irene [@irenelozano.es] (2025, 3 de marzo). Crianza Millennial: ¿De verdad alguien pensaba que la generación a la que se le ha educado en el «estudia, estudia»... ? [fotografías], Instagram, <https://www.instagram.com/p/DGwCdIJO1mF/?utm_source=ig_web_copy_link&igsh=NTc4MTIwNjQ2YQ==>.
2. Duque, Isa, *Acercarse a la generación Z: Una guía práctica para entender a la juventud actual sin prejuicios*, Barcelona, Zenith, 2023.
3. Gonzalo, José Luis [prólogo], en Guerrero (2020).

4. Velasco (2023).

5. *Ibid.*

6. Velasco (2023).

7. MacNamara (2021).

8. Pitillas, Carlos, *El daño que se hereda: Comprender y abordar la transmisión intergeneracional del trauma*, Bilbao, Desclée De Brouwer, 2021.

9. *Ibid.*

10. Velasco (2023).

11. *Ibid.*

12. *Ibid.*

13. Michelena, Mariela, *Un año para toda la vida: el secreto mundo emocional de la madre y su bebé*, Madrid, Booket, 2009.

14. Velasco (2023).

15. *Ibid.*

16. Pitillas (2025).

17. Siegel (2007).

18. Wolfberg y Marrone (2021).

19. Duque (2023).

20. *Ibid.*

21. Miller, Alice, *El cuerpo nunca miente*, Barcelona, Tusquets Editores, 2005.

22. Estremera (2023).

23. Pitillas (2021).

24. *Ibid.*

25. Seguimos de nuevo a Briggs (2006).

26. Pitillas (2025).

27. Briggs (2006).

28. Aucouturier, Bernard, *Actuar, jugar, pensar: Puntos de apoyo para la práctica psicomotriz educativa y terapéutica*, Barcelona, Graó, 2018.

29. Winnicott en Estremera (2023).

30. Pitillas (2025).

31. *Ibid.*

32. *Ibid.*

33. Velasco (2023).

34. Velasco (2023).

35. Para este apartado vamos a seguir principalmente a Arnárez, Begoña, *El trauma psíquico es de todos: rompe el silencio*, Autopublicado, 2021.

36. Pitillas (2021).

37. Vamos a seguir a Benito (2024).

38. En este apartado vamos a seguir a Benito (2024).

5. Un desarrollo en relación

1. Benito (2024).

2. Gibson (2022).

3. Seguiremos a Pitillas (2021).

4. Pitillas (2025).

5. *Ibid.*

6. Michelena (2009).

7. Seguiremos a Rygaard, Niels Peter, *El niño abandonado: guía para el tratamiento de los trastornos del apego*, Barcelona, Gedisa, 2008.

8. Shapiro, Lawrence, *El lenguaje secreto de los niños: cómo comprender lo que tus hijos intentan decirte*, Barcelona, Urano, 2004.

9. Siegel (2007).

10. Benito (2024).

11. *Ibid.*

12. Michelena (2009).

13. *Ibid.*

14. Pérez, Nuria, *¿Psicomotricique?: la psicomotricidad explicada a las familias y profesionales desde La Sala de Psico*, Publicación independiente, 2025.

15. Siegel (2007).

16. Velasco (2023).

17. Pitillas (2021).

18. *Ibid.*

19. *Ibid.*

20. Guerrero, Rafa, *Trauma: niños traumatizados, adultos con problemas*, Barcelona, Cúpula, 2024.

21. Vamos a basarnos en Chahin y Tardos (2018); Falk, Judit, «Cuidado personal y prevención», *Infancia: educar de 0 a 6 años*, 4, (1990), pp. 39-41; Tardos, Anna, «Autonomía y/o dependencia», *Infancia: educar de 0 a 6 años*, 15, (1992), pp. 4-9; Truchis de, Chantal, *El despertar al mundo de tu bebé: El niño como protagonista de su desarrollo*, Barcelona, Oniro, 2003.

22. Tardos (1992).

23. Truchis (2003).

6. El vínculo de apego

1. Siegel (2007).

2. MacNamara (2021).

3. Gonzalo, José Luis, *Vincúlate: relaciones reparadoras del vínculo en los niños aportados y acogidos*, Bilbao, Desclée De Brouwer, 2015.

4. Wolfberg y Marrone (2021).

5. MacNamara (2021).

6. Siegel (2007).

7. Wolfberg y Marrone (2021).

8. Guerrero (2020).

9. Levine, Amir y Heller, Rachel, *Maneras de amar: la nueva ciencia del apego para encontrar el amor y conservarlo*, Barcelona, Urano, 2016.

10. Guerrero (2020).

11. Cyrulnik en Gonzalo (2015).

12. Benito (2024).

13. Guerrero (2020).

14. Gonzalo (2015).

15. Siegel (2007).

16. Levine y Heller (2016).

17. Ejemplos extraídos de Esclapez, María, *Tú eres tu lugar seguro: Haz las paces con tu pasado para reconectar contigo (y los que te rodean)*, Barcelona, Penguin Random House, 2023.

18. Gonzalo (2015).

19. Michelena (2009).
20. Término de MacNamara (2021).
21. Wolfberg y Marrone (2021).
22. Michelena (2009).
23. Rygaard (2008).
24. Wolfberg y Marrone (2021).
25. MacNamara (2021).
26. Guerrero (2020).
27. Pitillas (2021).
28. Siegel (2007).
29. Fonagy en Siegel (2007).
30. Gibson (2022).
31. Guerrero (2020).
32. Arnárez (2021).
33. Vamos a seguir a MacNamara (2021).
34. Tronick en Wolfberg y Marrone (2021).
35. Pitillas (2021).
36. *Ibid.*
37. Vamos a seguir a Pitillas (2021).

7. Regulación de estímulos

1. Velasco (2023).
2. *Ibid.*
3. *Ibid.*
4. Benito (2024).
5. *Ibid.*
6. Benito (2024).
7. «Modulador» para Pitillas (2021), «*holding*» para Velasco (2023).
8. Shore (2010) en Pitillas (2021).
9. Las cinco primeras son de Siegel (2007).
10. Michelena (2009).
11. Stern, Daniel, *La primera relación madre-hijo*, Madrid, Morata, 1998.

12. Pitillas (2025).

13. Michelena (2009).

14. Vamos a seguir a Siguero, Luis, *Anatomía de la identidad: Génesis de la organización miofascial en la postura y el movimiento: una perspectiva psicomotriz*, Buenos Aires, Corpora Ediciones, 2024.

15. Michelena (2009).

16. Siguero (2024).

17. Rygaard (2008).

18. Siguero (2024).

19. «*Holding*» para Winnicott, en Siguero (2024).

20. *Ibid.*

21. Arnárez (2021).

22. Pitillas (2021), Guerrero (2020).

23. Siguero (2024).

24. Siegel (2007).

25. Lowen (2000) en Siguero (2024).

26. Velasco (2023).

8. Descubriendo emociones

1. Castellanos (2022).

2. Siegel (2007).

3. Delahooke, Mona, *Más allá de la conducta: Cómo usar la neurociencia y la compasión para entender y solucionar las dificultades conductuales de los niños*, Madrid, Oberon, 2021.

4. Sanders, Marilyn y Thompson, George, *La teoría polivagal y el desarrollo infantil: sistemas de cuidado para el fortalecimiento de niños, familias y comunidades*, Barcelona, Eleftheria, 2024.

5. Benito (2024).

6. Siegel (2007).

7. Siegel (2007), Benito (2024).

8. Rygaard (2008).

9. Delahooke (2019).

10. Rygaard (2008).

11. *Ibid.*

12. Castellanos (2022).
13. Esclapez (2023).
14. Sanders y Thomson (2024).
15. *Ibid.*
16. Esclapez (2023).
17. Benito (2024).
18. Esclapez (2023).
19. Benito (2024).
20. *Ibid.*
21. Sanders y Thomson (2024).
22. *Ibid.*
23. Benito (2024).
24. Castellanos (2022).
25. Siegel (2007).
26. Rygaard (2008).
27. Delahooke (2019), Siegel (2007), Rygaard (2008).
28. Siegel (2007).
29. Delahooke (2019).
30. Benito (2024).
31. Delahooke (2019).
32. *Ibid.*
33. Benito (2024).
34. *Ibid.*
35. Siegel (2007).
36. *Ibid.*
37. Vamos a seguir la secuencia de tres pasos de Benito (2024).
38. Castellanos (2022), Benito (2024), Siguero (2024).
39. Benito (2024).
40. En Delahooke (2019); Sanders y Thompson (2024).
41. Siguero (2024).
42. Castellanos (2022).
43. Benito (2024).
44. *Ibid.*
45. Porges (1995) en Guerrero (2020).
46. Benito (2024).
47. *Ibid.*

48. Arnárez (2021).
49. Sanders y Thompson (2024).
50. Benito (2024).
51. Delahooke (2019).
52. *Ibid.*
53. Me basaré en Siegel (2007), Rygaard (2008) y Benito (2024).
54. Delahooke (2019).
55. Benito (2024).
56. MacNamara (2021).
57. Pitillas (2021).
58. *Ibid.*
59. Siegel (2007).
60. Pitillas (2025).
61. Siegel (2007) y Michelena (2009).
62. Pitillas (2025).
63. Vamos a seguir a Siegel (2007).
64. Arnárez (2021).
65. Delahooke (2019).
66. Arnárez (2021).
67. Vamos a seguir en este apartado a MacNamara (2021).
68. Benito (2024).
69. Siegel (2007).
70. Arnárez (2021).
71. *Ibid.*
72. Guerrero (2020).
73. Velasco (2023).
74. Seguiremos a Guerrero (2020).
75. Seitún, Maritchu, *Criar hijos confiados, motivados y seguros: hacia una paternidad responsable y feliz*, Buenos Aires, Grijalbo, 2019.
76. Delahooke (2019).
77. *Ibid.*
78. Seguimos a Siegel (2007).
79. *Ibid.*
80. Seitún (2019).
81. Aucouturier, Bernard, *Los fantasmas de la acción y la práctica psicomotriz*, Barcelona, Graó, 2004.

82. Siegel (2007).
83. *Ibid.*
84. Velasco (2023).
85. *Ibid.*
86. Arnárez (2021).
87. *Ibid.*
88. *Ibid.*
89. Siegel (2007).
90. *Ibid.*
91. Pitillas (2021).
92. *Ibid.*
93. Benito (2024).
94. Benito (2024), Sanders y Thompson (2024).
95. Delahooke (2019).
96. Sanders y Thompson (2024).
97. Arnárez (2021).
98. Velasco (2023).
99. Gibson (2022).
100. Benito (2024).
101. Gibson (2022).
102. Vamos a seguir a MacNamara (2021).
103. Esclapez (2023).
104. *Ibid.*
105. Levine y Heller (2016).
106. Vamos a seguir a Siegel (2007).

9. La autonomía

1. Rozelen en Wolfberg y Marrone (2021).
2. Gonzalo, José Luis, *Cuando mi corazón calma: Una alianza para un divorcio de los padres con buenos tratos*, Madrid, Editorial Sentir, 2020.
3. Pitillas (2021).
4. Arnárez (2021).
5. Rygaard (2008).

6. Siegel, Daniel, *Tormenta cerebral: El poder y el propósito del cerebro adolescente,* Barcelona, Alba, 2014.

7. Gonzalo (2015).

8. Pitillas (2025).

9. Marrone, Mario, *La Teoría del apego: Un enfoque actual,* Madrid, Prismática, 2009.

10. Guerrero (2020).

11. Pitillas (2025).

12. Basado en Seitún (2019).

13. MacNamara (2021).

14. Siegel (2007).

15. Michelena (2009).

16. *Ibid.*

17. MacNamara (2021).

18. Velasco (2023).

19. Chokler, Myrtha, *Los organizadores del desarrollo psicomotor: del mecanicismo a la psicomotricidad operativa,* Buenos Aires, Ediciones Cinco, 2005.

20. García, Adriana, *Acerca del jugar: Una perspectiva sobre el impacto del jugar en el desarrollo de los niños y las niñas,* Buenos Aires, Ave Fénix, 2017.

21. Velasco (2023).

22. Michelena (2009).

23. *Ibid.*

24. Solter, Aletha, *Juegos que unen: Cómo solucionar los problemas de comportamiento de los niños mediante el juego, la risa y la conexión,* Barcelona, Medici, 2013.

25. Briggs (2006).

26. Michelena (2009).

27. Concepto pseudoautonomía de Falk (2003).

28. Vamos a seguir a Falk, Judit, «La estabilidad para la continuidad y calidad de las atenciones y relaciones», *Infancia: educar de 0 a 6 años,* 80, (2003), pp. 4-10; Chokler, Myrtha, *La aventura dialógica de la infancia,* Buenos Aires, Ediciones Cinco, 2017 y Chokler (2005).

29. Chokler (2017).

30. *Chokler (2017).*

31. Falk (2003), Michelena (2009).

32. Michelena (2009).

33. Falk (2003).

34. *Ibid.*

35. Michelena (2009).

36. Concepto pseudoautonomía de Falk (2003).

37. Velasco (2023).

38. Michelena (2009).

39. Chokler (2017).

10. Descubriendo quién eres

1. Siegel (2007).

2. Michelena (2009).

3. Velasco (2023).

4. Vamos a seguir a Briggs (2006).

5. Briggs (2006).

6. Velasco (2023).

7. García (2017).

8. Seguiremos algunas de las indicaciones de Chahin y Tardos (2018).

9. Seguiremos de nuevo a Chahin y Tardos (2018).

10. Briggs (2006).

11. Real Academia Española, «Competencia», *Diccionario de la lengua española*, recuperado el 14 de noviembre de 2025, <https://www.rae.es/desen/competencia>.

12. Pikler en Szanto Feder, Agnés, «Reflexiones acerca del trabajo en el instituto Pikler ("Lóczy") de Budapest, Hungría», Pikler – Lóczy, Euskal Herriko Elkartea, 2011, <https://www.studocu.com/es/document/universidad-de-salamanca/psicologia-del-desarrollo/reflexiones-acerca-del-trabajo-del-instituto-pikler/22813300>.

13. Siguero (2024).

14. García (2017).

15. Szoke, Andrea, «Autónomo pero no abandonado a su suerte: El apoyo de la actividad autónoma en la escuela infantil 0-3», RELAdEI, 5, 3 (2016), pp. 41-46, <www.reladei.net>.

16. Vamos a seguir a Siguero (2024).

17. Siguero (2024).

18. Falk (2003).

19. Siguero (2024).

20. Chokler, Myrtha y Beneito, Noemi, «El bebé hipotónico: ¿Qué estimulación y para qué?», *Revista La Hamaca*, 2, (1992), pp.16-22.

21. Falk (2003).

22. *Ibid.*

23. Siguero (2024).

24. MacNamara (2021).

25. *Ibid.*

26. Rygaard (2008).

27. Chokler (2017).

28. Estremera (2022).

29. García (2017).

30. Falk (2003).

31. MacNamara (2021).

32. *Ibid.*

33. MacNamara (2021).

34. Briggs (2006).

35. Siegel (2007).

36. *Ibid.*

37. *Ibid.*

38. MacNamara (2021).

39. *Ibid.*

40. Estremera (2023).

41. Morillo, Talía C., Sánchez, Josefina y Llorca, Miguel, *Los trastornos del vínculo: análisis e intervención desde la psicomotricidad relacional. Caminando hacia una relación segura*, Buenos Aires, Corpora Ediciones, 2018.

42. Chokler (2017).

43. García (2017).

44. García (2017).
45. Solter (2013).
46. Chokler (2017).
47. Chahin y Tardos (2018).
48. Seitún (2019).
49. Chahin y Tardos (2018).
50. Gonzalo (2015).
51. Falk (1990).
52. *Ibid.*

11. La autoestima

1. Briggs (2006).
2. *Ibid.*
3. Siegel (2007).
4. Aldort, Naomi, *Aprender a educar sin gritos, amenazas ni castigos: para padres de bebés hasta adolescentes*, Barcelona, Medici, 2009.
5. Esclapez (2023).
6. Aldort (2009).
7. *Ibid.*
8. Velasco (2023).
9. Briggs (2006).
10. Guerrero (2020).
11. Briggs (2006), Seitún (2019), MacNamara (2021).
12. MacNamara (2021).
13. Briggs (2006).
14. MacNamara (2021).
15. Seitún (2019).
16. Briggs (2006).
17. *Ibid.*
18. *Ibid.*
19. Siegel (2007).
20. MacNamara (2021).
21. Arnárez (2021).
22. MacNamara (2021).

23. MacNamara (2021).
24. Seitún (2019).
25. García (2017).
26. MacNamara (2021).
27. Siegel (2007).
28. Velasco (2023).

12. Aprendiendo a aprender

1. MacNamara (2021).
2. Aucouturier (2018).
3. Basado en García (2017).
4. *Ibid.*
5. Velasco (2023).
6. Briggs (2006).
7. *Ibid.*
8. Siguero (2024).
9. Castellanos (2022).
10. Briggs (2006).
11. Para este apartado vamos a seguir a MacNamara (2021).
12. MacNamara (2021).
13. Vamos a seguir a Gopnik, Alison, *El filósofo entre pañales: revelaciones sorprendentes sobre la mente de los niños y cómo se enfrentan a la vida*, Barcelona, Planeta, 2010.
14. *Ibid.*
15. MacNamara (2021).
16. Rygaard (2008).
17. MacNamara (2021).
18. Falk (2003).
19. Siguero (2024).
20. Falk (2003).
21. García (2017).
22. Gopnik (2010).
23. García (2017).
24. García (2017), Chokler (2017).

25. García (2017), Chokler (2017).

26. Siguero (2024).

27. *Ibid.*

28. En García (2017).

29. Chokler (2017).

30. Aucouturier (2018).

31. Truchis (2003).

32. García (2017).

33. Chokler (2017).

34. Gopnik (2010).

35. *Ibid.*

36. *Ibid.*

37. MacNamara (2021).

38. Gopnik (2010).

39. Aucouturier (2004).

40. Velasco (2023).

41. Gopnik (2010).

42. Rygaard (2008), Morillo y cols. (2018), Guerrero (2020), Wolfberg y Marrone (2021).

43. Gopnik (2010).

44. *Ibid.*

45. Kliass, Sonia, *El arte de dar libertad: cómo acompañar el juego y el movimiento de los niños*, Barcelona, ING Edicions, 2023.

46. Chahin y Tardos (2018).

47. Seitún (2019).

48. *Ibid.*

49. Kliass (2023).

50. *Ibid.*

51. Velasco (2023).

52. ManNamara (2021).

53. Basado en la idea de Gopnik (2010): «No puedo determinar lo que le sucederá a mi hijo cuando se haga mayor [...], pero sí puedo determinar lo que le sucederá de niño».

Bibliografía

Aldort, Naomi, *Aprender a educar sin gritos, amenazas ni castigos: para padres de bebés hasta adolescentes*, Barcelona, Medici, 2009.

Arnárez, Begoña, *El trauma psíquico es de todos: rompe el silencio*, Autopublicado, 2021.

Aucouturier, Bernard, *Los fantasmas de la acción y la práctica psicomotriz*, Barcelona, Graó, 2004.

—,*Actuar, jugar, pensar: Puntos de apoyo para la práctica psicomotriz educativa y terapéutica*, Barcelona, Graó, 2018.

Benito, Rafael, *Cerebros moldeando otros cerebros: Cómo las relaciones interpersonales guían la evolución del cerebro infantil y adolescente desde el nacimiento*, Bilbao, Desclée De Brouwer, 2024.

Briggs, Dorothy Corkille, *El niño feliz: su clave psicológica*, Barcelona, Gedisa, 2006.

Castellanos, Nazareth, *Neurociencia del cuerpo: Cómo el organismo esculpe el cerebro*, Barcelona, Kairós, 2022.

Chahin, Elsa y Tardos, Anna, *En manos amorosas: Cómo los derechos de los niños pequeños en hogares para niños ofrecen esperanza y felicidad en el mundo de hoy*, Reino Unido, Xlibris, 2018.

Chokler, Myrtha, *Los organizadores del desarrollo psicomotor: del mecanicismo a la psicomotricidad operativa*, Buenos Aires, Ediciones Cinco, 2005.

—, *La aventura dialógica de la infancia*, Buenos Aires, Ediciones Cinco, 2017.

—,«Los organizadores del desarrollo: Un enfoque desde la neuropsicosociología para la comprensión transdisciplinar del desarrollo infantil temprano», Instituto per la Formazione e la Ricerca Applicata, <http://www.ifra.it/idee.php?id=11&

titolo=Los%20Organizadores%20del%20Desarrollo&autore=Dra.%20My rtha%20H.%20Chokler>.
Chokler, Myrtha y Beneito, Noemi, «El bebé hipotónico: ¿Qué estimulación y para qué?», *Revista La Hamaca*, 2, (1992), pp.16-22.
Delahooke, Mona, *Más allá de la conducta: Cómo usar la neurociencia y la compasión para entender y solucionar las dificultades conductuales de los niños*, Madrid, Oberon, 2021.
Duque, Isa, *Acercarse a la generación Z: Una guía práctica para entender a la juventud actual sin prejuicios*, Barcelona, Zenith, 2023.
Ministerio de Educación, Formación Profesional y Deportes (2025), Información de la Unidad de Eurydice de España — Redie-Eurydice, <https://www.educacionfpydeportes.gob.es/mc/redie-eurydice/nuestra-unidad.html>.
Esclapez, María, *Tú eres tu lugar seguro: Haz las paces con tu pasado para reconectar contigo (y los que te rodean)*, Barcelona, Penguin Random House, 2023.
Estremera, Laura, *Déjalos ser niños: Una guía práctica para acompañar a los pequeños en una crianza respetuosa*, Barcelona, Booket, 2022.
—, *Criar con apego seguro: cómo acompañar a los más pequeños en el día a día*, Barcelona, Ariel, 2023.
Falk, Judit, «Cuidado personal y prevención», *Infancia: educar de 0 a 6 años*, 4 (1990), pp. 39-41.
—, «La estabilidad para la continuidad y calidad de las atenciones y relaciones», *Infancia: educar de 0 a 6 años*, 80 (2003), pp. 4-10.
García, Adriana, *Acerca del jugar: Una perspectiva sobre el impacto del jugar en el desarrollo de los niños y las niñas*, Buenos Aires, Ave Fénix, 2017.
Gibson, Lindsay, *Hijos adultos de padres emocionalmente inmaduros: Cómo recuperarse del distanciamiento, del rechazo o de los padres autoinvolucrados*, Málaga, Sirio, 2022.
Gonzalo, José Luis, *Vincúlate: relaciones reparadoras del vínculo en los niños aportados y acogidos*, Bilbao, Desclée De Brouwer, 2015.
—, *Cuando mi corazón calma: Una alianza para un divorcio de los padres con buenos tratos*, Madrid, Editorial Sentir, 2020.
Gopnik, Alison, *El filósofo entre pañales: revelaciones sorprendentes sobre la mente de los niños y cómo se enfrentan a la vida*, Barcelona, Planeta, 2010.

Guerrero, Rafa, *Educar en el vínculo: Crea un vínculo sano con tu hijo y favorece su autonomía, regulación emocional y autoestima*, Barcelona, Plataforma editorial, 2020.

—, *Trauma: Niños traumatizados, adultos con problemas*, Barcelona, Cúpula, 2024.

Kliass, Sonia, *El arte de dar libertad: cómo acompañar el juego y el movimiento de los niños*, Barcelona, ING Edicions, 2023.

Levine, Amir y Heller, Rachel, *Maneras de amar: la nueva ciencia del apego para encontrar el amor y conservarlo*, Barcelona, Urano, 2016.

MacNamara, Deborah, *Jugar Descansar Madurar: Lo que todo niño pequeño quisiera que supiéramos acerca de él*, Coral Gables, Hara Press, 2021.

Marrone, Mario, *La Teoría del apego: Un enfoque actual*, Madrid, Prismática, 2009.

Michelena, Mariela, *Un año para toda la vida: el secreto mundo emocional de la madre y su bebé*, Madrid, Booket, 2009.

Miller, Alice, *El cuerpo nunca miente*, Barcelona, Tusquets Editores, 2005.

Morillo, Talía C., Sánchez, Josefina y Llorca, Miguel, *Los trastornos del vínculo: análisis e intervención desde la psicomotricidad relacional. Caminando hacia una relación segura*, Buenos Aires, Corpora Ediciones, 2018.

Lozano, Irene. [@irenelozano.es] (2025, 3 de marzo). Crianza Millennial: ¿De verdad alguien pensaba que la generación a la que se le ha educado en el «estudia, estudia»...? [fotografías], Instagram, <https://www.instagram.com/p/DGwCdIJO1mF/?utm_source=ig_web_copy_link&igsh=MzRlODBiNWFlZA== >.

Pérez, Nuria, *¿Psicomotriciqué?: la psicomotricidad explicada a las familias y profesionales desde La Sala de Psico*, Torrazza Piemonte, Amazon, 2025.

Pitillas, Carlos, *El daño que se hereda: Comprender y abordar la transmisión intergeneracional del trauma*, Bilbao, Desclée De Brouwer, 2021.

—, *Caminar sobre las huellas: vínculos, trauma y desarrollo humano*, Bilbao, Desclée de Brouwer, 2025.

Real Academia Española, «Competencia», Diccionario de la lengua española, recuperado el 14 de noviembre de 2025, <https://www.rae.es/desen/competencia>.

Rygaard, Niels Peter, *El niño abandonado: guía para el tratamiento de los trastornos del apego*, Barcelona, Gedisa, 2008.

Sanders, Marilyn y Thompson, George, *La teoría polivagal y el desarrollo infantil: sistemas de cuidado para el fortalecimiento de niños, familias y comunidades*, Barcelona, Eleftheria, 2024.

Seitún, Maritchu, *Criar hijos confiados, motivados y seguros: hacia una paternidad responsable y feliz*, Buenos Aires, Grijalbo, 2019.

Shapiro, Lawrence, *El lenguaje secreto de los niños: cómo comprender lo que tus hijos intentan decirte*, Barcelona, Urano, 2004.

Siegel, Daniel, *La mente en desarrollo: Cómo interactúan las relaciones y el cerebro para modelar nuestro ser*, Bilbao, Descleé De Brouwer, 2007.

—, *Tormenta cerebral: El poder y el propósito del cerebro adolescente*, Barcelona, Alba, 2014.

Siguero, Luis, *Anatomía de la identidad: Génesis de la organización miofascial en la postura y el movimiento: una perspectiva psicomotriz*, Buenos Aires, Corpora Ediciones, 2024.

Solter, Aletha, *Juegos que unen: Cómo solucionar los problemas de comportamiento de los niños mediante el juego, la risa y la conexión*, Barcelona, Medici, 2013.

Stern, Daniel, *La primera relación madre-hijo*, Madrid, Morata, 1998.

Szanto Feder, Agnés, «Reflexiones acerca del trabajo en el instituto Pikler ("Lóczy") de Budapest, Hungría», Pikler – Lóczy, Euskal Herriko Elkartea, 2011, <https://www.studocu.com/es/document/universidad-de-salamanca/psicologia-del-desarrollo/reflexiones-acerca-del-trabajo-del-instituto-pikler/22813300>.

Szoke, Andrea, «Autónomo pero no abandonado a su suerte: El apoyo de la actividad autónoma en la escuela infantil 0-3», RELAdEI, 5, 3 (2016), pp. 41-46, <www.reladei.net>.

Tardos, Anna, «Autonomía y/o dependencia», *Infancia: educar de 0 a 6 años*, 15 (1992), pp. 4-9.

Tonucci, Francesco, *Con ojos de niño*, Buenos Aires, Losada, 2013.

Truchis de, Chantal, *El despertar al mundo de tu bebé: El niño como protagonista de su desarrollo*, Barcelona, Oniro, 2003.

Velasco, María, *Criar con salud mental: Lo que tus hijos necesitan y solo tú les puedes dar*, Barcelona, Paidós, 2023.

Wolfberg, Elsa y Marrone, Mario, *Parentalidad y Teoría del apego: Aspectos teóricos, roles y funciones*, vol. I, Madrid, Prismática, 2021.

Índice desarrollado

PARTE II
CONSTRUYENDO EL DESARROLLO EN RELACIÓN

Parte III
EL DESARROLLO DE CERO A CINCO AÑOS